Fred Plisner

Die Lust der Schwerkraft

Fred Plisner

Die Lust der Schwerkraft

Roman eines Lebens

Aus dem Englischen
von
Gerald Kirk

Aufbau-Verlag

Titel der Originalausgabe
Gravity Is Getting Me Down

ISBN 3-351-02333-2

1. Auflage 1995

Einbandgestaltung Henkel/Lemme
Satz LVD GmbH, Berlin
Druck und Binden Wiener Verlag, Himberg
Printed in Austria

Inhalt

Übergang 7
Wien 13
Manchester 22
Klausner oder klein aber fein 34
Berlin 41
Drimmer 51
Anschluß 57
Schlangen 70
Engadin 78
Walter 85
Genau gesagt 95
Paris 107
Athis-de-l'Orne 118
Brive-la-Gaillarde 133
L'Exode 143
Pau 151
Riupeyrous 161
Izeste 174
Saragossa 185
Miranda 198
Lyon 209
Haifa 215
Jerusalem 227
Altstadt 238
Sarafant 251
Dieselschlosser 263
Österreich 274
GB 290
Mann auf Luna 301
Lesen, schreiben, rechnen 303
Endspiel 313

»Das ist es«, sagte Sergej und ließ den Stapel Papiere auf die Sägebank fallen. Traurig strich er sich den tabakfleckigen Bart. »Da hängt mehr dran«, fügte er hinzu, »glaube mir, Jomini, viel mehr.« Er machte eine Pause und kaute auf der Unterlippe herum. Dann fuhr er mit einer heftigen Bewegung seiner verbundenen Hand durch die Luft und zeigte auf den kläglichen Haufen. »Aber genau hier mache ich Schluß: Nach meinem Bikini ziehe ich nichts weiter aus.«

A. F. Pljuschkin, Kwadratnikow

Übergang

Es sei hier nur gesagt Komma daß von den vierhundertsechzehn Millionen Bewerbern ich es war, der das Rennen den Eileiter rauf gewann und damit eine Folge von Ereignissen und Reaktionen in Gang setzte, die das Rückgrat dieser Erzählung bilden.

Es sei hier auch nur gesagt, daß ich neun Monate später, gemütlich und gelassen in meiner gediegenen Geborgenheit, keine Lust verspürte, mich von der Stelle zu rühren. Alles, was ich mir wünschte, war, in Ruhe gelassen zu werden. Aber nein. »Komm schon rein«, lockten sie gurrend von draußen, »das Wasser ist wunderschön.«

Als das nicht zog, versuchten sie es mit: »Wie ist es mit einer Partie Tennis?« (Ich spiele lieber Korbball.)

»Deine Zeit ist um«, quälten sie. »Mach für deine Schwester Platz.« Ich tat so, als hörte ich es nicht.

»Folge deinem Ruf ... stelle dich der Herausforderung, füge dich, verdammt noch mal, jeder muß da durch!«

Nichts.

Also fuhren sie schweres Geschütz auf in Gestalt eines Geburtshelfers, der keinen Spaß verstand, und seines hornbrilligen Assistenten; die schwangen vernickelte Zangen und andere Instrumente, und innerhalb weniger Minuten führten sie die nackte Ankunft im polyglotten Wien des so benannten Alfred, Sohn von Sidonie Frommer und Sigmund Klausner, herbei.

Schreiend wurde er aus dem Schoß seiner kleinen Mutter gezerrt, in den frühen Stunden eines Dienstags im Herbst 1919, ein Jahr nach dem Ende des großen Holocaust, bei dem eine ganze Generation Europäer an die Maas transportiert und dort mit Giftgas, Artillerie und Maschinengewehren vernichtet worden war.

Wo das Leben schon so eine gefährliche Beschäftigung ist, folgt hier nun eine Erfolgsstory. Es ist eine Geschichte vom Überleben, vom Sich-gerade-so-Durchschlagen, eine Geschichte von Ende gut, alles gut. Eine Geschichte vom Nicht-Aufgeben angesichts ungeheuerlicher Bedrohungen. Bedrohungen und Gefahren der Art: Wetterkapriolen, Angriffe durch Bakterien und Pilze, Automobile, Polizisten, Pferdehufe, Bombensplitter, Mann im Filzhut, Lehrer, Psychologen, Arbeitslosigkeit, Arbeit, Unterernährung, Fettleibigkeit und das unaufhörliche Abprallen-Lassen des menschlichen Hasses auf ...

HALT! HÖR SOFORT AUF ... ICH SAGTE AUFHÖREN!

ALFRED KLAUSNER ALIAS ALFREDO BRESNOR. AUCH BEKANNT ALS: G'SCHERTER, TARDURIS, BLEU BIT, EL INGLES, TEMPRANILLO, KOREA, KRAUSKOPF, FATZKE UND FLACHARSCH, KANALARBEITER, WERKZEUGMACHER, LANDARBEITER, DIESELSCHLOSSER, KIBBUZNIK, BRONZEGIESSER, SUCHER DES HEILIGEN GRALS, OK? VORTRETEN!

NUN BIST DU DRAN. LEG RECHENSCHAFT AB ÜBER DEINE TATEN, WIE AUCH WIR ES ÜBER UNSERE TUN MÜSSEN. GIB UNS HEUTE DIE GANZE WAHRHEIT, UND LIEFERE UNS KEIN LÜGENGEWEBE, FALLS DU DER VERSUCHUNG WIDERSTEHEN KANNST. SONDERN ENTBIETE UNS DEINE ERZÄHLUNG MIT AUFRICHTIGKEIT UND ATEMBERAUBENDER KLARHEIT. DENN DEIN IST DER AUGENBLICK, SEINE MACHT UND SEINE HERRLICHKEIT.

FANG AN! UND MACH'S KURZ!

Die Nabelschnur gekappt, war ich nun unwiderruflich auf mich gestellt. Hier stand ich also, zahnlos, barfuß, schamlos und kahlköpfig im ersten Viertel des 20. Jahrhunderts, unvorbereitet und verwundbar. Aber ich kam in Schwung und wurde stark und stärker. Die Milch floß, und ich nahm zu. Im allgemeinen ging es bergauf.

Es gab Rückschläge. Im zarten Alter von drei Wochen verlor ich die Vorhaut an den Mohel, den Mann mit dem scharfen Rasiermesser und der judäischen Schablone. Meine Rechte wurden verletzt, meine Freiheit beeinträchtigt. Aber schließlich, wie man so sagt, gibt es immer ein Erstesmal. Die Entfernung dieses Hautläppchens kennzeichnete die Beseitigung meiner Entscheidungsfreiheit, zumindest nahm man das an. Ein unwiderruflicher Akt, wie ihn keine christliche Taufe vollbringt. Eine erzwungene Verstümmelung statt Weihwasser.

»Einmal Jude, immer Jude!« Diesen Spruch hat man mir mehr als einmal mit Gaudi und Gusto vorgehalten, standhafte Juden und fromme Antisemiten taten das.

Und dann war ich zwei und wachte vom Lärm der Spatzen im Kastanienbaum unter meinem Fenster auf. Und die Kupfertöpfe glänzten in der sonnigen Küche, wenn ich mein Morgenmus mampfte. Und wir hatten die galoppierende Inflation, und Essen war knapp, und ich gedieh bei Mehl, Wasser und Sacharin.

In den Tanzsälen von Wien, Berlin und Hamburg tanzten die Paare Tango zur Melodie:

In Nishni Nowgorod,
In Nishni Nowgorod,
Da gibt's ne Hungersnott ...

Die Texter hätten gar nicht bis Nowgorod zu gehen brauchen; in ganz Europa hungerten Menschen, bloß das reimte sich nicht.

Das Lied bezog sich auf die Hungersnot in der Sowjetunion im Gefolge der russischen Revolution, nachdem die Tschechen, die Briten, die Vereinigten Staaten, die Japaner, Franzosen und Polen ihre Interventionsarmee schließlich abgezogen hatten. Der Intervention war es nicht gelungen, die Revolution niederzuschlagen, aber sie streute den Samen für ein paranoides Regime aus, das in jeder Ecke und Ritze einen Feind sah und zu einem Monster heranwuchs, das seine besten und hingebungsvollsten Söhne und Töchter verschlang.

Und dann war ich sechs und wurde von meiner rastlos beflissenen Mutter zu dieser gewissen Anstalt die Straße rauf gebracht, um dort aufgenommen zu werden. Der Duft von Zedernholz und aufgeblasenem Ego herrschte von Allerhöchst furchteinflößend über mich und meine Mitgefangenen. Die Korridore, Zimmer, Katheder und Wandtafeln stanken nach Autorität, Zwang und Verboten. In Stein gehauen, stand über dem Eingang das Diktum:

LEGT EURE INDIVIDUALITÄT IN DEN DAFÜR VORGESEHENEN BEHÄLTERN AB!

Und dann war ich acht, und zusammen mit Mutter und meiner Schwester Lizzi überquerte ich eines Nachts den Ärmelkanal. Am nächsten Morgen kamen wir in Manchester an und waren wieder mit Vater zusammen, der uns vorausgefahren war auf der Jagd nach dem nie zu packenden goldenen Pot. Hier verliebte ich mich in Britannia, die auf der Rückseite meines ersten Pennys die Annäherungen überwachte.

Den alten Penny gibt es nicht mehr, aber meine Zuneigung zu der betagten Dame ist nicht verblaßt. Sie hat mich freundlich und großzügig behandelt und war stets nachsichtig mit meinen Schrullen und Eigenheiten.

Und zwei Jahre drauf zogen wir nach Deutschland. Das war am ersten Julitag 1930, und die Franzosen müssen uns kommen gesehen haben, denn sie räumten am selben Nachmittag das Rheinland, ich schwöre!

Und dann am Dienstag, dem 17. Mai 1932, um zehn Uhr morgens, als auf dem Schulhof die Akazienblüten hervorbrachen und ich die Kongruenzsätze des Dreiecks aufsagte, wurde 582 Meilen westlich von mir im Herzen des Britischen Empires das Baby Jean geboren, Jean Blanche Richardson, das Mädchen, das ich an ihrem fünfundzwanzigsten Geburtstag heiraten sollte. Es herrschte schönes Wetter, und wir konnten vom Fenster des Klassenzimmers das Luftschiff *Graf Zeppelin* sehen, das still vorüberschwebte.

Was für ein majestätischer Anblick!

Und dann war ich dreizehn und erhielt die Barmizwa. Und auf den Berliner Straßen dröhnten die Trommeln, und ich wurde Zeuge, wie das tausenjährige Reich anbrach, während der schickle Gruber Drohgebärden in meine Richtung schickte.

Die zeitgenössische Geschichte interessierte sich persönlich für meinen Werdegang und bugsierte mich zurück nach Wien und in den nachfolgenden Jahren nach Zürich, Paris und in die Pyrenäen.

»*Il faut partager*«, murmelte der Müller, als er noch eine Schüssel aus dem Geschirrschrank für den zwanzigjährigen Fred holte. Der trampte in dem verheerenden Sommer 1940 nach Süden und hielt immer nach etwas Eßbarem Ausschau, einen Schritt der unbesiegbaren deutschen Armee voraus, die quer durch Frankreich alles zerstampfte.

Und dann mit zweiundzwanzig machte ich es mir im Gefängnis von Saragossa bequem. Zweiundzwanzig, und die Reife wie stets dicht hinter mir her.

Und dann war ich vierundzwanzig und stahl mich heimlich durch die Meerenge von Gibraltar ins Mittelmeer, vorbei an dem von Deutschen besetzten Kreta nach Palästina. Und Jahre der Gefahr, der Desillusion und des verzweifelten Suchens folgten.

Und 1955 traf ich schließlich am Bahnhof Victoria ein. Im nächsten Jahr heiratete ich, wie es sich gehört, die auf der vorigen Seite erwähnte junge Dame. Um diese Zeit ungefähr wurde mir langsam bewußt, daß ich weder unsterblich noch unfehlbar noch unbesiegbar war. Atemlos holte mich die Reife ein.

Und dann kam unsere Tochter an, und wir haben sie seitdem immer Julie gerufen. Und fünf Jahre später tauchte Peter auf, und ich war so alt, daß ich sein Großvater sein konnte.

Darauf folgten Jahre der Frustration und Freude, des Knapsens und Knauserns.

Und dann ganz abrupt, ohne vorherige Warnung, ich meine aus heiterem Himmel, standen vor mir dreiundsechzig Kerzen auf der Torte. Dreiundsechzig! DREI-UND-SECH-ZIG? Was war mit 47 und 17 … und … und wann waren 29 und 31 und 53 und die anderen Primzahlen? Alle achtzehn ohne Nachweis.

Vergebt mir den Ausbruch, Freunde, aber ich muß darauf bestehen, das noch mal zu erzählen.

Und nun Komma wo die Bitternis abgeklungen ist, das Deck geschrubbt und die Luken dicht gemacht, gebe ich in einem Schlußakt von Eitelkeit das alles in diese mikrochipgesteuerte Schreibmaschine ein. Das bin ich der Historie schuldig. Sie war so gut zu mir.

Bis jetzt.

Wien

Es war Liebe auf den ersten Blick in dem üppig sinnlichen Sandkasten.

Marie, unsere Waschfrau plus Hausmädchen plus Putzfrau plus Kindermädchen geht mit Lizzi und mir in den Park. Mit mütterlicher Liebe paßt sie auf uns auf, während sie die ganze Zeit in schwesterlichem Slowakisch mit ihren Busenfreundinnen tratscht. Bauernmädchen kommen in die Großstadt und bieten ihre Dienste kleinbürglichen Familien an, als Waschfrau plus Putzfrau plus Haushaltshilfe plus Kindermädchen, sonntags einen halben Tag frei, für einen lächerlichen Lohn und ein Bett in der Besenkammer.

»Mein Papa hat 'n dicken Woppel«, sagt die junge Dame zu mir, die vor meinen Augen Gnade gefunden hat.

Ich schaufle Sand aus meinem Eimer in ihren und starre vor Bewunderung auf die blaue Satinschleife in ihrem seidenbraunen Haar.

»Hopsen wir«, sage ich und helfe ihr auf den Rand. Sie kreischt vor Erregung und Entzücken, als sie im weichen Sand landet.

»Wo hast 'n du dein Woppel?« fragt sie, als ich den Sand in ihrem Eimer festklopfe.

»Wie heißt 'n du?« antworte ich, während ich einen Tunnel unter unserem Schloß grabe.

»Du kannst mein Bonbon kriegen«, sagt sie, wobei ihre braunen Augen Gewalt über meine Sinne bekom-

men, und fügt vorsichtig hinzu: »Für 'ne Weile.« Mit sandigen Fingern befördert sie das Toffee aus ihrem Mund in meinen, und wir sind verbunden.

»Hopsen wir«, quietschen wir gleichzeitig. Und wir springen immer wieder, bis uns die Luft wegbleibt.

»Ich heiße Korianda!«

»Ich heiße Mono Silbig.«

Sie küßt mich auf den Mund und rennt weg, und ich sehe diese Frau nie wieder, egal wie sehr ich sie suche, in jedem Sandkasten der Stadt, auf jeder Schaukel und Rutschbahn. Sie ist weg und hat mich in der Luft hängenlassen.

Korianda, du treuloses Frauenzimmer! Du bist abgehaun und hast mich verlassen, als ich dich so nötig brauchte. Du bist abgehaun und hast mich in der Kälte stehenlassen, feindlichen Elementen und dunklen Mächten ausgesetzt; solchen Leuten wie Franz Kafka und Friedrich Nietzsche. Du bist abgehaun und hast mich der Schwerkraft ausgeliefert und Magnetstürmen und Wallys Dirnen des Wohlklangs und seinem Orgelgedröhn. Wie soll ich damit fertig werden?

Wie soll ich damit fertig werden?

Du Miststück! Du bist abgehaun und hast mich in der Kälte stehenlassen, während du behaglich in der Sicherheit meiner Erinnerungen wohnst!

Man erzählt sich eine Geschichte vom Höhepunkt der großen Inflation, als die Löhne täglich ausgezahlt wurden. Im sächsischen Altenburg stand eine Frau vor dem Bäckerladen Schlange, mußte aber einem dringendem Bedürfnis nachgeben. Um ihren Platz in der Schlange zu behalten, stellte sie dort ihren Korb voll frisch gedrucktem Notgeld ab. Das Notgeld wurde fast stündlich am Ort gedruckt, um mit der gnadenlosen Abwertung Schritt zu halten.

Als die Frau wiederkam, war der Laden zu, die Schlange hatte das Feld geräumt, und der Korb war verschwunden. Die Geldbündel jedoch befanden sich sauber gestapelt an der alten Stelle.

An genau demselben Tag geht ein Mann im Wiener Bezirk Hernals zum Fleischer, um seine Wochenration Wurst abzuholen. Der Fleischer zählt das Geld, dreizehneinhalb Millionen Kronen, nimmt den Lebensmittelabschnitt, wiegt die richtige Portion ab und wickelt sie in einen benutzten Straßenbahnfahrschcin.

Wie der Mann nach Hause kommt, wickelt er den Fahrschein sorgfältig auf und entdeckt, daß die Wurst verschwunden ist.

»Sie muß durch das Knipsloch gerutscht sein«, bemerkt seine Frau und legt Messer und Gabeln zurück in die Schublade.

Pünktlich einen Monat vor meinem sechsten Geburtstag zieht mir Mutter die besten Sachen an, und wir verlassen frohen Muts, mit großen Erwartungen und einem flauen Gefühl in der Magengegend das Haus und lenken unsere Schritte zu dem unscheinbaren, kummervollen Gebäude mit dem Geländer vor dem Eingangstor.

Den neuen ledernen Schulranzen trage ich auf den Rücken geschnallt. Er enthält einen Federkasten und meine Klappbrote: Sardinen auf butterbestrichenem Roggenbrot, liebevoll mit Zitrone beträpfelt. Alle anderen notwendigen Dinge werden vom Schulamt der Stadt Wien zur Verfügung gestellt. Dazu gehört die jüngste Ausstattung fürs Klassenzimmer: zwei Zedernholzbleistifte, Radiergummi, Federhalter, Stahlfeder und Schreibheft. Dahin die Tage der Schiefertafel, des Kreidestifts und des kleinen Schwamms. Unsere neu entworfenen Bänke haben eingebaute Tintenfäßchen.

Jetzt werden wir an unsere Pulte gesetzt, es klingelt, und die Mütter unterweisen uns, vollkommen still und gerade dazusitzen, die Hände fest an der Pultkante, vier Finger oben, die Daumen darunter, die Zeigefinger aneinander. Der Lehrer und der Schuldirektor treten ein, und die Mütter strömen raus. Und meine Nabelschnur wird noch einmal durchtrennt.

... dann sagte der Direktor wir sollen aufhören zu flüstern und gut zuhören und ... und ... dann sagte der Herr Lehrer wir sollen uns gerade hinsetzen und aufpassen und ... und dann gab er jedem von uns einen Federhalter und eine Stahlfeder und erklärte uns wie man die Feder in den Halter steckt und dann streckte er die Zunge raus und ... und leckte an der Feder weil ... weil die Tinte an einer neuen Feder nicht kleben bleibt und dann mußten wir alle das Fett von der Feder ablekken und es ins Taschentuch spucken damit die Tinte an unseren Federn klebenbleibt und Kohlberg heulte weil er kein Taschentuch hatte und der Herr Lehrer ärgerte sich und gab ihm ein Stück Papier und Kohlberg wurde ganz rot im Gesicht und spuckte ins Papier ... und dann gab uns der Herr Lehrer jedem ein Schreibheft und da standen unsere Namen drauf und Klasse eins und ... und dann schickte der Herr Lehrer Reindl und Saltzinger den Hausmeister holen mit Schaufel und Besen und Sägemehl weil Pomeranz in den Mittelgang gekotzt hatte ... und dann klingelte es und der Herr Lehrer sagte wir sollen alle unsere Sachen nehmen und ... und ... in den Ranzen packen und dann befahl er wir sollen ganz leise aufstehen und nacheinander rausmarschieren und uns draußen vor der Tür in Zweierreihen aufstellen ... und wir stellten uns alle vor der Tür auf ... und immer zu zweit ... und Schramm saß immer noch da ... und der Herr Lehrer schrie und sagte warum stehst du nicht auf Schramm und wie oft muß ich es dir noch sagen Schramm und ... und brauchst du eine Extraeinladung und ... und Schramm rührte sich nicht weil ... weil er ganz steif geworden

war vom Sitzen und Aufpassen und vom Pultfesthalten und der Herr Lehrer ging zurück zu ihm und löste ihn vom Pult ab ... und dann sagte der Herr Lehrer zu uns er führt uns leise die Treppe runter und nicht so viel Krach und dann brachte er uns runter auf die Straße und alle Mütter lehnten am Geländer.

Am nächsten Tag hatten wir den ersten Unterricht, und der Lehrer sagte: »Der Kutscher sitzt auf dem Bock und lenkt die Pferde. Was hält er in der Hand? Nicht schreien ... meldet euch, wenn ihr es wißt!«

»Bitteschön, Herr Lehrer, ich habe einen Kutscher gesehen, der hielt einen Stock in der Hand.«

»FALSCH!«

»Bitteschön, Herr Gildenkraut, er hält die Zügel.«

»Falsch. Setz dich hin und sei still. – Still, du da ... ja du!«

»Bitteschön, Herr Lehrer, er hat eine Peitsche.«

»Er – hat – ei – ne – Peit – sche«, sagte Herr Gildenkraut, wobei er sich nach vorn und zur Seite beugte, um jede Silbe zu betonen, »Sehr richtig. Wie heißt du?«

»Joseph Eintracht, Herr Lehrer.«

»Komm, setz dich in die erste Reihe, Eintracht. Du wirst Klassenordner. Jetzt still jeder ... ICH HABE NICHT LÄRM BEFOHLEN, NICHT WAHR? ALSO, NICHT WAHR ... RUHE ... ICH WILL KEINEN ... nun schaut auf die Wandtafel und paßt genau auf, was ich mache. Was habe ich in der Hand? Ruhe! Du da, wie heißt du?«

»Anton Swobotnik, Herr Lehrer.«

»Also halte den Schnabel, Schwopnik! – Du da, was habe ich in der Hand? Ein Stück Kreide. Sehr gut. RUHE! ... und ich male an die ... ja, Wandtafel mit meinem Stück ... du da ... Kreide. Und was male ich gerade? Ich – ma – le – ei – ne – Peit – sche. Nicht wahr? Hier ist der Holzstock. Und hier ist die ... RUHE! ... hier ist die Schnur, festgemacht an dem Stock. Und das ist die Ziffer eins. Nun, als Schularbeit ... WIRST DU WOHL DEN MUND HALTEN! ... als Schularbeit schreibt ihr die Ziffer eins zwanzigmal auf die erste Seite eures Schreibhefts. Morgen werde ich euch die Ziffer zwei beibringen.«

Ach so!

Ungefähr ein Drittel meiner Klassenkameraden waren katholisch. Es gab zwei oder drei Protestanten oder Evangelische, wie sie sich manchmal selbst nannten, und Dragomazar war griechisch-orthodox. Wir Juden, die wir die Mehrheit stellten, da wir uns im II. Wiener Bezirk befanden, wurden als mosaisch registriert.

Mosaisch war das offizielle und höfliche Adjektiv für diejenigen von uns, die sich zur jüdischen Religion bekannten. Die Franzosen benutzten für *Juif* den Euphemismus *Israélite*. Nur die Engländer besitzen kein anderes Wort für Jude. Doch selbst hier macht man einen feinen Unterschied zwischen Jude und jüdisch sein. Wenn man höflich sein will, sagt man lieber: »Der Mann mit der Hornbrille ist jüdisch«, statt zu verkünden: »Er ist Jude.«

Dreh dich jetzt nicht um, aber der Mensch dort drüben ist mosaischen Glaubens.

La famille à la deuxième étage, ils sont israélites.

Quello scrittore lá, con la testa enfiata, é ébreo.

Diese Mitteilungen werden selbstverständlich in einem zivilisierten, kaum wahrnehmbaren Gemurmel offenbart.

Da ich in dieser dicht geschlossenen Gemeinschaft aufwuchs, wurde ich dazu erzogen, auf die *Gojim* runterzublicken, die, wie uns erzählt wurde, uns alle haßten. Unsere Verachtung richtete sich speziell gegen den einen, dessen Namen wir nicht in den Mund nehmen sollten. Er war mal einer von uns gewesen, hatte dann aber sein eigenes Unternehmen gegründet.

Die *Gojim*, so wurde mir beigebracht, waren unkultivierte Bauerntölpel, deren Hauptbeschäftigung darin bestand, sich am Zahltag zu besaufen; sie waren auch von unzähligen Krankheiten befallen. Deshalb sollte man am besten äußersten Abstand wahren. Jedenfalls waren alle Antisemiten. Wenn es welche gab, die uns freundlich begegneten, bewies das nur ihre Doppelzüngigkeit.

»Die lächeln dir ins Gesicht, aber erdolchen dich von hinten, sobald du ihnen den Rücken zudrchst.«

Mama: Wo gehst du hin, mein Sohn?
Sohn: Ich geh spielen.
Mama: Nicht auf die Straße, kommt nicht in Frage. Nicht mit diesen Christen, kommt nicht in Frage. Ich verbiete …
Sohn: (Springt auf und ab.) Oh, Mama, warum nicht, Mama? Karl borgt mir seinen neuen Roller, und er bringt mir eine Menge Tricks bei und …
Mama: Geh mit dem jungen Goldwasser von Nummer 32 spielen. Das ist ein netter jüdischer Junge, und sein Vater ist Gerichtsschreiber, ein sehr …
Sohn: (Springt auf und ab.) Oh, wieso muß ich mit dem spielen? Ich mag ihn nicht. Der hat so krause Haare und spielt nie auf der Straße. Aber du läßt mich ja auch mit Andi Krauthofer spielen, und der ist nicht jüdisch.
Mama: Das ist etwas anderes. Sein Vater ist Kommerzialrat … hoch angesehen.

Am Tag der Republik pflegte uns Herr Gildenkraut immer von der Herrlichkeit Österreichs zu erzählen und von dessen Unternehmungsgeist, von der österreichischen Tapferkeit, der österreichischen Entschlossenheit und dem österreichischen Erfindungsgeist. Vom österreichischen Dies und österreichischen Das. Man stopfte uns voll mit einer Kost aus vergangener Größe und der Würde von Eroberung und Hegemonie. Die Wandkarte zeigte die Bedeutung Österreichs. Es war der Angelpunkt der Welt, ihr Bauchnabel, wenn man so will. Alle Straßen und Eisenbahnlinien führten nach Österreich, und wollte man irgendwohin in diesem Universum reisen, mußte man durch Wien fahren.

Als dann am Schluß das HURRA, lang lebe Österreich, hipp hipp folgte, jubelte Freddi Klausner am lautesten. Im Alter von sieben Jahren hatte ihn der Geist erfaßt. Die Vaterlandsliebe war meiner aufnahmebereiten Seele eingepflanzt worden. Der Patriotismus hatte Wurzeln geschlagen. Von da an packte mich die untertänige Inbrunst. Ich mißhandelte den Atlas meines Vaters, indem ich die Grenzen mit Bleistiftlinien verbesserte und einen großen Brocken Norditalien dazunahm und dann Budapest in unseren Schoß zurückführte. In einem Moment verleibte ich Österreich die östliche Schweiz ein, im nächsten annektierte ich Böhmen und Schlesien, einen Tag zog ich nach Norden und am folgenden vielleicht nach Westen. Gelegentlich riß mich mein leidenschaftlicher Realitätssinn hin, auch mal eine Schlacht verloren zu geben. Dann mußte der Radiergummi ran und Waffenstillstandslinien wieder berichtigen und Gebiete zurückerstatten.

Unmerklich und heimlich schuf ich die stärkste Macht Mitteleuropas, die es je gab.

Vater ging nach England, als ich acht war, aber dieses Ereignis blieb mir nicht im Gedächtnis haften. Das war im April 1928.

Im Sommer davor war ein im Ruhestand lebendes englisches Ehepaar aus Blackpool nach Wien gekommen, um nach Verwandten zu suchen. Man hatte sie irrtümlicherweise an uns verwiesen, aber wir freundeten uns an, und sie boten Vater ein Haus mit Laden im Bezirk Cheetham von Manchester an. Wir könnten in dem Haus mietfrei wohnen, unter der Bedingung, daß Papa in den anderen Häusern, die sie in der Straße besaßen, nach dem Rechten sah und die Miete kassierte. Das Angebot kam im richtigen Augenblick. Wenige Monate davor hatte sich Vater mit seinem jungen Kompagnon im Pelzmantelgeschäft überworfen. Der Kompagnon war allerdings der Fachmann in der Werkstatt gewesen, und nach seinem Weggang ging es mit dem Geschäft rasend bergab, und Vater mußte es schließen.

Mutter mußte derweil im folgenden halben Jahr, so gut es ging, mit allem zurechtkommen. Sie war eine perfekte Putzmacherin, die ihre Lehre schon mit siebzehn abgeschlossen hatte. Aber sie konnte einfach alles: Kleider nähen, Röcke ändern, ausbessern. Sie war jederzeit in der Lage, ein paar Pfennige zu verdienen, wo es nur welche zu verdienen gab. Sie knapste und kratzte alles zusammen, und wir kamen durch.

Manchester

1928 war kein unvergeßliches Jahr, wenn man die Jahre so insgesamt betrachtet. Aber ich will eines zu seinen Gunsten sagen: es richtete auch keinen Schaden an. Es war weder schlecht noch grausam, oder was man so denkt. Es gab sich schlicht und war durchaus verläßlich. Immerhin wurde in dem Jahr der Krieg abgeschafft. In jenem Jahr 1928, von dem ich rede, trafen sich der Außenminister der Vereinigten Staaten Frank Kellogg und sein französischer Kollege Aristide Briand und verboten den Krieg. Sie beriefen die Vertreter von fünfundsechzig Nationen alle an einen Tisch, und da wurde ein Vertrag unterzeichnet, der praktisch den Krieg ein für allemal abschaffte.

Es war genau in diesem unscheinbaren Jahr 1928, daß wir nach Manchester zogen. Vaters Unternehmen bestand aus einem Eckladen für Lebensmittel, Zigaretten und Süßigkeiten. Der bärtige Seebär mit dem Rettungsgürtel, den man auf der Packung Players sieht, hatte etwas absolut Englisches an sich und hinterließ mehr als nur einen visuellen Eindruck. Mutter schwelgte in dem neuen Geist und ließ keine Gelegenheit aus zu versichern, wie begeistert sie von der Zwanglosigkeit und dem Pragmatismus der Engländer sei. Wo wir herstammten, befolgte man Regeln. Hier aber herrschte der gesunde Menschenverstand, und man beurteilte die Dinge nach dem Ergebnis. Daß die Schaffner einer Straßenbahn sich während der Arbeitszeit einen kräftigen Schluck Tee genehmigten, war in dem von Dienstvorschriften besessenen Wien, das an der bürokratischen Tüchtigkeit erstickte, undenkbar. Die Anlage des Küchenherds mit dem ständigen Vorrat an heißem Wasser und einer Röhre zum Telleranwärmen, alles um den offenen Feuerrost gruppiert, wurde von Mutter als weitere Neuheit hoch gepriesen. Zu Hause in Wien haben die Jungen mit bunten Tonmurmeln gespielt, die sie unbeholfen mit dem Zeigefinger schoben. Hier drüben schnipsten sie ihre prächtigen Glaskugeln mit einem kräftigen Daumenschnalzer weg. Jawohl, im Innersten meines Herzens mußte ich zugeben, daß das dreckige, neblige, graue Manchester Wien um Straßenlängen schlug.

Die zurückhaltende Art der Engländer mit ihrer Bedachtsamkeit und Gelassenheit war schon beeindruckend. Das anscheinende Fehlen von Arroganz und Emotion – außer den von unseren Lehrern an den Tag gelegten – übten eine erfrischende Wirkung auf mich aus. Ich war acht Jahre alt und ganz beflügelt von all der Zurückhaltung, von ihrem mit ausdrucksloser Miene vorgetragenem Humor und ihrer Neigung zur Selbstherabsetzung.

Unsere neue Wohnung lag an der Elizabeth Street in Hightown, dem nördlichen, schäbigen Teil von Cheetham Hill. Cheetham war die Gegend, in der der Großteil der zahlreichen jüdischen Einwohner von Manchester lebte. Die meisten waren um die Jahrhundertwende vor den Pogromen in der Ukraine geflohen oder aus Polen und Litauen eingewandert.

Viele legten ihren Namen ab, der sie an die unerfreuliche Vergangenheit erinnerte. So nannte sich unser Nachbar, der Barbier, der einmal Tschatskelson hieß, nun Davies, und der koschere Fleischer auf der Waterloo Road, der früher in Kowno als Gedalje

Schechter bekannt war, hieß nun Gordon White. Die Rappaports, die Grinspans und die Nisselboims nannten sich jetzt Wallace, Gilbert und Clements, aber nur selten Smith, Jones oder Miller. Den Jungen gab man Vornamen wie Sidney, Martin, Stanley und Harold. James, George, Frederick und John wurden vermieden. Bei Mädchen machten sich Doris, Mabel, Pearl, Gladys und Olive gut.

Jiddisch wurde ausgiebig zitiert, aber selten gesprochen.

Jiddisch; dem Vernehmen nach das Deutsch aus dem 12. Jahrhundert, das die Juden auf der Suche nach saftigeren Weiden mit nach Osteuropa nahmen. Durchsetzt mit Hebräisch und mit Sprachbrocken der verschiedenen Gastländer, wird es mit hebräischen Buchstaben geschrieben und gedruckt. Juden in Osteuropa und ihre Nachkommen rund um die Welt benutzen es noch, aber es stirbt jetzt langsam aus. Fast siebenhundert Jahre ist die Sprache lebendig gewesen. Ihre Struktur ist deutsch geblieben, und bis auf den heutigen Tag kann man erleben, wie Jiddisch sprechende Jerusalemer sich, wenn auch holprig, mit deutschen Touristen unterhalten.

Es erhebt sich die Frage, warum sich diese Sprache als so dauerhaft erwiesen hat. Immerhin schleppt sie schmerzliche Erinnerungen mit sich. Weshalb ließen die Juden das Aramäische und Griechische fallen? Das sprachen sie zu der Zeit ihres allmählichen Auszugs aus Palästina während der dreihundert Jahre vor Christi Geburt, als Hebräisch nicht mehr gesprochen und zu *laschan kadosch*, der heiligen Sprache, erhoben wurde, die dem Gebet und dem Singsang der Thora vorbehalten ist.

Am Tag nach unserer Ankunft wurden meine Schwester Lizzi und ich in der jüdischen Schule an der Derby Street angemeldet. Auf dem Spielplatz wurden wir angepöbelt und wie eine Sehenswürdigkeit angeglotzt. Bald danach, als der Glanz unserer Neuheit verblaßt war, wurde ich als Kriegsverlierer verspottet und beschimpft, Belgien genotzüchtigt und Greueltaten an unschuldigen Zivilisten verübt zu haben.

»He, Deutscher Klosna«, haben sie mich immer angeredet, »wer hat den Krieg gewonnen?«

»Wir haben den Krieg gewonnen«, habe ich dann erwidert, sobald ich genug Englisch konnte. »Wir haben zur See und in der Luft gewonnen, nur am Boden haben wir verloren. Da steht's zwei zu eins.« Den Tatsachen nach und im ganzen falsch, aber durchaus wirksam. Das ließ sie eine Weile verstummen.

In der sich verschiebenden Hierarchie der Grundschule stand ich fast auf der untersten Stufe. Aber meistens schlug ich mich ganz gut. Ich war bekannt wegen meines tückischen Tritts gegen das Schienbein, wenn mich jemand in die Enge trieb. So habe ich es jedem heimgezahlt, und außerdem konnte mich dann der Gegner nicht einkriegen, wenn er humpelnd und hüpfend hinter mir her war. Da hatte ich immer den besseren Start und gelangte mindestens bis in Rufweite unseres Küchenfensters.

Das erste, was ich in diesen denkwürdigen Anfangstagen lernte, wenn ich mit den neuen Klassenkameraden mithalten wollte, war, mit der linken Hand den rechten Bizeps umfassen und die Faust kräftig hochreißen, sobald die Danziger sich zur Wandtafel drehte. Zu der Zeit hatte ich keine Ahnung, was die Geste bedeutete, und ich bezweifle, ob es überhaupt die halbe Klasse wußte. Die Danziger war unsere Klassenlehrerin, eine der beiden jüdischen Lehrer an der jüdischen Schule. Von ihr habe ich die Multiplikationstabelle gelernt und seither immer auf Englisch multipliziert. Sieben mal acht ist sechsundfünfzig, bis in alle Ewigkeit.

Die Weltkarte in der Aula zeigte das Britische

Empire in all seiner rosa Pracht, freigebig verteilt über die Mercatorprojektion. Sie enthüllte die Bedeutung Großbritanniens und seine zentrale Lage. Unter Verzicht auf alle unwesentlichen Details veranschaulichte sie klar und deutlich, wie die Seewege rund um die Welt zusammenlaufen und von London und Liverpool aus fächerförmig ausstrahlen. Auf dem Rand der lackierten Leinwandkarte waren Bilder zu sehen: Handelsschiffe im Dock, die Hafenbrücke von Sidney, eine erbeutete Haubitze, das Kraftwerk von Battersea, die Victoria-Fälle und die Vorderhälfte des Schlachtkreuzers *Hood.* Im Scheitelpunkt befand sich ein Porträt von King George V. und Queen Mary. Über allem schwebten der Löwe und das Einhorn. Die standen auf den Hinterpfoten und unterhielten sich in gepflegtem Normannisch, wobei der eine verkündete: »*Dieu et mon droit*«, und der andere ihm zunickte und erklärte, daß »*Honi soit qui mal y pense*« – universelle Slogans, die bekräftigen, daß das Recht auf *unserer* Seite ist, und nur Verachtung für das verabscheuungswürdige Lumpengesindel übrig haben, das anders denkt.

Im Vergleich zu Wien, wo der Antisemitismus selbst unter Kindern ernsthaft betrieben wurde, gehörte er 1928 in Manchester lediglich zu einer Art leidenschaftsloser Rivalität. Sehr häufig erscholl beim Spielen in Cheetham Park der Schrei: »Die Jocks kommen! Die Jocks kommen!« und eine Bande von Übeltätern, christlichen Jungen aus der Herbert Street und von noch weiter, erschien und machte sich dran, uns zu verprügeln. Der eine, der sich mit mir beschäftigte, zielte mit ein paar flüchtigen Hieben nach meinem Kopf, während er unfreundliche Bemerkungen über die jüdische Rasse von sich gab. Es war eine unterentwickelte, zaghafte, sondierende Feindschaft ohne Selbstvertrauen.

Wir drehten den Spieß einmal um, als wir drei Jocks

in den Tongruben dabei erwischten, wie sie auf unseren Ziegelloren fuhren.

Die Tongruben gehörten zum jüdischen Territorium.

Wir nahmen sie gefangen und führten sie zur Hinrichtung. Da holten zwei ältere Jungen aus der *Talmud tojre* unsere Bande ein und baten für die Gefangenen um Gnade.

»... ist nicht ihre Schuld, macht schon ... laßt sie laufen, die sind so geboren ... die können nichts dafür.«

»Die essen Schweinefleisch und ... und die besaufen sich«, schrie der kleine Glickman aus der zweiten Klasse und brachte damit die Anklage auf den Punkt.

»Jawoll, und die spielen Grammophon«, setzte Sender hinzu, »und die ... die ... und die ...«

Das ging unter in: »... ja, und Speckfleisch ... und die verschlingen Aal in Sülze ... jawoll ... und Pferdefleisch ...« Es regnete Anklagen: Zigaretten rauchen am *Schabbes*, Syphilis haben, Nagelstiefel tragen, jüdischen Jungen auf der Toilette des Seebads ans Bein pissen ...

Die älteren Jungen blieben standfest. Der Größere der beiden plädierte.

»Wenn sie die Wahl hätten ... Ich meine, da würden sie doch gern ... Wollt ihr wohl den Mund halten? Wollt ihr mal zuhören? Da würden sie unendlich gern jüdisch sein ... das ist doch klar, nicht wahr?«

Er beäugte die gefangenen Christen neugierig und wandte sich an sie, damit sie es bestätigten.

»Wa...?«

»Ich sagte, ihr möchtet lieber welche von uns sein, nicht wahr?«

»Wa...?«

»Jüdisch.«

»Jüdisch?«

»Hab ich doch gesagt, jüdisch.«

»Na klar«, räumte der Sprecher der Gefangenen ein.

Am Ende ließen wir uns erweichen und gaben ihnen noch die Warnung mit auf den Weg, ihre »*gojischen* Visagen hier ja nicht mehr blicken zu lassen«.

»Das könnt ihr all euren Vettern und Freunden sagen«, riefen wir ihnen nach, als sie abzischten und dabei unseren Wurfgeschossen auswichen und sich ihre Flüche mit zunehmender Entfernung steigerten.

Wie es der Name sagt, fanden Matineen in jenen Tagen wirklich am Vormittag statt. Jeden Sonntagvormittag wurden uns im örtlichen Kino Wildwest- und Horrorstummfilme vorgesetzt. Die meisten waren Serien, was uns zwang, in der nächsten und übernächsten Woche wiederzukommen. Um diese Zeit etwa experimentierte die Filmindustrie mit dem Ton, der am Rand des Zelluloidstreifens hinzugefügt wurde. Mit Hilfe eines Elektromagneten und eines Verstärkers rief er Schwingungen in einem Lautsprecher hervor, die viele Musiker auf die Straße warfen, Musiker, die bis dahin die Stummfilme begleitet hatten, indem sie passend zur Handlung auf der Klaviertastatur herumhämmerten.

Die Bezeichnung Film trifft es genau, denn sie beschreibt die grundlegende Oberflächlichkeit dieser Kunst.

»He, hab gestern einen Film gesehn.«

»O ja? Was war 'n das für 'n Film?«

»Das war 'n Ölfilm auf 'ner Straßenpfütze, und der zeigte die Regenbogenfarben im Abendlicht.«

»Und welche ›Sterne‹ hab'n mitgespielt?«

»Also, nachts erstrahlten da drin das Siebengestirn, Algol, Vega, Aldebaran und 'ne Menge weniger bekannter, wo ich mir die Namen nicht gemerkt hab.«

Gelegentlich nahm mich Vater mit zum Hunderennen nach Belle Vue. Belle Vue Gardens erfüllte die Erbauungsbedürfnisse der arbeitsamen Klassen, indem der Park Kultur offerierte. Abgesehen von der Hunderennbahn besaß er einen Gondelteich, einen Vergnügungspark, eine Motorradrennstrecke und Fußballfelder. Am äußersten Ende befand sich eine Reihe von Tieren, sicher hinter Gittern, zur Erbauung der Menschen. Wettkämpfe wurden in Belle Vue veranstaltet. Meisterschaften wurden abgehalten zur Ermittlung der besten Blaskapellen und der Besten im Tanzen, Boxen, Ringen und Flohhüpfen.

Nach dem letzten Hunderennen liefen wir immer über die Straße, um uns das Feuerwerk anzusehen: Feuerräder, Raketen, Böllerschüsse, Schwärmer und Leuchtkugeln samt dem unvermeidlichen Hinterhalt der deutschen Patrouille mit der unvermeidlichen deutschen Niederlage und dem unvermeidlichen Abführen der »Quadratschädel« mit unvermeidlich erhobenen Händen. Diese Nummer bestand aus einem Scheingefecht, ausgeführt von zwei Gruppen in Khaki und Feldgrau. Sie warfen mit beleuchteten Granaten und feuerten flammende Kugeln aus gemimten Maschinengewehren. England durchlebte das ewige Trauma der Schützengräben und Mörser, und es schien Spaß zu machen, zehn Jahre danach.

Eines Wintermorgens gegen Ende 1928 kam eine Frau in den Laden gestürzt, verschlampt und schmuddlig. In folgender Aufmachung ließ sie sich zu so früher Stunde sehen: Lockenwickler, Haarnetz, Morgenrock, Pantoffeln und Zigarrette im Mundwinkel. Sie war unser Hauptlieferant von Neuigkeiten und Gerüchten, doch an dem Morgen lag etwas Dringlicheres in ihrem Auftritt. Sie kam zur Tür reingeplatzt mit Anzeichen einer höheren Schauspielausbildung und jammerte über den bevorstehenden Krieg »mit Amerika«, womit sie die Vereinigten Staaten meinte. Sogar im Alter von acht Jahren kam mir die Behauptung lachhaft vor, und ich habe nicht viel darüber nachgedacht, bis ich kürzlich auf Anthony Burgess' Bericht stieß – auch in Manchester angesiedelt –, der »dem Papst die Schuld für den kommenden Krieg mit Amerika« gibt. 1924 bis 1928 war die Amtsperiode des Präsidenten Calvin Coolidge.

Von frühester Jugend an hat man mich gelehrt, an eine aufsichtsführende Gottheit zu glauben, vor der ich mich nicht verstecken konnte und die keine heimlichen Gedanken zuließ. Ein persönlicher Gott für alle, der aber fest der jüdischen Nation verbunden war; allgegenwärtig und allmächtig, ohne Lächeln. Ein Gott, der keinen Unsinn duldete und mich für meine Verstöße und Pflichtversäumnisse bestrafen würde, genau wie für die meiner Vorfahren bis ins dritte und vierte Glied. Kein Wischiwaschi-Gott, der.

Mein Problem ist schon immer das übermäßige Grübeln gewesen. Ständig habe ich über das eine oder andere nachgedacht. Eine ganze Menge strittiger Fragen vertragen es aber nicht, hartnäckig untersucht zu werden. Dennoch hat mir Gott das Hirngewebe nicht zum Erforschen und Untersuchen gegeben, sondern dazu, mich bei ihm dafür zu bedanken, daß er »mich nicht zur Frau« gemacht hat, und dafür, daß er mir befahl, mir vor dem Essen die Hände zu waschen. Allerdings ist Zweifel keine bewußte Anstrengung, sondern ein bohrender Zahnschmerz. In meinem Fall verwandelte sich die Verwirrung in das Unvermögen, weiterhin geistige Purzelbäume zu schießen.

Es war mehr als ein Glaube, den ich erwartungsgemäß hatte von meinem Vater erben sollen, so wie er ihn ererbt hatte und Generationen vor ihm. Es handelte sich um ein geschlossenes, sich selbst erhaltendes System mit eingebauten Sicherungen und Verteidigungsmechanismen und mit labyrinthischen

Fallen, das zudem noch die Anziehungskraft der Exklusivität besaß. Man sieht schon, wie dieses Sammelangebot jenen Stärke zu verleihen vermag, die bereit sind, ihren kritischen Verstand gegen einen unbeugsamen Glauben einzutauschen ... und wie es einem ein Gefühl von Sicherheit bieten kann, das der Überzeugung entspringt: »Das Recht ist auf *unserer* Seite.«

Um mir eine gute Grundlage im Jüdischsein zukommen zu lassen, schickte mich mein Vater zur *chejder*, die der Sonntagsschule entspricht, bloß umgekehrt: wir mußten jeden Tag hingehen, außer am Sabbat. Nach einem Jahr stolperte ich immer noch über die Leseübungen, während andere, die später begonnen hatten, schon die Thora im Singsang lasen und interpretierten. Nach viertausend Jahren oder so sorgten wir uns natürlich um die wahre Bedeutung des auf dem Berg Sinai gegebenen Gesetzes. In Babylon hatten weise Männer lange Kommentare dazu verfaßt; Kommentare, die selbstverständlich der Erläuterungen und Fußnoten bedurften, welche wiederum weitere Textumstellungen und Analysen erforderten. Heute sinnen wir über sein Wesen und seine Hauptpunkte nach.

In der Zwischenzeit herrschte Pragmatismus. Er bestand im Umgehen des Gesetzes, indem man jemandem seine Wünsche indirekt bekanntgibt, wie im Falle der jüdischen Hausfrau, der es am Sabbat verboten war, Feuer anzuzünden oder Licht anzuknipsen, und ihr Glaube untersagte es ihr auch, es das Dienstmädchen oder den Chauffeur tun zu heißen; aber keine Vorschrift verbot ihr, in Gegenwart des Hausmädchens oder des Chauffeurs ihrem Gatten gegenüber die Bemerkung fallenzulassen, wie nett es doch wäre, nicht im Dunkeln sitzen zu müssen.

»Wünschen gnädige Frau, daß ich das Licht einschalte?« erkundigt sich die Bedienstete, die zufällig mit angehört hat, wie das Beleuchtungsverlangen geäußert wurde.

»Das liegt ganz an dir, meine Liebe«, antwortet die *balbosste*, pikiert darüber, daß das Mädchen den Wink nicht kapiert hat. »Das mußt du entscheiden.«

Wenn das Dienstmädchen zu blöde oder zu unerfahren in den komplizierten Kniffen eines jüdischen Haushalts ist, um eine beiläufige Bemerkung nicht als Aufforderung zu verstehen, oder wenn sie sich bloß gern dumm stellt, dann soll sie sich nicht wundern, wenn sie am nächsten Dienstag auf der Straße sitzt.

Das Gesetz bestimmte, daß sich die junge Frau bei der Heirat die Haare abschneidet, wie es zuvor schon ihre Mutter seit deren Hochzeit gemacht hat. Aber kein Gesetz hinderte sie daran, eine Schachtel voller Perücken zu besitzen, die sie zu verschiedenen Anlässen trug. Auch gab es keine Vorschrift, die ihr verbot, ihr wunderschönes Haar am Donnerstag vor der Hochzeit vom Perückenmacher abschneiden zu lassen und es sich rechtzeitig zur Hochzeit wieder auf den kahlen Schädel zu setzen.

Diese indirekte Methode, das Gesetz zu umgehen, beschränkt sich natürlich nicht auf die jüdische Hausfrau. »Wir können eine Million Dollar auftreiben, um sie ruhig zu halten; kein Problem«, sagt Richard Nixon auf einem Tonband, kopfnickend und augenzwinkernd. »Aber das wäre nicht richtig.«

»Papa! Warum senden wir keine Missionare aus wie die Christen und machen alle Menschen jüdisch?«

Dieser Vorschlag hat etwas Verlockendes. Man merkt nicht nur, daß er altruistisch ist, sondern es würde auch das Ende des Judenhasses bedeuten.

»Alle Menschen jüdisch machen? Hör zu, Sohn! Wir wollen sie nicht haben. WIR SIND WAS BESONDERES. Wir sind das auserwählte Volk. Wenn wir wirklich … nehmen wir mal einen Augenblick an, daß es uns gelingen

würde, sie zu bekehren. Was passiert dann ... Ich meine, was passiert da? Jeder, aber auch jeder einzelne wäre dann was Besonderes. Und wenn jeder was Besonderes ist, dann ist keiner mehr was Besonderes. Kapiert? Eine Sackgasse! Ein Paradox! Wer will schon ein Paradox haben? Man braucht ein Paradox genau so sehr wie ein gebrochenes Schlüsselbein ... oder ... oder ein Loch im Kopf. Ich meine ... Iß mal deine Nudeln auf!«

Klausner oder klein aber fein

Im Leben jedes Menschen gibt es drei Provinzen: Geist, Körper und Artikulation.

Illyrischer Ausspruch

Als die Zentimeter verteilt wurden, kamen die Klausners zu kurz weg; und die Frommers, meine Vorfahren mütterlicherseits, schickte man an die falsche Schlange zum Anstellen.

Ich würfelte die Gene durcheinander und versuchte, das Beste aus der verfahrenen Situation zu machen; so hörte ich im Jahre 1934 auf, körperlich zu wachsen. Es war in dem Jahr, als Engelbert Dollfuß, der österreichische Kanzler – ein Leidensgenosse des frühzeitig beendeten Wachsens –, bei dem gescheiterten Naziputsch erschossen wurde.

In Anbetracht der Unterernährung, der ich auf Grund der während meiner frühen Kindheit herrschenden Lebensbedingungen ausgesetzt war, hielt ich mich noch gut und brachte es auf einen Meter zweiundfünfzig plus einem Zentimeter Zugabe. Das bedeutet, daß ich in meinen Nagelstiefeln genau so groß wäre wie Queen Victoria, wenn sie Nagelstiefel angehabt hätte.

Wie kommt es, daß man einen gemeinen Kerl gemein oder abscheulich nennt, wenn er größer als einszweiundsechzig ist?

Warum?

Denn, macht euch nichts vor, unterhalb dieser Größe sagt man »der gemeine *kleine* Kerl«. Hat man je von einem gemeinen großen Kerl gehört? Oder von einem gemeinen Kerl mittlerer Statur? Man kann blöde, dreckig, gierig, abscheulich oder schrecklich sein, aber wenn man klein ist, kriegt man noch ein Adjektiv aufs Brot geschmiert, gekleidet noch dazu in den Mantel des Spotts.

Ich habe also für das Vergnügen von Leuten sorgen müssen, die nichts zu bieten hatten als ihre Statur.

»He, Knirps, meine oberste Schublade ist vielleicht voller Kuhmist, aber ich bin einssechsundsechzig ohne Schuhe.«

Leute aus allen Schichten bilden sich was darauf ein, wenn sie Klausner einfach anquatschen können und ihre Größe mit ihm vergleichen. Im Grunde zählt auf dieser Welt nur Körpermasse und Erscheinung.

Die blicken auf einen runter. Du hast dein Gesicht in Höhe ihrer Ellbogen. »Steh auf!« brüllen sie dich an. »Wie ist das Wetter da unten?« fragen sie jovial.

Ich habe nicht das Zeug dazu, mit diesem Fehler fertig zu werden oder ihn zu kompensieren. Ich war noch nie imstande, damit zurechtzukommen. Wieso kann ich nicht in einer Welt leben, wo die oberste Reihe des Zeitschriftenregals für Leute wie mich erreichbar ist? In einer Welt, in der gilt: klein aber fein?

Ich bin wohl hysterisch, wie? Na, dann versuchen Sie mal, mit fünf Fuß und einem Zoll oder ein Meter dreiundfünfzig rumzulaufen. Mal sehen, wie Ihnen das gefällt!

SCHLUSS MIT DER TIRADE, FREDDI. MIT DER VERKAUFST DU DAS BUCH NICHT. DAS IST DIE BESTE DÄMLICHE ART, SEINE LESER ZU VERGRAULEN.

OK! Ist schon gut. Noch einmal: klein aber fein – klein aber fein – klein aber fein – ich fühl mich schon besser – klein aber fein – klein ...

Ich sagte, ist schon gut! Gut? Mach du nur weiter.

Klein aber fein, und trotz der offensichtlichen Nachteile hat Kleinheit auch seine guten Seiten. Man wird meistens unterschätzt. Kleinheit wird mit Kretinismus gleichgesetzt und als abartig betrachtet. Das ist eine Welt, in der Kleinheit wie Faulheit behandelt wird; verächtlich und unentschuldbar.

Daraus rührt eine Fehleinschätzung, die Weigerung, dem kleiner als durchschnittlichen Menschen die Fähigkeit zuzugestehen, daß er denken und was aushecken kann, sogar zurückschlagen. Mein Leben lang hat man mich für einen Idioten gehalten. Und wenn ich auf ihre bestenfalls gönnerhafte Haltung reagiert habe, wußten sie nicht, was sie eben gestochen hat. Ich hatte ihre Königin schon in der Falle, bevor sie auch nur das Wort »Sizilianische Verteidigung« rausbrachten.

Das Unerwartete bringt sie durcheinander. Klein aber fein.

Faßt Mut, ihr wackeren Wichtel! Den Maschinengewehrsalven und heulenden Schrapnells bietet ihr ein kleineres Ziel. Habt ihr euch das je überlegt? Ihr gebt weniger fürs Essen aus, und obwohl ihr nur die Hälfte von eurem Nachbarn wiegt, fällt bei einer Wahl eure Stimme genauso wenig ins Gewicht. Habt ihr euch das je überlegt? In der Bevölkerungsstatistik spielt eure Größe im Gegensatz zum Alter keine Rolle. Ihr werdet gerechnet, als ob ihr die volle Größe hättet. Habt ihr mal daran gedacht? Der Schneider darf nur den halben Preis verlangen, denn es steht doch fest, daß er für die Hälfte der Stiche nur halb soviel Faden und halb soviel Zeit braucht! Ganz zu schweigen von der halben Menge Stoff und Futter.

Klein ist wirklich fein!

Einer großen Anzahl von Leuten leistet ihr Beistand, und ihr beruhigt sie. Stellt euch vor, auf der Straße kommt ein Hombre von einssechzig an euch vorbei. Außer Hörweite wendet er sich seiner Gemahlin zu und murmelt: »Gosch Rosalinde, bin scho froh, daß ich nich so kurz wie der da bin!«

Denkt nur mal an den armen Trottel von mehr als

einsachtundachtzig, dem an einem Winterabend nur die übliche Decke ausgegeben wird, nicht größer als die, mit der sie dich versorgt haben. Sein Strohsack ist keinen Zentimeter länger als deiner. Ist das vielleicht Gerechtigkeit, oder ist es Gerechtigkeit?

Galizien, die Heimat der Klausners, bildet den Westteil der Ukraine und hat nichts mit der gleichnamigen spanischen Provinz zu tun. Während sich in Spanien der Name auf die Gälen bezieht, rührt der Name in der Ukraine von der lateinischen Form des Herzogtums Galisch her, unter dem das Gebiet um die Jahrtausendwende bekannt war.

Seit Beginn des 20. Jahrhunderts segelten die Bewohner Ostgaliziens unter sieben verschiedenen Flaggen.

Wie das?

Angenommen du wurdest in jener Provinz Anfang 1914 geboren, dann warst du Bürger von Österreich-Ungarn. Im Alter von einem Jahr hättest du dich unter der Besatzung des zaristischen Rußlands befunden, der ein Jahr später die Besatzung durch die Armee des Deutschen Reichs folgte. Mit fünf Jahren hätte man dir beigebracht, die polnische Nationalhymne zu singen (die versichert: »Noch ist Polen nicht verloren!«), in einem Klassenzimmer, das vom Bild des Marschalls Piłsudski beherrscht wird, welches eine Landkarte mit Polen als Mittelpunkt und wichtigsten Bestandteil der Welt schmückt.

Wenn dann 1939 kommt und du fünfundzwanzig bist und gerade deine erste Hochzeit feierst, besetzt die Sowjetarmee deine Stadt. Zwei Jahre danach jagen die Panzer Nazideutschlands nach Osten und lassen die Hakenkreuzfahne in der Sommerhitze schlaff vom Rathausbalkon runterhängen.

Nachdem du dreieinhalb Jahre Elend, Gefahr und häuslichen Kummer überstanden hast, wirst du

Zeuge, wie die deutschen Truppen mit dem gleichen Drang durch deine Stadt preschen wie im Juni 1941, nur diesmal in die entgegengesetzte Richtung, scharf verfolgt von sowjetischen Vorauskommandos, die dich prompt in die Ukrainische Sowjetische Sozialistische Republik eingliedern, gerade rechtzeitig, um die Unterlagen deiner ersten Scheidung zu den Akten zu nehmen.

Sieben Staatsverwaltungen im Zeitraum von dreißig Jahren? Habe ich richtig gezählt?

Vater hinkte immer einen Schritt seinem Ehrgeiz hinterher. Er erwischte nie schlimme Zeiten, eher erwischten die schlimmen Zeiten ihn. Immer hatte er es schwer, hauptsächlich mit sich selbst. Der Erfolg lag auf der Straße, und wenn man die Straße hinter sich hatte, winkte die nächste Straße, die letzte. Er wurde frustriert. Niemand auf der ganzen Welt verstand ihn, und er saß mit seinen Erwartungen und Visionen da und probierte kinetische Tricks.

Er war selbstbewußt und hatte was fürs Theatralische übrig. Als wohlwollender Despot fühlte er sich ständig bemüßigt, sich für alles zu rechtfertigen und sich dabei einen pragmatisch-moralischen Anstrich zu geben. Uns verweigerte er das Recht, Geld zu besitzen, natürlich auch den Besitz des von uns verdienten Geldes. Er erzählte uns, daß jede Regierung einen Finanzminister brauche, also auch die Familie, und er sei derjenige mit der entsprechenden Qualifikation. Hatte er es nicht all die Jahre hindurch mit Tausenden österreichischer Schillinge und Hunderten von Dollars zu tun gehabt? Wenn wir was benötigten, brauchten wir nur darum zu bitten, so redete er. Dann würde er die Notwendigkeit einschätzen, analysieren, beurteilen und uns einen Rat erteilen, wie wir diese Notwendigkeit überwinden könnten, ohne gleich das schwerverdiente Geld auszugeben »in einer solchen Zeit wie der«. Oder er würde uns tatsächlich zeigen, daß diese Notwendigkeit in Wirklichkeit gar nicht existierte.

Ich ging schon gut das dritte Jahr arbeiten und war siebzehn. Da kriegte ich es eines mutigen Abends fertig, ihm zu *sagen*, daß ich ausgehe, ohne ihn um Erlaubnis zu bitten. Ich mißachtete auch seine ausdrückliche Anordnung und ging mit Leuten, gegen die er etwas hatte. O ja, er war auch Minister des Innern und der Öffentlichen Ordnung.

Er selbst hatte im Alter von siebzehn Jahren 1905 seine Heimat verlassen, um sein Glück in den Vereinigten Staaten zu machen. Das war in dem Jahr, als das mächtige Russische Reich seine Flotte aus dem Schwarzen Meer und aus der Ostsee um die halbe Welt ins Gelbe Meer beorderte, um den aufstrebenden Japanern eine Lektion in Sachen europäischer Überlegenheit zu erteilen. Es kam aber dann so, daß sich die japanische Kriegsmarine heimlich hinter der Insel Tsushima versteckte und die Russen versenkte, als diese stolz in das Japanische Meer eindringen wollten.

Ich habe nie genau rausgefunden, was Vater in den neun Jahren in Boston, Massachusetts, getrieben hat. Bei Ausbruch des Ersten Weltkriegs entschloß er sich, in seine Heimatstadt zurückzukehren, gerade als die russische »Dampfwalze« die Truppen des österreichischen Reichs aus Galizien hinausjagte.

»Lemberg vermutlich noch in unserer Hand«, lautete damals eine Schlagzeile. Meine Mutter fand diese Formulierung ziemlich bemerkenswert und ließ sich keine Gelegenheit entgehen, sie anzubringen, wenn es sich ergab.

Im Jahr 1917, als die Russen aus Galizien vertrieben waren, zog Vater nach Wien. Meine Eltern heirateten am ersten Weihnachtstag 1918.

Ohne Erfahrung, aber mit einem fachmännischen Kompagnon gründete mein Vater eine Pelzfirma, die nach fünf Jahren schloß. Um diese Zeit holte er seine Eltern aus Galizien und etablierte sie in unserer Wohnung. Da tat sich eine unüberbrückbare kulturelle Kluft auf. Bei ihnen waltete eine patriarchalische Ordnung, in der die Schwiegertochter auf der untersten Stufe stand. Vaters Eltern entstammten der Steinzeit, und der jungen Wiener Hausfrau, die man mit einem aufgeklärten »Modernismus« aufgepäppelt hatte, kamen sie ungehobelt und ungeschlacht vor. Sie spuckten auf den Boden und schrien *Lingenentsinding* (Lungenentzündung), sobald ein Fenster geöffnet wurde. Die Ehe erlitt einen irreparablen Schaden, und Jahre später verließ uns Mutter, nachdem sie abgewartet hatte, bis Lizzi und ich alt genug waren, für uns selbst zu sorgen.

Vater kam in der großen Feuersbrunst von 1942 bis 1944 um. Zusammen mit Millionen Juden, Zigeunern, Slawen, Deutschen und anderen Opfern einer verderbten Auffassung wurde er in einer Orgie von Arroganz und Wahnsinn ermordet; eine Krankheit, die die Menschheit seit Anbeginn der Welt plagt.

Das letzte Zeugnis von Chayim Pesach Sigmund Klausner ist der Vermerk auf seinem Meldeformular. Er lautet: »Abgemeldet nach Minsk.« In Österreich mußte jeder Wohnungswechsel gemeldet werden. Der Transport in die Todeslager wurde, so scheint es, eingetragen als Abmeldung nach Minsk oder Riga.

Die Würde des Alters und die Freude der Großvaterschaft blieben ihm versagt. Wie Millionen andere Juden, die dazu bestimmt waren, umzukommen, hatte er jeden Werktagmorgen sein *t'filn* angelegt, zweimal täglich seine Gebete gesprochen und jeden Bissen Brot gesegnet, der seine Lippen passierte, wobei er dem Spender dankte. Und doch hat ihn sein Gott im Stich gelassen. Das ganze Leben hatte er eine männliche Gottheit heller Hautfarbe verehrt, die ihn sitzenließ, als der kritische Moment kam.

Berlin

> Dreiecke sind kongruent, wenn man dreizehn ist und die Erziehung einen Fimmel bekommen hat.
>
> *A. Barbés-Rochechouart*

Der Eckladen in Manchester erwies sich als eine weitere Enttäuschung Vaters. Sein jüngerer Bruder Ralph jedoch, den er immer als Trottel behandelt hatte, war in Berlin gelandet, und es ging ihm dort gut. Als Hausierer fuhr er regelmäßig in die Provinz.

Wieder einmal packte Vater die Koffer und verließ uns, diesmal ging's nach Berlin, um wieder ein neues Heim einzurichten. Dort schloß er sich einer Bande von *Keilern* an, Rotwelsch für Straßenhändler; Einmannfirmen, die sich »Versandhaus« nannten. Sie durchstreiften die ländliche Mark Brandenburg und nahmen Bestellungen für Bettwäsche und Tischtücher auf.

Es blieb Mutter überlassen, damit fertig zu werden, so gut es ging, und das Unternehmen Manchester abzuwickeln. Drei Monate später überquerten wir den Englischen Kanal oder *La Manche* – je nachdem, auf welcher Seite des Wassers man steht – und fuhren Richtung Osten über Ostende und Köln nach Berlin.

Einige Monate davor war die Wall Street zusammengekracht, und die Wirtschaftskatastrophe raste über den Atlantischen Ozean und kam mit grellen Scheinwerfern und lautem Gehupe nach Deutschland reingebraust.

Die Pflastersteine glühten vor Hitze, als wir im Sommer 1930 in Berlin auf die Skalitzer Straße runter spielen gingen. Ein Stück weiter hinten war ein altes Zugpferd auf der Straße ausgerutscht und umgefallen. – Der Deutschlehrer korrigierte meinen Aufsatz. »Das Pferd«, sagte er mit roter Tinte, »war nicht *umgefallen*, es war *hingefallen*.« Hier lag ein akuter Fall von Unvereinbarkeit zwischen preußischer Diktion und österreichischer Ausdrucksweise vor.

Ich war fast elf, als ich in die Sexta des Luisenstädtischen Realgymnasiums aufgenommen wurde. Hier durchlief man die Sexta, die Quinta und Quarta bis weiter zur Oberprima, der Abiturklasse. Ebenso gingen die Zensuren von hinten nach vorn: Die beste Zensur war die eins, sie bedeutete »sehr gut«; dann weiter abwärts: zwei (gut), drei (genügend), vier (mangelhaft) und fünf (ungenügend).

In Berlin begann das Schuljahr zu Ostern, und da wir mitten in den Sommerferien ankamen, waren schon drei Monate Unterricht verstrichen. Der Direktor nahm mich mit zu den Lehrern der untersten Klassen, die verzweifelt die Hände rangen und lamentierten, daß ihre Klassen aus allen Nähten platzten. Erst als Dr. Michaelis hörte, daß ich zwei Jahre in England verbracht hatte, wurde für mich ein Pult in seiner Klasse gefunden. Der Doktor war Englischlehrer.

Look. This is a book.
The book is full of pages.
The boy is reading the book.
The book is on the table.

Der Herr Direktor leitete die Schule mit einer eisernen Faust aus Freundlichkeit und Verständnis. Bei ihm gingen Fleiß vor Disziplin und Leistung vor der Kunst des Darbietens. Sein Amt war eine Brutstätte der Mäßigung und des Laissez-faire, und Mutter bezeichnete die Institution beifällig als »Bohemien-Schule«.

Allerdings lassen sich Toleranz und Großzügigkeit,

ihrem Wesen entsprechend, nicht erzwingen, und es gab dort wie in den besten Einrichtungen dieser Art auch eine Portion Lehrer, für die die Schule ein Ort der Disziplin und des Einschärfens war, die von Geduld und Freundlichkeit nicht viel hielten und für die Freundlichkeit geradezu eine Schwäche und schändliche Niederlage darstellte; Lehrer, denen die militärische Vergangenheit noch in den Knochen steckte.

Man setzte uns allerlei Mythen und Legenden als Tatsachen vor: Diogenes habe in einer Biertonne gelebt (haha). Er habe die Utensilien der Zivilisation verachtet und seinen Becher weggeworfen, nachdem er einen Jungen aus der hohlen Hand trinken gesehen hatte. Hier erhob ich Einspruch beim Lehrer. Wie soll man sich den offenen Widerspruch erklären? Nämlich einerseits Diogenes' Ablehnung von Geräten, und andererseits, so wird erzählt, sei er bei Tageslicht mit einer Lampe durch die Stadt gelaufen.

»Eine Lampe«, so argumentierte ich, »ist ein Gerät; wieso hat er sie behalten, wo er doch seinen Trinkbecher zerteppert hat?«

»Zu jener Zeit, mein lieber Junge, waren Lampen sehr primitive Gegenstände«, erklärte Dr. Stiehl. »Sie bestanden aus einem Tongefäß, einem bißchen Öl und einem Stück Schnur als Docht.« Er lächelte und winkte mich weiter.

»Aber Herr Doktor, das Trinkgefäß, das er zerteperte, war noch viel primitiver. Auch das war aus ...«

»Sei nicht so albern, Klausner. Setz dich hin und schlage das Buch auf, Seite 78. *ICH SAGTE, SETZ DICH HIN!!!*«

In jenem Jahr bestand der Geschichtsunterricht größtenteils aus der Anordnung, still zu sitzen und angegebene Seiten zu lesen, während der Herr Doktor damit beschäftigt war, etliche Stapel Arbeitshefte durchzugehen.

Das geschieht heute immer noch.

Wirklich, der Grund, warum sich die Reglementierung der Jugendlichen über so viele Jahre hinzieht, ist der, den Lehrern Zeit zu bieten, damit sie die Klassenarbeiten der Abiturklassen während des Unterrichts in unteren Klassen durchsehen können.

Die in der Aula hängende Weltkarte betonte die Bedeutung Deutschlands und seine zentrale Lage. Straßen und Eisenbahnlinien führten von hier aus in die entlegensten Ecken Europas und Asiens. Seewege erstreckten sich fächerförmig von den Mündungen der Elbe und Weser zu den Kontinenten Afrika, Amerika, Australien und zu den Inseln im Pazifischen Ozean. Wer vom Kap der Guten Hoffnung zur Halbinsel Yukatan wollte, mußte über Bremerhaven oder Hamburg fahren.

Die Karte zeigte auch die Grenzen aus der Zeit vor 1918, gepunktete Linien, die sich nach Litauen einschnitten, Ostpreußen mit dem Mutterland verbanden und im Westen Elsaß-Lothringen und Eupen-Malmedy liebevoll umschlossen.

Und dann gab es da natürlich noch die ehemaligen Kolonien Südwest-Afrika, Ost-Afrika, Kamerun und Togo, die, wie uns im Physikunterricht beigebracht wurde, uns von den betrügerischen Engländern und den heimtückischen Franzosen geraubt worden waren, nicht zu vergessen die Marianen oder Ladronen, pazifische Inseln, die uns die diebischen Japaner weggenommen hatten.

Während Dr. Posner in Erinnerungen an die vergangene Herrlichkeit schwelgte, verhedderten sich die Seile des Flaschenzugs hoffnungslos. Ungeduldig zog und zerrte er an den Schnüren. Diese mechanische Vorrichtung, die uns das Verhältnis von Kraft und Weg demonstrieren sollte, widerstand seinen Bemühungen. Verzweifelt feuerte er sie in die Ecke und rief aus:

»Deutschland wird sie zurückkriegen! Wir kommen wieder!«

Haushoch den winzigen Freddi überragend, dröhnte er: »Nicht wahr, Klausner?«

Die Antwort kam forsch und unzweideutig: »Jawohl, Herr Doktor!« Ich donnerte sie ihm mit absoluter Hingabe zurück und knallte dabei meine Faust aufs Pult.

Bei anderen Gelegenheiten sollten wir erfahren, daß das verlorene Gebiet sowieso nicht das beste Land gewesen war. Die Leckerbissen waren zu dem Zeitpunkt, als wir den Schauplatz Kolonien betraten, längst von anderen weggeschnappt worden. Dr. Falke, der Mathelehrer, erzählte uns, wie im 19. Jahrhundert der gutmütige, vertrauensvolle und vertrauenswürdige, aber einfältige Michel (Deutschland) von den gerissenen und hinterlistigen Briten und von den fixen und verschlagenen Franzosen und Portugiesen reingelegt worden war. Deutschland hatte zu spät den Schauplatz Kolonien betreten und »mußte sich mit den Resten begnügen«.

Während der Inflationszeit, die von 1919 bis 1923 dauerte, hätte man für einen US-Dollar 4 200 000 000 000,– Reichsmark bekommen, mehr als vier Millionen Millionen. Die Industrieproduktion war auf die Hälfte von der des Jahres 1913 geschrumpft.

Mitte der zwanziger Jahre begann alles wieder rosiger auszusehen, und die Lage auf dem Arbeitsmarkt entspannte sich allmählich. Damit zogen wieder Zufriedenheit und ein Quentchen politische Stabilität ein. Doch als im Oktober 1929 in New York die Börse zusammenbrach, bekam Deutschland das mehr als alle anderen Länder zu spüren, und die Arbeitslosigkeit kehrte mit Macht zurück. Sie trieb das ständig wachsende Heer der Notleidenden in die Arme der Nazis. Hitler war für die Ausgepowerten die letzte

Hoffnung. Bei den Reichstagswahlen erhöhten sich seine Stimmen von 800 000 im Jahre 1928 auf über sechs Millionen im Jahre 1931. Die Nazipartei war nun angekommen, auf dem Rücken des erneuten Elends und der Stagnation reitend.

Eine steigende Anzahl Menschen aus den bürgerlichen Mittelschichten verloren alles, was sie hatten, und reihten sich in die Schlangen vor den Suppenküchen ein. Sie bettelten, einige in der Uniform aus dem Ersten Weltkrieg, oder sie kratzten sich ihren Lebensunterhalt als Straßenmusikanten zusammen oder sangen, tanzten, jonglierten und schlugen Purzelbäume.

Der allesgeliebte Schmachtfetzen der Zeit war *Waldeslust.*

Drehorgeln wurden von Hinterhof zu Hinterhof geschoben. Die Leierkastenmänner wetteiferten um die Aufmerksamkeit der Hausfrauen, die ein paar Pfennige in Zeitungspapier wickeln und in den Hof runterwerfen sollten.

Waldeslu-hu-hust,
Wahaldeslu-hu-hust,
O wie einsam schlägt die Brust.
Den Vater kenn ich nicht,
Die Mutter liebt mich nicht,
Und sterben will ich nicht,
Bin noch so jung.

Unterirdische Strömungen wirbelten auf, die Berliner Straßen hallten wider von Konfrontationen und Feindseligkeiten, und die Nazis fuhren ihr Heu ein, solange die Sonne schien. Und sie schien tatsächlich. Deutschlands Politik drang in jede Ecke des täglichen Lebens, was im Sommer 1932 seinen Höhepunkt fand. Politische Themen durchzogen jede Unterhaltung wie auch die Rundfunksendungen und Zeitungen. Die meisten Leute wurden die meiste Zeit von den meisten Parteien an der Nase rumgeführt. Und während man behaupten kann, daß nur wenige Leute ihrem Verstand erlaubten, ihre Gefühle zu beherrschen, konnte man in jenen Tagen nur wenigen Apathie vorwerfen.

Auf den Hauptstraßen fielen einem die politischen Parteien ebenso auf wie die Banken und Kaufhausketten. Parteilokale wurden zwischen Läden und in Höfen eröffnet. Sie bildeten die Nervenenden der jeweiligen Partei. Die Nazis waren am besten mit festangestelltem Personal, Versammlungsstätten und flüssigem Geld ausgestattet. Nun war die »Hitler-Bewegung« die zahlenmäßig zweitgrößte Partei. Untereinander versuchten die Parteien, sich darin zu übertreffen, die anderen zu übertreffen. Die »Kampflieder« strotzten vor Stolz und Selbstgerechtigkeit und einer Gesinnung, die aufforderte, »den Feind auszulöschen« und »zu kämpfen bis in den Tod«.

Mehr als alle anderen rechten Parteien hatten die Nazis von Anfang an die Arbeiter im Visier. Damals in den zwanziger Jahren, als die Partei aus einem Gemisch rechter Splittergruppen entstand, wählte man als Namen »Nationalsozialistische Deutsche Arbeiterpartei (Hitler-Bewegung)«. Sie klauten die rote Fahne, schmückten sie mit einem alten persischen Symbol, dem Kreuz mit Haken, und machten sich dran, von ganz unten her, von den Schichten der Ungelernten und Arbeitslosen, die von den Kommunisten als »Lumpenproletariat« bezeichnet wurden, Breschen in die Arbeiterklasse zu schlagen. Jeder, der Mitglied wurde, erhielt ein braunes Hemd, Breeches und Reitstiefel. Man gab jedem drei anständige Mahlzeiten am Tag, aber vor allem das Gefühl der Dazugehörigkeit und ein Ziel. Ihrer Bewegung verliehen die Nazis einen proletarischen Mythos. Den 1. Mai, den Internationalen Arbeitertag, behielten sie bei und tauften ihn um in: Tag der deutschen Arbeit. Sie übernahmen die kommunistische Anrede »Genosse«. Sie verrieten Schläue und Scharfblick, als sie den von der Gesellschaft Vernachlässigten das Gefühl der Selbstachtung vermittelten und den niedrigsten und entwürdigendsten Arbeiten einen würdevollen Anstrich gaben, indem sie deren große Bedeutung betonten.

Während meines dreizehnten Lebensjahrs verschaffte ich mir Gehör, auffallend und zustimmend, zu den Klängen der Nationalhymne, und jedesmal, wenn »Deutschland« bei einer Gelegenheit »über alles« gehalten werden sollte, war ich es, der am lautesten sang, wobei mir eine Gänsehaut über den Rücken lief.

Das Lied, dessen erste Zeile verkündet: »Deutschland über alles [andere] in der Welt«, war 1841 verfaßt worden – nicht 1848, wie es in der *Encyclopaedia Britannica* steht –, in den unbesonnen Tagen keimender Hoffnung auf eine freie, brüderliche Welt.

Die Leute hatten noch Voltaire und Rousseau im Kopf, Napoleon und seine radikalen Reformen waren noch in lebendiger Erinnerung, die industrielle Revolution kam in ganz Europa auf Touren, Karl Marx stand in den Kulissen, da bedrohten Gedankenfreiheit und Radikalismus die bestehende Ordnung.

August Heinrich Hoffmann von Fallersleben schuf das Lied im Exil, auf der Flucht vor der preußischen Polizei, die ihn wegen seiner Unterstützung der aufrührerischen Ideen von Freiheit und Gleichheit verfolgte. Er schrieb den Text auf eine kroatische Volksweise, die Haydn vierundvierzig Jahre davor für eine Hymne neu arrangiert hatte, die vor dem österreichischen Kaiser zu Kreuze kriecht.

Zu jener Zeit bestand Deutschland aus einer losen Ansammlung zank- und streitsüchtiger Herzogtümer und Königreiche im Schatten des mächtigen Preußen. Die Vorstellung eines geeinten Deutschlands war revolutionär und wurde von Prinzen, Königen und Herzögen bekämpft. Sie erblickten darin das Ende einer Ära, eine Bedrohung ihrer Privilegien und ihres üppigen Lebensstils. Kein Zweifel, das Lied stellte die Utopie eines übernationalen Deutschland »über alles«, in dem jeder Bürger volle Rechte besaß. Ein Deutschland mit Chancengleichheit und sozialer Gerechtigkeit.

Vom Tage der Niederschrift dieses Liedes an wurde es von Nationalisten mißverstanden, mißdeutet und mißbraucht. Die Weimarer Republik erhob es 1922 an Stelle von »Heil dir im Siegerkranz« zur Nationalhymne. In der Zeit der von Hitler-Deutschland ausgehenden schärfsten Unterdrückung konnte man bei Staatsereignissen also ein freiheitliches Lied vernehmen.

In der dritten Strophe, »Einigkeit und Recht und Freiheit«, hallten Gedanken der Französischen Revolution wider. Diese Strophe ist zur heutigen Nationalhymne der Bundesrepublik Deutschland geworden.

Nicht schlecht!

Meine Barmizwa fand im Dezember 1932 statt, zwei Monate nach meinem dreizehnten Geburtstag und einen Monat, bevor Adolf Hitler das Kanzleramt sozusagen auf einem silbernen Tablett serviert bekam.

Viele glaubten, daß ihn die Ernennung auf Normalmaß stutzen und ihn als das zeigen würde, was er war: ein halbgelernter Anstreicher und Kalklöscher.

»Der macht nicht lange, haha ho!« meinten sie. Aber er hatte was anderes im Sinn. Seine Kerle zündeten den Reichstag an, das Gebäude des deutschen Parlaments, jedenfalls erzählte man sich das. Einige sagen, daß ein halbblinder, beschränkter Niederländer das Feuer gelegt habe, ohne Hilfe oder Veranlassung durch die Nazis. Wie immer es wirklich gewesen sein mag, die Schuld schob man den Kommunisten in die Schuhe, und die Braunhemden übernahmen die Straße. Nun wurde es ernst mit dem Terror. Der Brand wurde als Vorwand genommen, mit allem, was noch von der demokratischen Entwicklung übriggeblieben war, Schluß zu machen. In der Kroll-Oper, wo der Reichstag nun tagte, war die Hälfte der Abgeordneten nach Dachau in Bayern geschickt worden, und der Rest trug Soldaten- oder Naziuniform.

Das Geheimnis von Hitlers Erfolg lag meines Erachtens in seinem Opportunismus. Er packte lieber den Stier bei den Hörnern, als daß er Ränke und Pläne schmiedete. Wenn er auch vielleicht nicht so gescheit wie von Papen und Göring war, ließ ihn die Intuition erst in den letzten Jahren im Stich, und da, in seinen letzten Tagen, gab er bezeichnenderweise dem deutschen Volk die Schuld an der Niederlage.

In der Schule tat mein leidenschaftlicher Patriotismus meiner akademischen Unzulänglichkeit keinen Abbruch; meine Zensuren schwankten zwischen Dreien und Vieren, und ich blieb immer weiter zurück. Und hätten wir im Sommer 1933 Berlin nicht verlassen, wären meine Eltern vermutlich in aller Höflichkeit gebeten worden, eine für mich geeignetere Einrichtung zu suchen.

Wie die Dinge nun einmal lagen, verkauften die Klausners ihr Geschäft und besorgten sich Fahrkarten. Um die Rundreise abzuschließen, kehrten wir als Flüchtlinge nach Wien zurück.

Drimmer

a + a = b, b + b = b, a + b = a
Pljuschkins mathematische Wunder

Wenn man schon mal unversehens eins über den Schädel bekommen hat, von einem zusammengerollten Teppich, den ein protzprankiger Prachtkerl ungeschickt von der Schulter schwingt und der dich betäubt durch die Luft haut, dann versteht man vielleicht. Dann hätte man eine ungefähre Vorstellung davon, wie mir an dem unvergeßlichen Morgen meines ersten Tags an der Jüdischen Oberschule war, wo ich nach der Rückkehr nach Wien einen Platz bekam.

Es war das Drimmer-Mädchen.

Sie saß graziös hingelümmelt am Pult in der ersten Reihe und schaute mich über den Gang hin an, als ich dem Klassenlehrer meinen Namen und die Adresse stammelte; dabei stützte sie den Kopf auf die offene Hand, und ihr scharf geschnittener Schopf schwarz schimmernder Haare hing huldreich überm Tintenfaß.

Ich stand da wie der sprichwörtliche Ölgötze, schämte mich und stotterte, als ich die Fragen vom Katheder beantwortete. Am liebsten hätte ich mich im nächsten Mauseloch verkrochen.

In diesen denkwürdigen Minuten verblaßte alles vor ihrer Gegenwart. Zwischen verstohlenen Blikken in ihre Richtung versuchte ich, die in ihre Tischplatte eingeschnitzten Initialen zu entziffern. Im Anstarren kam niemand mit ihr mit.

Am Ende des ersten Tags, wie ich so lässig am

Schultor stand und so tat, als ob ich nicht nach ihr Ausschau hielt, tauchte sie ganz ruhig in der eiligen Menge auf, strahlend. Ich mimte Gleichgültigkeit und schlenderte gemächlich davon, durcheinander und voller Qualen.

»He, Klausner, hast du denselben Weg wie ich?« Sie hatte mich eingeholt und tippte mir auf die Schulter.

In dem Augenblick löste sich Vierkant, der Hahn im Korb, der sich gerade locker mit seinen Kumpanen unterhielt und so tat, als ob er nicht nach ihr Ausschau hielt, von der Gruppe.

»... Kommst du, Drimmer«, bellte er.

Das war so was, das ich erwartet hatte und mit dem ich mich abfinden mußte, wie wenn mir einer Sand ins Gesicht schmeißt.

»Nein«, antwortete sie leise und zog den Arm zurück, »ich geh mit Klausner.« Und sie lief los, mit mir im Schlepptau.

Oh, Junge!

Ich war dreizehneinhalb; mein sexuelles Leben hatte wenige Monate zuvor begonnen. Mir ging es ab mit Zigarettenbildern von den damaligen UFA-Schauspielerinnen. Introvertierte und Einzelgänger, die von selbst auf die Masturbation kommen, können vielleicht jahrelang so weitermachen wie ich, im Glauben, daß ihre Bemühungen noch nie dagewesen seien, daß sie Freaks wären, einmalig mit ihrer Beschäftigung und allein auf der ganzen Welt mit ihrem ungeheuerlichen Rezept. Darüber habe ich mit keinem Menschen gesprochen, denn ich war erzogen worden, über Dinge unterhalb der Gürtellinie nicht zu reden, ob sie nun mit dem urinären, exkrementären oder sexuellen Bereich zu tun hatten, und wenn doch einmal, dann nur im Flüsterton, mit Schamröte im Gesicht und elegant umschrieben. Als ausgewachsener Introvertierter habe ich mich nicht am Gekicher und den plastischen Schilderungen meiner Altersgenossen beteiligt. Sex bildete ein geheimes Thema, das dem obszönen Glucksen und versteckten Anzüglichkeiten vorbehalten blieb und graphisch angedeutet wurde, an Wände gemalt oder ins Pult geschnitzt. Für mich war es was Dreckiges, Geheimnisvolles, Bedrohliches.

Ächzende Matratzenfedern und Flecken, mit denen mein Bettlaken aussah wie eine Landkarte der Kykladen; Mutter zählte zwei und zwei zusammen. Sie nahm mich beiseite und sagte mir leise, daß das »Schleudern«, wie sie es nannte, ungesund sei und das Leben verkürze.

Als der Frühling in wärmeres Wetter umschlug und die Kledage leichter wurde, kam ihre Halslinie immer mehr zum Vorschein und enthüllte die bezaubernde Anwesenheit ihrer Halsgrube – *fossa suprasternalis* –, den Mittelpunkt meines Universums. Diese Einbuchtung, dieser hinreißende Daumenabdruck, das Zusammenlaufen der Zwillingssäulen A und B, der Sternomastoiden, die von den Ohrringen zum Brustbein führen, das und der Alabaster ihrer gemeißelten Schlüsselbeine schwirrten mir in jenen Frühlingstagen im Kopf rum.

Aber für mich war Jenny Drimmer kein Sexsymbol. Sie war ein Ideal, das Abbild der Reinheit, das nicht von unteren Körperteilen befleckt und auch in Gedanken nicht anders als nur platonisch vorgestellt werden durfte, nie unterhalb des Halses. Mit mir kam sie nicht weit. Was sie an mir fand, was sie von unserer »Beziehung« hatte, ist mir ein Buch mit sieben Siegeln. Sie starrte mich immer erstaunt an und schüttelte unmerklich den Kopf. Sie hätte nur zu winken brauchen, und jeder der amtierenden Poussierstengel mit Haarpomade, Armbanduhr und Ringen wäre angesprintet gekommen.

Zweifellos hatte sie einen einmaligen Geschmack. Sie sagte »Zitzero«, und ich sagte »Kikero«. Abgesehen davon waren wir in fast allem verschiedener Meinung, und wenn wir uns über den römischen Redner oder über Fragen der Physik oder Geographie in die Haare kriegten, linderte das meine hochgradige Befangenheit in ihrer Gegenwart. – Zitzero. Wer weiß, wie viele Andeutungen in ihrem Bestehen auf dieser Aussprache lagen. Wie der Psychiater mal in einem unbewachten Moment in Gedanken versunken grübelte: »... wer kann schon sagen, was im Kopf einer Vierzehnjährigen vorgeht?«

Zitze sagten wir in Wien zur Brust. Aber nein! So unanständig war sie nicht. Niemals. Sie war feinsinnig, sie besaß Klasse!

Früh schlüpfe ich immer eine halbe Stunde zu zeitig in die Schule. Ich setze mich auf ihren Platz und spitze die Ohren, denn auch sie kommt zu zeitig. Durch das Hin und Her der Putzfrauen auf dem Korridor vernehme ich ihren Schritt, und mein Herz fängt an zu pochen wie in einer brenzligen Situation. Dann beginnt das Spiel. Sobald ich sehe, wie sich die Türklinke bewegt, sitze ich wieder an meinem Pult, die Nase in ein Buch gesteckt, und tu so, als überfliege ich noch schnell was. Ich überfliege schon was, aber weder Klopstocks *Messias* noch die Voltaische Säule, noch schlage ich was über die Hanse nach. Nein, ich zermartere mir den Kopf über die Regeln dieses Scheißspiels. Und während ich mir einrede, daß ich nicht wegen ihr so früh gekommen bin, bin ich mir überhaupt nicht sicher, warum ich in diesem lausigen Klassenzimmer sitze, ohne einen Schimmer, wie's weitergeht.

»Servus Klausner«, fäng sie an.

»Servus Drimmer.«

Servus ist die vertrauliche österreich-ungarische Begrüßung unter allen, die sich duzen. Wir beachten einander nicht und tun so, als ob wir arbeiten. Ich schaue verstohlen zu ihr rüber und senke die Augen, sobald sie zu mir blickt. Sie spielt das schon auf höherer Ebene, gelöst und gelassen.

Wie die Wochen verstreichen, gehe ich noch früher von zu Hause los und trödle heimlich in ihrer Straße rum. Das Schaufenster, in dem sich ihr Haus spiegelt und unauffällig beobachtet werden kann, ist mit Stickrahmen, Garn und bestickten Sachen dekoriert. »Heute«, sage ich mir, »heute ist der Tag!« Heute passiert's, wie im Film. Mühelos. Wenn erst mal der Anfang gemacht ist, geht's glatt weiter. Aber wie …?

In dem Augenblick, wo sie erscheint, gehe ich langsam weiter und versuche, lässig zu pfeifen. Habt ihr schon mal zu pfeifen versucht, wenn das Adrenalin strömt und der Puls rast?

»He, Klausner.« Sie tut so, als gefalle ihr mein So-Tun. Ganz unschuldig fragt sie: »Was machst du denn in der Großen Mohrengasse?« Mohren war der Sammelname für Moslems. Für mich verbanden sich traumatische Vorstellungen mit Wien, das vor zweihundertfünfzig Jahren beinahe Teil des Osmanischen Reichs geworden wäre und in letzter Minute von den Polen gerettet wurde.

Stumm laufe ich neben ihr her und durchforsche meinen Geist, wie ich beginnen soll. Sie wartet. Wir gehen langsam durch den Augarten und werden vom lauwarmen Regen durchnäßt. Schließlich breche ich das Schweigen.

»Begreifst du das Leidenfrostsche Phänomen, das schwebende Wassertröpfchen … den Wasserdampf …?« Sie nickt interessiert.

»Hast du an deinen Adverbien gearbeitet?« erkundigt sie sich. »Reifeisen hat dich vorige Woche so böse angeguckt, wie du die Konjugation nicht gekonnt hast.« Sie schlenkert ihre rechte Hand, als wollte sie das Wasser abschütteln: eine Geste, die ich Jahre danach noch einmal sehen sollte, in Frankreich.

Wie üblich sind wir die ersten im Klassenzimmer. Sie sorgt dafür, daß ich meine Schularbeiten in Deutsch mache, sie diktiert, beugt sich über mich, ihr Atem streift mich. Das kurzärmelige Kleid entblößt die sanften Konturen ihrer Armbeuge, diese seidige Weichheit im Ellbogen; das Blau der pulsierenden Medianader, die sich in den Unterarm auffächert. Mir schwimmt's davon vor den Augen. Es durchbohrt meinen Geist.

Werther, o Werther! Deine »Leiden« habe ich zwar nie gelesen, aber wie sehr ich sie nun verstehe! Wie ich verstehe!

Am Ende des Schuljahrs übergab mir der Direktor einen Brief an meine Eltern, in dem er in taktvollsten Formulierungen empfiehlt, eine andere Schule, die besser für mich geeignet wäre, zu suchen.

In jenem Sommer zog Jenny Drimmers Familie nach Havanna, wo ihrem Vater ein Lehrstuhl an der Universität angeboten worden war. Sie gehörten zu der scharfsinnigen Gruppe Intellektueller, die das Menetekel an der Wand lasen, sich ihr Geld schnappten und abhauten. Sie hatten verzweifelte Versuche unternommen, in die Vereinigten Staaten einzureisen, mußten aber mit Batistas Kuba vorliebnehmen.

Anschluß

Es sollte nicht sein, es sollte nicht sein, ES – SOLL – TE – NICHT – SEIN!

Die Leute, denen die Demokratie in den Schoß gefallen war, legten einen einzigartigen Mangel an Verantwortungsbewußtsein an den Tag. Nachdem sie die Freiheit kennengelernt hatten, stellten sie unvernünftige, unausgegorene Forderungen. Sie gingen dazu über, gefestigte und erprobte Werte einer erneuten Prüfung zu unterziehen. Mit der Idee der sozialen Gerechtigkeit sprangen sie wahllos und willkürlich um. Von den Kanzeln der Sozialdemokratischen Partei wurde Einspruch gepredigt. Die kaum fünfzehn Jahre alte parlamentarische Republik hatte sich als überflüssiger und unerschwinglicher Luxus erwiesen, der abgeschafft werden sollte, ein für allemal. Seit seiner Amtseinführung als Bundeskanzler hatte der konservative Dr. Engelbert Dollfuß heimlich an den demokratischen Einrichtungen und Errungenschaften der letzte Jahre rumgeknabbert.

Inmitten einer erhitzten Debatte über eine lächerliche Verfahrensfrage trat am 4. März 1933 der Präsident des Abgeordnetenhauses, ein Sozialdemokrat, spontan zurück. Er stürmte aus der Kammer und nahm seine beiden Vize gleich mit.

Bingo!

Der gerissene Dollfuß brauchte nicht lange, um zu erkennen, wie günstig und vielversprechend die Lage war. Parlamentssitzungen konnten nur vom Parlamentspräsidenten einberufen werden, und der wurde natürlich vom Parlament gewählt. Kein Präsident – keine Sitzung, keine Sitzung – kein Präsident. Und Joseph Heller war damals erst elf.

Der sozialistische Präsident des Abgeordnetenhauses hatte der Demokratie die Schlinge um den Hals gelegt, und der junge Engelbert verlor keine Zeit, den Stuhl wegzustoßen. Er brachte am Tor des griechischen Tempels, der die Volksvertreter beherbergte, ein Vorhängeschloß an. Jetzt konnte er ohne größeren Widerstand seine Mission erfüllen, Österreich zurück in die Vergangenheit zu führen. Zurück zu den glorreichen Tagen imperialer Herrlichkeit. Die Zensur wurde eingeführt, und die Gewerkschaften wurden an die Leine gelegt.

Was von der Nachkriegsfreiheit noch vorhanden war, wurde im Laufe des Jahres 1933 schleunigst weggeschnippelt. Die Rechte der Arbeiter wurden immer weiter beschnitten, bis sich im Februar 1934 die Sozialisten ein letztes Mal aufbäumten und den nachfolgenden Kampf zwangsläufig verloren. Es glich dem Umsichschlagen eines verzweifelten, in die Enge getriebenen Mannes, der keine weitere Provokation mehr vertrug. Diese eher spontane als geplante Rebellion litt an etlichen Hemmnissen und an schlechter Führung. Von Anfang an nahmen die Arbeiter Verteidigungsstellungen ein und kämpften sozusagen von Widerstandsnestern aus, die sich hauptsächlich in den kommunalen Arbeiterwohnsiedlungen befanden. Diese hatte der Wiener Stadtrat in den zwanziger und dreißiger Jahren bauen lassen, um die Lebensqualität der bislang zu kurz gekommenen Bevölkerungsschichten anzuheben.

In ihrer Kritik an der Bebauung der riesigen Grundstücke hatten die Gegner des Wiener »roten« Rathauses diese Bemühungen abwechselnd als »Luxuspaläste für die Arbeiter« und als »kommunale Mietskasernen« bezeichnet. Nach Ansicht einiger Kritiker waren es Bruchbuden, die am Zusammenbrechen waren. Aber nun, wo diese Wohnhäuser dem Bombardement standhielten, erhob man den Vorwurf, daß sie in Vorbereitung der »Revolution« als Festungen errichtet worden waren.

Im großen und ganzen schaute die Bevölkerung nur zu, teils hilflos, teils apathisch, als vier Tage lang Feldartillerie, Maschinengewehre und Panzerwagen eingesetzt wurden, um die alte Ordnung wiederherzustellen. Die Zeit war gekommen, die Uhren zurückzudrehen. Die Kirche, die Industriellen und die Landbesitzer erlangten ihren rechtmäßigen Platz am Steuer des Staatsschiffs und ihre gottgegebenen Privilegien zurück. Politische Parteien und die oppositionelle Presse wurden verboten. Dem Adler der Nation wurde wieder der Doppelkopf aufgesetzt, und die Symbole der Arbeit, den republikanischen Hammer und die Sichel, entriß man seinen Klauen.

Die Bezeichnung *Res publica* hatte sich als eine Nummer zu groß erwiesen und die falschen Elemente ermutigt.

Mein letztes schulpflichtiges Jahr absolvierte ich an der Oberschule in der Weintraubengasse, wo wir uns den Bürgersteig mit den dortigen Straßendieben und Nutten teilten.

Schüler: Warum müssen wir das alles über Natrium und Säuren lernen … und über …?
Lehrer: Weil das für euch gut ist.
Schüler: Wieso denn, Herr Lehrer?
Lehrer: Weil wir es euch unterrichten. Wenn es für euch nicht gut wäre, würden wir es doch nicht unterrichten. Also, nicht wahr? Nicht wahr, Havliček?
Schüler: Aber Herr Lehrer …

Lehrer: Außerdem kann man nie wissen, ob man es nicht einmal braucht, und überdies …
Schüler: Aber Herr Lehrer …
Lehrer: Halt den Mund, und unterbrich mich nicht … überdies ist es doch interessant, nicht wahr, Havliček?
Havliček: Ja, Herr Lehrer, es ist sehr interessant, Herr Lehrer.

Ich erinnere mich gut an die Chemiestunden, wo ich nicht mitkam, und an die Vorbereitungen auf die vor uns liegenden großen Aufgaben – auf den Ernst des Lebens – und an die Ermahnungen, uns nicht zu schämen, daß wir Österreicher sind.

»Es gibt welche, die sagen, mit Österreich gehe es zu Ende. Da sage ich, alles Unsinn! Österreich war groß, ist groß und wird immer groß bleiben.« Und so weiter. Wohlwollende Lehrer priesen die Tugend der Vaterlandsliebe und die von Sorgfalt und Fleiß.

»Fallt nicht auf radikale Ideen rein«, wurde uns gesagt, »Karl Marx besorgt euch keine Arbeit, das ist erst mal klar!«

»Ein Fahrrad erhöht die Chancen, eine Stelle zu finden.«

»Erweist eurem Arbeitsherrn Respekt, und zeigt ihm euren guten Willen. Seid frühzeitig da. Fangt vor der Klingel an zu arbeiten. Haltet den Arbeitsplatz sauber.«

Diesen Sack voll Weisheiten schüttelten die verschiedenen Fachlehrer wahllos aus dem Ärmel. Sie hinterließen aber keine Narben.

Alles in allem wurde ich acht vertrackten Jahren zwangsweiser Erleuchtung in drei verschiedenen Ländern unterworfen. Vermutlich muß ich dankbar dafür sein, in die Kunst des Entzifferns von Namensschildern, Wegweisern, solcher Botschaften wie »Sperrgebiet« oder »Streng verboten!« wie auch von

Bekanntmachungen des Aufrufs zum Militärdienst eingewiesen worden zu sein. In das und in das kniffige Zusammenzählen, Abziehen, Malnehmen und Quadrieren.

»Wenn drei Männer zwei Stunden brauchen, um fünf Gräben auszuheben, wie viele Männer braucht man da, um zweiundsiebzig Gräben in eindreiviertel Stunden auszuheben? Runde ab auf drei Stellen hinterm Komma!«

Ich habe noch niemanden an dem Tag, an dem seine Schulpflicht endet, in Tränen ausbrechen sehen, aber ich bin sicher, daß es welche gibt, die es bedauern, wenn die Zeit ihrer vorgeschriebenen Unterweisung und des Paukens vorbei ist. Es muß welche geben. Na komm, das ist doch klar!

An einem sonnigen Tag im Juli 1934 verließ ich zusammen mit einer Gruppe Klassenkameraden zum letztenmal das graue Gebäude, ohne Bedauern und ohne mich umzudrehen. Hochmütig und bester Laune liefen wir an dem Tag die Straße lang, die Welt uns zu Füßen. Zwölf unschlagbare Vierzehnjährige auf dem Bürgersteig der Praterstraße, immer zu viert. Wir waren bereit, die Welt zu erobern. Die Tatsache, daß die Welt dazu nicht bereit war, störte uns wenig. Es herrschte chronische Arbeitslosigkeit, und einen Beruf zu wählen, mag ja eine lobenswerte Idee gewesen sein, doch in Wirklichkeit war man dankbar, wenn sich eine Stelle bot und man das Beste daraus machen konnte.

Ich bekam eine Lehrstelle bei einem Hersteller von Gasboilern und Sanitäranlagen. Jemandem eine Lehrstelle anbieten war billiger, als eine ungelernte Arbeitskraft einstellen.

Es folgten drei Jahre schauderhafter Monotonie und langsamen physischen und geistigen Wachstums. Meine Zukunft hatte ich jeden Morgen vor mir, wenn ich um dreiviertel sechs zur Arbeit fuhr. Da saßen in der feuchtkalten, halbdunklen Straßenbahn die Männer auf dem Weg zu ihrem Broterwerb. Dunkel dumpfigen Morgen auf dunkel miserablen Morgen saßen sie in dem zugigen Wagen, ohne Aussicht auf irgendeine Erfüllung oder Hoffnung auf bessere Zeiten. Einige erblickten den Ausweg in Drogen wie Nikotin und auch alkoholischen Getränken von unterschiedlichen Prozenten.

Eines frostigen Freitagabends, es war am 11. März 1938, hockte ich im Klassenraum der Abendschule und schlug mich mit logischen Schlüssen und Trugschlüssen rum – Mutter hatte darauf bestanden, daß ich formale Logik studiere; eins ihrer Lieblingszitate stammte aus *Faust*, wo Mephisto einen vorübergehenden Studenten auffordert, das *Collegium logicum* aufzunehmen: »Da wird der Geist Euch wohl dressiert / In spanische Stiefeln eingeschnürt« –, da ging mitten am Abend das Licht aus. Jemand mit einer Kerze lief den Korridor lang und teilte den Dozenten mit, daß eine Sicherung durch war und die Sache in wenigen Minuten behoben wäre. Das war schon einmal passiert. Kaum war das Licht wieder da, kam der Hausmeister rein und erzählte, er habe gerade im Rundfunk gehört, daß Schuschnigg zurückgetreten sei. Schuschnigg war vier Jahre zuvor zum Nachfolger von Dollfuß ernannt worden, nachdem jener im Verlauf eines vereitelten Naziputsches einem Attentat zum Opfer gefallen war.

Während der letzten Wochen befand sich Österreich in Aufruhr. Schuschnigg war von Hitler gezwungen worden, Schlüsselpositionen seiner Regierung mit deutschen Ersatzleuten zu besetzen. Schuschnigg gab nach, aber das war nicht gut für ihn. Als die österreichischen Nazis aus ihren Schlupflöchern geholt wurden und Geschmack am Triumph bekamen, verstärkten sie den von Deutschland ausgeübten Druck.

Aber die Sozialisten traten auch wieder auf den Plan. Sie unterstützten die Regierung. Es kam zu lautstarken Demonstrationen und Gegendemonstrationen, deren Intensität zunahm, als Schuschnigg am 9. März ankündigte, daß in drei Tagen ein Volksentscheid abgehalten würde, »für oder gegen ein freies, unabhängiges Österreich«.

Das überrumpelte Hitler. Nun mußte er schnell handeln. Er wußte nur zu gut, wie man bei einer Volksabstimmung das Ergebnis von 99% Ja-Stimmen erzielt. Er war Experte darin. Er wußte auch, daß das damalige österreichische Regime den Willen und die Mittel besaß, ein solches Ergebnis zu erreichen.

Der Einmarsch in Österreich fand am 12. März statt, um dem Referendum zuvorzukommen. Er geschah rasch und stieß auf keinerlei Widerstand. Kein einziger Schuß fiel. An jenem Tag wurde Österreich mit dem Reich vereint.

Angeschlossen.

In den verlorenen und verlassenen Sälen des Völkerbunds in Genf war alles still. Mexiko protestierte.

Ganz leicht konnte man die Annexion als historisch gerechtfertigt darstellen – und einige Sozialisten taten das sogar. Die Familie der Deutschsprechenden hatte sich wieder vereinigt. Für viele Menschen waren das berauschende Tage. Deutschland, einbegriffen Österreich, spuckte wieder große Töne. Es war eine Zeit voller Hurras und Sieg-Heils und einer Rhetorik der Glückwünsche. Leute, die es zu nichts gebracht hatten, wurden in die »Wiedergeburt« hineingezogen und bekamen das Gefühl, an der wiederhergestellten »Brüderlichkeit« teilzuhaben. Ein positiver Richtungswechsel fand statt. Für die Mittellosen kam das Erlangen der rassischen Überlegenheit dem Großen Los in der Staatlichen Lotterie gleich. Jeder, der vier Taufscheine beibringen konnte, für die Großeltern, gehörte automatisch zur Herrenrasse. Die christliche Taufe über zwei Generationen reichte als Beweis der Rassenreinheit.

Der *Anschluß* hatte den Charakter eines sozialen Erdbebens. Jedermann kam auf Kosten der Unreinen voran. Die gestern noch Unterdrückten waren nun *Volksgenossen*. Man hatte sie zu ethnisch Gleichgestellten befördert, ohne Rücksicht auf ihren sozialen Status. Sie konnten den Mantel sozialer Minderwertigkeit ablegen und ihn eintauschen gegen den der Gleichheit mit der höherstehenden Rasse. Der Klassenkampf war damit beendet. Die Leute wurden ermuntert, sich mit dem wichtig zu nehmen, was sie für das große Ziel taten, auch wenn dieses nur ungenau definiert wurde. Der deutsche Bienenstock war in das stagnierende Österreich gekommen. Das war keine Invasion. Überhaupt nicht! Deutschland war als Bruder gekommen, als großer Bruder mit ausgebreiteten Armen.

Neue Begrüßungen und neue Begriffe tauchten auf. Die alte österreichische Alliteration »Grüß Gott« wurde durch eine andere ersetzt, »Heil Hitler«. Die Arbeiter arbeiteten nicht mehr, sie »schufen«. Ein jeder war nun mit dem Sport des »Schaffens« beschäftigt. »Wiederaufbau«, das ewige Lieblingswort der Usurpatoren und Politiker, entfaltete sich zu einer weiteren Waffe in der Revolution der Wörter. Und dennoch wurde an dem Wohlfahrtsapparat, Gesundheit und Bildung, den die Wiener sozialistische Regierung erstritten und verbessert hatte und der während der Regierungszeit von Dollfuß und Schuschnigg intakt geblieben war, von den Nazis nicht gekratzt. Alle Gesundheits- und Sozialleistungen haben die deutsche Besetzung und die Kriegsjahre überdauert. Arbeiter und Arbeitslose erhielten die medizinische Betreuung umsonst, viele Jahre ehe England was vom Beveridge-Bericht gehört hatte.

Im Frühjahr 1938 verbreitete Hitler in Österreich Hoffnung, vielleicht eine trügerische. Man kann nicht das ganze Volk die ganze Zeit zum Narren halten, aber man kann eine Menge Leute eine sehr lange Zeit mit einer Kost aus falschen Erwartungen, graphischen Symbolen und Täuschungsmanövern glücklich und zufrieden erhalten. Alles war besser als die Stagnation und die absolute Hoffnungslosigkeit der letzten Jahre. Das Wetter tat ein übriges; wir hatten die ersten Tage eines besonders frühen und warmen Frühlings. Die Historie geriet in Bewegung, und nun wurde was getan. Hätte ich nicht auf der falschen Seite der rassistischen Trennlinie gestanden, wäre ich vielleicht von der Euphorie mitgerissen worden. Wäre ich nicht wegen der amputierten Vorhaut ausgeschlossen gewesen, hätte ich in jenen berauschenden Tagen ganz leicht selbst ein Anhänger der Nazis werden können. Es war so verführerisch.

Das waren die Jahre, als Fahrzeuge in Österreich die beiden Straßenseiten unterschiedlich benutzten. In Wien, Niederösterreich, der Steiermark und Kärnten gondelte man links, in den westlichen Landesteilen dagegen genau wie im übrigen Mitteleuropa rechts.

Es gab keine Meinungsverschiedenheiten darüber, daß diese Anomalie beendet werden müsse. Über Jahre hinweg wurde allerdings eingewandt: Wann und wie? Was wird das kosten? Wie soll die Wiener Straßenbahn das fertigkriegen? Wie steht's mit den Kraftfahrern? Werden sich die Pferde darauf einstellen? Endlose Fragen und Zweifel.

Die Deutschen lösten das Problem auf ihre Art. »In vierzehn Tagen von heute an werden alle Fahrzeuge auf allen Straßen rechts fahren«, ordneten sie an. Und damit war die Sache erledigt.

Das in der europäischen Geschichte spät auftretende Österreich, das um die Wende des ersten Jahrtausends als östlicher Vorposten des deutschen Reichs die Arena betrat, war im 19. Jahrhundert eine Großmacht geworden. Jetzt aber stand es wieder als Provinz da. Es war zu der alten Vorstellung einer *Ostmark* zurückgekehrt. Aber wer würde sich schon nach der Souveränität sehnen, wenn man Teil eines größeren Gefüges sein konnte, wenn man in einen höheren Plan eingebaut werden konnte? In diesem Zusammenhang wurde Unabhängigkeit zu einem bloßen Gedankenspiel.

In einer der landesweiten Zeitungen erschien ein Artikel, der versuchte, Wiens Verlust der Würde einer europäischen Hauptstadt zu verkraften. Mit einem dagegengesetzten Stolz wies er darauf hin, daß Wien von der Hauptstadt eines unbedeutenden Landes zu der prominenten Stellung als zweitgrößte Stadt Großdeutschlands avanciert war.

»Stimmt nicht!« lautete die Antwort einer markigen Zuschrift wenige Tage danach. Darin wurde festgestellt, daß man die Einwohnerzahl Wiens – 1 900 000 – dadurch aufgebläht habe, daß man unverantwortlicherweise die fast 200 000 Juden dazugerechnet hatte. Im Gegensatz dazu sei Hamburg von Nichtariern gereinigt worden. Es war *judenrein.* Dadurch verwies Hamburg mit seinen 1 800 000 arischen Einwohnern Wien auf den dritten Platz.

Über Nacht hörten wir, die Wiener Juden, auf, Bürger zweiter Klasse zu sein.

Der Stimmzettel für das am 10. April 1938 in ganz Deutschland abgehaltene Referendum zur Bestätigung des Anschlusses ist auf der folgenden Seite abgebildet.

Volksabstimmung und Großdeutscher Reichstag

Stimmzettel

Bist Du mit der am 13. März 1938 vollzogenen
Wiedervereinigung Österreichs mit dem Deutschen Reich
einverstanden und stimmst Du für die Liste unseres Führers

Adolf Hitler?

Ja

Nein

Der Tag nach dem Referendum war der Tag, an dem ich meinen Beitrag zu den Propagandabemühungen der neuen Ordnung leistete. Es war der Tag, an dem das Abstimmungsergebnis bekanntgegeben wurde, das zeigte, daß 99,75% des österreichischen und deutschen Volks für Österreichs »Heimkehr« waren. Wenige Monate davor hatte man Schuschnigg dasselbe Verfahren verweigert, um das Gegenteil zu beweisen, nämlich, daß Österreich unabhängig bleiben wollte.

Man erzählt sich, daß an dem Sonntag von Schuschniggs gescheiterter Volksbefragung mehrere Dörfer auf dem Lande mit 100% für die Unabhängigkeit Österreichs gestimmt hatten; die Absage der Wahl war nicht rechtzeitig zu ihnen gedrungen. Nun aber hatten sie in diesen Orten genauso geschlossen für den Anschluß votiert.

Jedenfalls ging ich gerade an jenem Tag am Donaukanal entlang und kümmerte mich um die sprichwörtlichen eigenen Angelegenheiten, als mich eine Frau mittleren Alters, die unter der Last ihres Einkaufs keuchte, bat, ihr mit den Taschen zu helfen. Sie wohnte im dritten Stock eines nahe gelegenen Miethauses.

Ich kam zu ihrer Wohnungstür und legte dort die Ta-

schen ab, während sie sich auf dem Treppenabsatz verschnaufte. Sie kramte in ihrem Portemonnaie rum, aber ich winkte jugendlich ab, als ich treppab an ihr vorbeisprang. Da stimmte sie ein Loblied an, da rief sie mir nach und lobte den neuen Geist im Land, pries die heutige Jugend und den guten Willen, den der Anschluß mit sich gebracht hatte. Hätte ich ihr gesagt, daß ich Jude war, weiß ich nicht, was sie gemacht hätte. Wahrscheinlich hätte sie das großmütig und gelassen hingenommen und mir zugestanden, daß niemand von uns vollkommen ist.

Ihr Loblied auf die neue Ordnung begleitete mich, als ich das düstere Treppenhaus runterlief und in strahlender Sonne auftauchte. In der Sonne, die keine Unterschiede macht, die auf Juden und Nichtjuden gleichermaßen scheint, auf alle und jeden, mit Ausnahme natürlich der Dissidenten und Andersdenkenden, die es fertigkriegen, in fensterlose Zellen eingesperrt zu werden, in die Keller der Polizeiwachen auf der ganzen Welt.

Vierzehn Tage vor Beendigung meiner gesetzlichen dreimonatigen Gesellenzeit, die auf den Abschluß meiner Lehrzeit folgte, wurde ich, wie es sich gehört, von der neuen Betriebsleitung rausgefeuert, um billigeren Talenten Platz zu machen. Stempeln gehen war eine willkommene Unterbrechung dieser sich hinschleppenden Jahre schlimmer Schinderei. Jeder Tag erschien wie ein Feiertag. Auf dem Arbeitsamt lernte ich eine neue Sorte Menschen kennen. Ich befand mich unter meinesgleichen; eine willkommene Abwechslung von dem verstaubten Kastensystem in der Boilerfabrik. Die Nazis führten sich bei den österreichischen Arbeitslosen mit dem Versprechen auf Arbeit und dem Hermann-Göring-Geschenk ein, einer dankbar entgegengenommenen Geste, die aus einer barmherzigen einmaligen Zahlung von zehn Schilling bestand, was zwei Dritteln unseres Nettowochenlohns entsprach. Die kam mir direkt zugute, denn mein Vater wußte davon nichts. Und was das Auge nicht sieht, dem trauert der Geist nicht nach.

Und während in den Jahren nach 1933 die Gestapo und ihr sowjetisches Gegenstück, die GPU, wetteiferten, wer von beiden in einem bestimmten Zeitraum mehr angesehene Bürger ihres Landes foltern und töten kann, und dafür von der »westlichen« Presse und dem Rundfunk Prügel bezogen, konnten in den Vereinigten Staaten Bürger ungestraft gelyncht werden, und in Indochina, auf Madagaskar wie auch in Nordafrika konnten die Franzosen plündern, vergewaltigen und morden.

Schlangen

Die Aufnahme von Asylsuchenden ist selten ein humanitärer Akt. Allzuoft kommt das Gewähren eines sicheren Hafens der Verurteilung des Herkunftlandes des Flüchtlings gleich. Uns österreichischen Juden ermangelte es jedoch am notwendigen politischen Kapital. Nazi-Deutschland war nicht gerade ein Regime, auf das die Staaten Großbritannien, Frankreich und in geringem Maße die USA gern ein schlechtes Licht werfen wollten. Jemand mit antikommunistischen Referenzen wie Hitler konnte nicht ganz und gar schlecht sein. Die Aussichten auf einen handgreiflichen Konflikt zwischen Hitlers Deutschland und Stalins Sowjetunion gefiel den Pragmatikern in London und Paris. Diese verschlagenen Politiker, die ihre Länder als *Entente cordiale* hinstellten, arbeiteten darauf hin, eine Seite gegen die andere auszuspielen, während sie im Mittleren Osten, in Afrika und in der Karibik einander den Dolch in den Rücken stießen.

Die USA saßen da mit verschränkten Armen, warteten ab und fischten im trüben. Franklin D. Roosevelt, der die Nazis wegen ihrer Dynamik mehr fürchtete als die Sowjets mit ihrer Bedrohung des kapitalistischen Establishments, war ein ausgesprochener Gegner von Hitlers Deutschland und kritisierte die Unmenschlichkeit seines Regimes. Unter Roosevelts Präsidentschaft wurden die Arbeitgeber allerdings ermächtigt, bewaffnete Sicherheitsteams einzustellen und ihnen gutes Geld für ihre Dienste zu zahlen, die darin bestanden, diejenigen Arbeiter zu terrorisieren, die sich im Kampf um einen Lohn, der knapp zum Leben reicht, zusammenzuschließen versuchten.

Und die in Österreich und in Deutschland Verfolgten? Ihnen schenkte man öffentliche Aufmerksamkeit. Und Mitgefühl. Einen Platz zum Leben nicht. Ein Land, in dem man sich frei von Furcht niederlassen kann? Keine Chance. Die Aufnahme von Flüchtlingen hängt nicht davon ab, ob man verfolgt wird oder nicht. Was zählt, ist, wo du herstammst. Denn wenn du einem unterdrückerischen Regime entfliehst, das nicht kommunistisch ist, dann, gnade dir Gott, flüchtest du vor der Armut. Da suchst du dir einen leichten Ausweg. Du bist'n WIRTSCHAFTSFLÜCHTLING!

In unserem Falle wollte keine Regierung helfen. Konnten nicht helfen, sagten sie. Beim besten Willen nicht. Also nu seid mal vernünftig, sagten sie. Die USA hatten Quoten für jedes Land. Und die Quote für Österreich war schon erreicht, auf drei Jahre im voraus, sagten sie. Und die Warteliste wurde immer länger!

Das war keine so berühmte Geographiestunde, die Vertretungen verschiedener Republiken und Königreiche aufzusuchen. Den einen Vormittag stellte ich mich beispielsweise vor der Bundesrepublik Brasilien an. Am Nachmittag erledigte ich dann das Königreich Siam und die Sowjetunion. Am nächsten Tag versuchte ich es bei den Estados Unidos de Mexico, Liberia und bei dem stummen Torwächter vor dem Konsulat des Kaisers von Abessinien. Ein anderes Mal käme König Zogus Albanien dran, Tibet und das verriegelte Tor der Botschaft Seiner Königlichen Hoheit, des Herrschers des Persischen Reichs.

Die meisten von uns Asylsuchenden wußten nicht und scherten sich nicht drum, wo diese Länder lagen, was für eine Sprache dort gesprochen wurde, welchem politischen System das Volk unterworfen war und in Angst vor welchem Gott es lebte. Hätten sie uns Visa offeriert, wären wir erst mal hingefahren und hätten uns dann erkundigt.

Tag für Tag schlossen wir uns dem Ritual an, überlastetes Botschaftspersonal zu belästigen. Wir wurden in Gruppen von acht bis zehn Leuten reingelassen und in irgendeinen Vorraum oder Billardzimmer geführt, wo man uns höflich Informationen lieferte und uns die argen, abschlägigen Antworten anbot.

»Ja, mit einem österreichischen Paß brauchen Sie ein Visum.«

»Nein, leider können wir Ihnen kein Visum geben ... schicken Sie bitte die nächste Gruppe rein.«

Wir trieben uns bei der amerikanischen Botschaft rum und stellten uns nach Informationen an, in der Hoffnung, daß es was Neues gäbe. In jenen Tagen klang »Es kann was Neues geben« so vielversprechend, daß wir daraufhin in selbstbetrügerischer Hoffnung lospreschten auf Jagd quer durch die Stadt.

Da ließ uns also der Mann von der Botschaft in Gruppen zu zwanzig in den Innenhof. Dort wiederholte er zum zigsten Male die Bestimmungen für die Einreisegenehmigung in sein Land, das begehrteste aller Länder. Wahrscheinlich erkannte er vertraute Gesichter, die wiedergekommen waren, um ein sinnloses Bedürfnis zu befriedigen.

Nachdem der Konsularbeamte seine Rede beendet hatte, bat er uns: »Treten Sie dorthin, bitte«, um für den nächsten Schwung Platz zu machen. Bei der Gelegenheit schlich ich mich an ihn ran und erwischte ihn kalt von hinten. Er wandte sich mir zu und hörte sich mit trauriger Miene meine Frage an, ob es in dem Land einen Mangel an Gasboilerklempnern gebe.

Ja, ihr könnt lachen. Ich war erst achtzehn, und die Reife hatte mich noch nicht eingeholt.

Ob man allerdings ein Visum bekam oder sich entschloß, an einer unbewachten Stelle mitten in der Nacht in ein Nachbarland einzubrechen, war egal; jedenfalls mußte man von den Nazi-Behörden eine Ausreisegenehmigung haben, und die zu kriegen, machte man einem nicht leicht.

Um den Ansturm Tausender »Nichtarier« aller Altersstufen zu bewältigen, die bereit waren, ihre Wurzeln zu kappen und alles zurückzulassen, ohne zu wissen, was sie am anderen Ende der Reise erwartet, stellten die Behörden kein Extra-Personal ein. Das bedeutete Schlange stehen. Schlange stehen in kolossalem Ausmaß. Das waren die längsten Reihen, die man sich vorstellen kann. Und die Langsamsten dazu.

Frauen mittleren Alters, hübsche Mädchen, Intellektuelle, Handwerker, große Leute und kleine, kahlköpfige Männer, lockenhaarige, glattrasierte, bärtige, alle Arten von Menschen stellten sich an. Und die meisten wären in einer Ansammlung von Nichtjuden gar nicht aufgefallen, weil sie nur ihren zufälligen Urkunden nach jüdisch waren.

Leute, die gewohnheitsmäßig viel redeten, fanden ein geneigtes und aufmerksames Publikum. Einige sprachen von ihrem Kummer, andere tauschten Witze aus, wieder andere gaben sich Tagträumen hin und redeten von der Zeit, wenn sie endlich in Tel Aviv oder in Mexico City ankämen oder ... in Celebes, wenn Gott will.

An einem regnerischen Morgen war dicht hinter mir eine Gruppe junger Leute in ein reges Gespräch vertieft. Unwillkürlich hörte ich zu und kriegte mit, worum es in ihrer Unterhaltung ging. Da standen also drei junge Burschen, die ihr gemeinsames Interesse entdeckt hatten, mit dem sie sich nun die Zeit vertrieben. Ganz darin versunken und ohne die Verzweiflung um sie herum zu beachten, erörterten sie die Vorzüge und Mängel verschiedener Übersetzungen von Epen aus dem 10. und 11. Jahrhundert ins Neuhochdeutsche und zitierten dabei althochdeutsche und isländische Texte. Ich versuchte, mich daran zu beteiligen, grunzte mal beifällig hier, nickte heftig da und gluckste über ihre witzigen Bemerkungen, wenn ich es für angebracht hielt. Aber sosehr ich mir auch Mühe gab, sie hielten mich auf Distanz und ignorierten mich weitgehend. Am Nachmittag unterhielten sie sich über Mädchen, kamen aber bald wieder auf Alliteration und Lautverschiebung zurück.

Es gab nur dürftige Informationen, und was man denen so entnehmen konnte, war unvollständig und irreführend. Die Schlangen bildeten sehr oft die Geburtsstätten – das Urgebräu –, denen Legenden und Gerüchte entsprangen. Gerüchte müssen haarsträubend sein, sonst akzeptiert man sie nicht; sie reichen vom Unwahrscheinlichen bis zum Phantastischen. Plausible und begreifliche Gerüchte schleppen sich nur wenige Minuten hin, schrumpfen zusammen und laufen sich tot. Gerüchte kann man feinstens zerlegen und bezweifeln, aber sie werden nichtsdestoweniger weitergereicht. Während ihres kurzen, aber intensiven Lebens, das von ein paar Stunden bis mehrere Tage dauern kann, verbreiten sie sich wie ein Lauffeuer. Einige werden tot geboren. Selten erreichen welche das reife hohe Alter von zwei Wochen. Je nach den Umständen legen sie Entfernungen von ein paar Metern bis einige hundert Kilometer zurück. Manchmal ziehen sie in breiter Front dahin, ein andermal hängt das Überleben eines Gerüchts vielleicht von einer einzigen Person ab, die das lebenswichtige Bindeglied bildet. Meistens mangelt ihnen der Gehalt.

»Pssst! Komma her! Hast du das von dem brasilianischen Schiff gehört?«

»Von was fürm brasilianischen Schiff?«

»Versprich mir, daß du nicht quasselst.«

»Kein Wort. Versprochen!«

»Da ist dieses Boot. Das soll in drei Wochen in Triest anlegen. Das wird alle mitnehmen, die angenommen worden sind, und sie entweder nach Madagaskar oder Niederländisch-Guyana bringen … oder vielleicht nach Kolumbien.«

»Wie kriege ich denn meinen Namen auf die Liste?«

»Darf ich dir nicht sagen, habe Geheimhaltung geschworen.«

Gerüchte gedeihen in Situationen erhöhter Spannung, in Zeiten eines kritischen Notstands, in Zeiten, wenn das Vertrauen in die Regierung lädiert ist. Ihnen sprießen Arme und Beine und verschiedene andere Fortsätze, wenn sie erst mal unterwegs sind, und einmal rund um den Marktplatz verändern sie sich bis zur Unkenntlichkeit. Im Krieg kann das Spiel mit Hoffnungen und Ängsten eine mächtige Waffe sein. Gerüchte können aus einer Fehleinschätzung von Tatsachen hervorgerufen werden, durch ein Mißverständnis oder durch Böswilligkeit, doch meistens resultieren sie aus Angst und aus einem Wunschdenken. Sie können als Instrumente der Desinformation benutzt werden, die absichtlich von interessierten Beteiligten wie Regierungsstellen, politischen Verbänden oder anderen finsteren Gruppierungen ausgestreut werden.

Zu Beginn der dreißiger Jahre machte eine unbestätigte und unbegründete Meldung die Runde, daß in Wien Lepra ausgebrochen sei und daß man ihre Herkunft in den Bananen aufgespürt habe, die zu der Zeit den Markt überschwemmten. Das direkte Ergebnis der Panik war, daß die Obstbauern ihre Äpfel wie vorher anbieten konnten, ohne die Behinderung durch die ausländische Konkurrenz, die ihren Lebensunterhalt bedroht hatte. Als man schließlich feststellte, daß man keine Fälle von Tropenkrankheiten registriert hatte, waren die Bananen in den Lagerhäusern schon ganz ruhig vor sich hin gefault.

Jetzt, zu Zeiten tiefster Angst, gab es Gerüchte wie Sand am Meer. Wie die vielen aktuellen Witze aus dem Boden schossen, so wucherten auch die Gerüchte mit rasender Geschwindigkeit.

- Hitler wurde von General Franco bedrängt, glimpflicher mit den Juden umzugehen.
- Hitler wurde von der Gestapo bedrängt, glimpflicher mit den Juden umzugehen.
- Hitler bedrängte die Gestapo, glimpflicher mit den Juden umzugehen.
- Der brasilianische Dampfer lag jetzt im Hafen von Casablanca, um Vorräte an Bord zu nehmen.
- Das brasilianische Linienschiff wurde vor Tanger gesichtet, als es durch die Straße von Gibraltar ins Mittelmeer fuhr.
- Roosevelt unternahm Anstrengungen, einen sicheren Hafen für uns Flüchtlinge in Argentinien bereitzustellen.
- Großbritannien unternahm Anstrengungen, einen sicheren Hafen für Wiener und deutsche Juden in Argentinien bereitzustellen.
- Argentinien zeigte aufrichtiges Interesse. Es setzte alle Hebel in Bewegung, damit die Juden nach Uganda geschifft wurden.
- Alle, die bereit wären, sich katholisch taufen zu lassen, würden Reisepapiere für Macao erhalten.
- Wenn wir uns in kleinen Gruppen der sowjetischen Grenze nähern und dabei die Internationale singen würden, ließen uns die Grenzposten ohne Visa rein.

Jeder konnte sich so einen Zweizeiler ausdenken.

Neben den Verbreitern von Gerüchten unterschiedlichster Art gab es noch die Lieferanten geheimnisvoller Einreisebescheinigungen für obskure, exotische Orte mit Namen wie Moreno, Atlanta, Yukatan und Shangri La. Dann waren da noch die Reisehändler. Das waren Leute, die Fluchtpläne verkauften. Ihre Ware reichte vom bloßen Erwähnen von grenznahen Orten bis zu kompletten Ausstattungen mit geographischen Angaben samt Namen der Führer, dem Gebrauch der Losungsworte, detaillierten Anweisungen, wo man die Nacht verbringen soll, und strikt einzuhaltenden Zeitplänen. In wenigen Fällen handelte es sich um echte Pläne; viele waren absolut unredliche und höchst unverantwortliche Erfindungen; andere beruhten auf Wunschträumen. Die meisten stellten eine Kombination aus allen dreien dar, und keiner traf Vorsorge für das Unvorhersehbare.

Unter denen, die sich anstellten, gab es nur wenig Kameradschaft. Jeder, ob Mann oder Frau, kümmerte sich nur um sich selbst. Die Länge der Schlange täuschte. Familien und zusammengewürfelte Gruppen von bis zu dreißig Personen schickten immer nur einen Vertreter in die Schlange. Eine halbe Stunde vor Erreichen des Eingangs zu dem Gebäude tauchten dann die anderen auf und riefen bei den Wartenden Verbitterung und Verstimmung hervor. Zuweilen brach auch mal ein Handgemenge aus, das von den Wächtern des Friedens schadenfroh beobachtet wurde.

Ich weiß nicht mehr genau, wie ich schließlich zu all meinen Papieren gekommen bin. Erst nachdem ich es zahllose Male bis in die Amtsstube geschafft hatte und wiederholt zurückgeschickt worden war, weil dieses oder jenes Dokument fehlte, erhielt ich endlich Paß und Ausreisevisum.

Man frage mich heute, was ich für die schändlichste und seelenzermürbendste Beschäftigung halte, da antworte ich wie aus der Pistole geschossen: »Schlange stehen.«

Engadin

Von allen Berichten über die Fülle von möglichen Grenzübergängen hätte man einen Verbraucherreport anfertigen und nach Abwägen aller Für und Wider »Angebotsknüller« feststellen können.

Da ich nun mal lieber meiner Nase nach gehe, suchte ich mir einen Punkt aus, der sich auf der Landkarte ganz gut ausnahm. Er lag im östlichsten Abschnitt der österreichisch-schweizerischen Grenze. Dort würde ich dem Inntal bis in die Schweiz folgen. Diese Ecke war in jenen endlosen Diskussionen und Spekulationen nie aufs Tapet gekommen. Auf die Art rechtnete ich mir den Vorteil aus, den Hauptstrom zu meiden, und außerdem war es eine bei Anhaltern beliebte Gegend.

In der Wanderkluft von 1938 – Lederhosen, Nagelstiefel, Rucksack und Mandoline – brach ich vom Wiener Westbahnhof ins Unbekannte auf, bebend vor Herzklopfen und achtzehn Jahre.

Alles lief nach Plan, und als ich in das Grenzgebiet kam, gab es keine Überraschungen. Noch vor dem Zollhaus überquerte ich den Fluß und schlenderte gemächlich auf der höher gelegenen Ebene lang, von wo ich die Hauptstraße und das Grenzgebäude übersehen konnte. Das Terrain war uneben, teils bewaldet, teils mit Felsbrocken übersät, und ich hielt respektvoll Abstand von Grenze und Fluß, ohne sie jedoch aus den Augen zu verlieren. Die Sonne ging gerade unter, da erreichte ich die Gegend, wo nach meiner Karte die nicht markierte Grenze auf meiner Seite des Inns verlaufen mußte.

Genau da kriegte ich Schwierigkeiten. Ich war in eine Schlucht gelangt, in die im Frühling Ströme von Schmelzwasser herabstürzen. Als ich mir da einen Weg hindurch suchen wollte und mich an einer Stelle etwas tiefer runter ließ, kam ich nicht mehr weiter. Ich saß fest, konnte weder zurück noch vor, weder rauf noch runter; ich war festgeschmiedet auf einem Felsvorsprung fünfhundert Meter oberhalb der brausenden Wasser des Inns. Und es wurde dunkel.

Ich dachte, so was passiert nur in Sagen. Wurde nicht der alte Kaiser Maximilian von einem Schutzengel aus einer ähnlichen Lage gerettet? Oder war es der junge Leopold?

Es war ein langer, heißer Tag gewesen, der Rucksack drückte mich nieder, und ich war zu müde, um mich aus der Situation zu befreien. Für mich gab es nur eins zu tun. Ich band mich an einen Baum, der bequemerweise da stand, und ließ den Strick genügend durchhängen, damit ich mich zur Nacht hinlegen konnte. Ich hatte mich vorher schon nach einem Schlafplatz umgeschaut, und der mußte es nun sein. Obwohl es ziemlich unbehaglich war, schlief ich mit Unterbrechungen und träumte von Schweizer Bergwächtern, die den Abhang raufkraxelten, winkten und lächelten, mit Seilen, Pickeln, Buttersemmeln und Thermosflaschen voller heißen Kaffees. Die Nacht war warm und trocken. Das Augustwetter meinte es gut mit mir.

Wie immer in solchen komplizierten und furchteinflößenden Situationen wecken Morgenschleier und Morgenfarben wieder Mut und Lebenskraft. Der Alptraum der vergangenen Nacht war geschwunden. Ich ließ mich weiter die Schlucht runter, die freie Bahn zum Fluß unten bot.

Die prächtigen alten österreichischen Lederhosen machten sich gut, um mehrere hundert Meter über scharfen Schotter und Gestein damit runterzurutschen. Man sagt, sie hielten über Generationen, und die Leute seien stolz auf das Alter ihrer Hosen, das man am zunehmenden Glanz und der dunkleren Färbung erkennt.

Ängstlich gelangte ich an dem Nachmittag nach Schuls, Schuls-Tarasp-Vulpera, um den vollständigen dreifältigen Namen zu nennen. Diese kleine Stadt mit ihren riesigen Hotels, ein Vorposten des bekannten St. Moritz, ist im Winter ein Skiparadies und den Rest des Jahres ein Kurort. Für die Art von Ausflug, auf dem ich mich befand, waren noch keine Reiseführer geschrieben worden, und meine Lehrer hatten auch nichts unternommen, mir beizubringen, wie man mit so einer Situation zurechtkommt.

Zuvor hatte ich noch bei einem Bauernhaus haltgemacht und um etwas Wasser gebeten. Ich hatte Vertrauen zu der Dame, die mir zu dem Glas Wasser eine Scheibe Brot gebracht hatte. Mitleidsvoll versicherte sie mir in gebrochenem Deutsch, daß ich, wenn ich erst mal das Grenzgebiet hinter mir hätte, von den Behörden kaum zurückgeschickt würde. Ich glaubte das. Ich wollte das glauben.

Wie ich so ziel- und zwecklos die Promenade lang trottete, sah ich ein jüdisch aussehendes Ehepaar mir entgegenkommen. Beklommen sprach ich sie an und stammelte aufgeregt, daß ich gerade den Nazis entflohen war.

Ich brauchte Hilfe, großgeschrieben, wußte aber nicht genau, wie die aussehen sollte, und auch nicht, wie ich dieses dringende Verlangen ausdrücken sollte. Ich brauchte einfach jemand, der mir die Last der Entscheidung abnahm. Über die Grenze gehen war leicht gewesen im Vergleich dazu. Was ich brauchte, war eine väterliche Umarmung; so was wie »Überlaß das uns mal, mach dir keine Sorgen mehr«, und nicht die zwei Franken, die mir der Mann in die Hand drückte.

Mit der Münze zwischen den Fingern stand ich nun aufgewühlt und enttäuscht da und wußte nicht aus noch ein. »Ich weiß nicht, wo das Postamt ist«, brachte ich hervor, wobei mir die Tränen übers Gesicht liefen. Die Dame murmelte was und veranlaßte ihren Mann, die Münze, die ich noch in der Hand hielt, zurückzunehmen und gegen einen Fünfer zu tauschen. Sie hatten ihre Pflicht erfüllt und schoben weiter, um die Aussicht am Geländer zu genießen.

Die Mittagszeit war längst vorbei, und ich ging zum Bäcker und kaufte mir zwei Brötchen, die ich mit dem frisch erworbenen Schweizer Geld bezahlte. Die schmeckten überhaupt nicht so gut wie die österreichischen Brötchen.

Mit gemischten Gefühlen und einiger Angst läutete ich beim Amtssitz der Landjäger. Das Haus lag am Ortsausgang und blickte auf die herrliche Bergkette des Engadins. Eine junge Dame kam raus und teilte mir mit, daß Papa nicht da sei, aber bald zurückkehren würde. Das war meine erste Begegnung mit der Schweizer Polizei.

Während ich auf die Polente wartete, fing ich mit dem Möbeltischler von nebenan ein Gespräch an; der zerstreute alle Ängste, die ich noch hatte. Der schöne Ausblick von der Werkstatt aus, den er Tag für Tag vor sich hatte, erregte bei mir Bewunderung und Neid, und es machte mir nichts aus, ihm das zu verraten. Obgleich die Leute in der Gegend rätoromanisch sprachen, konnten sich die meisten Städter auch deutsch verständigen.

»Ohne die Aussicht«, sagte er einfach, »könnte ich gar nicht schaffen.« Zu Hause in Wien war »schaffen« zum Modewort geworden. Die Nazis ritten es zu Tode, in der lobenswerten Absicht, der körperlichen Arbeit Würde zu verleihen.

Der leutselige Landjäger traf ein, als meine Unterhaltung mit dem holzhandwerkenden Philosophen verebbte. Als der Polizist damit fertig war, meine Personalien und eine detaillierte Beschreibung meines Grenzübertritts aufzunehmen, eskortierte er mich zu einem nahen Gasthaus, wo ich ein Abendbrot und ein Zimmer für die Nacht erhalten sollte. Am Morgen steckte er mich in den Zug nach Chur, der Hauptstadt des Kantons Graubünden.

In Chur wurde ich erneut vernommen, diesmal von einem strengen alten Beamten, der aus mir die Einzelheiten meiner Flucht rausholte. Vermutlich war ich ihm dabei behilflich, ein weiteres Loch im Zaun zuzustopfen. Zwei Dinge schärfte er mir ein: Erstens sollte ich in meinen Briefen nach Hause nicht berichten, wie und wo ich über die Grenze gegangen war, und zweitens sollte ich mit niemandem in dieser Stadt reden. Mit niemandem, verstanden? Wieder sorgte die Polizei dafür, daß ich was zu essen und für die Nacht ein Dach überm Kopf bekam, und ich sollte am nächsten Morgen in den Zug nach Zürich gesetzt werden.

Nach einem reichlichen Abendmahl ging ich auf den zentralen Platz der Stadt bummeln, ließ mich gemütlich auf einer Parkbank nieder und wurde prompt von einem einheimischen Original angesprochen. Er äußerte sich kritisch über die Stadtbewohner und die ganze etablierte Gesellschaft dort, begleitet von zustimmendem Grunzen meinerseits. Am nächsten Morgen wurde ich verpetzt und erhielt einen strengen Verweis, weil ich gegen die Bestimmung, »mit niemandem zu sprechen« verstoßen hatte.

»Neuankömmlinge melden sich in Zimmer 4b«, lautete der handgeschriebene Hinweis beim Hilfskomitee in Zürich. Ich grüßte ein paar Wiener Bekannte, die vor mir da waren, und ging mich anmelden. In dem Büro

saßen sechs Neue auf einer langen Bank und warteten, bis sie drankamen.

»Der nächste!«

Der am Ende der Bank Sitzende stand auf und trat zu dem schweigsamen Beamten, der damit beschäftigt war, letzte Hand an den eben erledigten Antrag zu legen: stempeln, abzeichnen, klammern und ablegen. Er zog ein neues Formular raus und streckte die linke Hand aus, ohne aufzublicken. Da sich nichts tat, schloß und öffnete er die Hand mehrere Male. Der Mann wandte sich hilfesuchend zu uns um.

»Ihre Papiere«, flüsterte die lange Bank eindringlich. »Gib ihm deinen Paß.«

»Ich habe keine Papiere«, antwortete der Mann mit dem Rücken zum Beamten.

»Sie haben keine Papiere?« fragte der Beamte mit dem Füllfederhalter. »Woher sollen wir da wissen, ob Sie Jude sind? Können Sie mir das sagen?« Der Vorgesetzte wurde gerufen. Sie berieten sich, bezogen noch zwei andere Beamte ein und fuchtelten mit den Armen. Dann erhellte sich die Miene des Vorgesetzten, und er bat den Mann, ihm zu folgen. Unterdessen fuhr unser Beamter fort, seine Papiere zu ordnen.

»Wohin bringt er ihn?« fragte ich meinen Nachbarn auf der Bank.

»Auf die Toilette natürlich«, antwortete unser Beamter beiläufig.

»Was beweist das schon?« bemerkte mein Nachbar auf der Bank, der mir das irgendwie erklären wollte.

Es dauerte nicht lange, da kam der Vorgesetzte mit unserem Mann zurück.

»Der ist richtig«, sagte er und zwinkerte dem Beamten zu.

»Was beweist das schon?« erwiderte der Beamte mürrisch, denn er war von Ehrgeiz zerfressen. »Viele Gojim haben auch ... ich meine, ich kannte mal ...«

»Es beweist absolut nichts«, unterbrach ihn der Vor-

gesetzte, der vorsichtig sein mußte, denn er hatte das ungute Gefühl, daß der Beamte auf seine Stelle scharf war. Der wandte sich an den Mann.

»Sagen Sie was, das uns beweist, daß Sie wirklich Jude sind.«

Der Mann drehte sich wieder zu uns um, damit wir ihm erneut weiterhalfen. Dann blickte er zur Decke rauf und blieb stumm, grinsend vor Verlegenheit.

»Sagen Sie uns was Jüdisches«, wiederholte der Beamte und trieb den Mann mit seinem Füllhalter an.

»Sagen Sie was Jüdisches«, kam das Echo von der Bank.

Der Mann hörte auf, an den Fingernägeln zu kauen, und öffnete den Mund. Er grinste blöde und brachte was raus, was Juden ebenso oft im Spaß wie im Zorn von sich geben:

»Kuschts mir in tocheß!«

Das war die jüdische Einladung an jemanden, der einen belästigt oder bloß gehänselt hatte, ihn »am Arsch zu lecken«.

Das Lachen verklang, das Problem, Abstammung und Ahnentafel zu beweisen, war ausgeräumt.

Der nächste, bitte!

Walter

»Excusez monsieur, s'il vous plaît, pardonnez, où est passage Violet? Merci beaucoup.«

Mit diesen Worten hielt ich ein Stück Papier mit Onkel Walters Adresse dem erstbesten Pariser unter die Nase. In Frankreich, so hatte man mir erzählt, kommt es auf Höflichkeit an. Daher dieser gräßliche Erguß.

Zwei Wochen früher hatten die Tremolierenden im Züricher Hilfskomitee die Hände überm Kopf zusammengeschlagen und über den ständigen Zustrom jüdischer Flüchtlinge gejammert. So sehr, daß sie alle Überredungskünste aufwandten, die Leute dazu zu bringen, daß sie nach Frankreich abzwitscherten. Die Methode war einfach. Man fuhr nach Genf, nahm die Straßenbahn in den Vorort Annemasse, der auf französischem Gebiet lag, und bekam den Mittagszug nach Lyon.

In Lyon behaupteten die anderen Flüchtlinge hartnäckig, daß man nicht so ohne weiteres nach Paris konnte. Man muß warten, bis man dran ist, eine Aufenthaltsgenehmigung beantragen und so weiter. Es war absurd anzunehmen, daß man nach Paris fahren kann, wie man will. Sie ärgerten sich über den jungen Naseweis Klausner, dem der Mangel an handfesten Beweisen dafür nicht gefiel.

»Jeder hat einen Onkel in Paris«, sagten sie mit zornigem Gelächter.

Nach einigen Tagen ging ich zum Komitee und bat

um eine Fahrkarte nach Paris, was mir abgeschlagen wurde. Sie gaben mir das Fahrgeld bis Dijon, und dort sollte ich mich selber weiter kümmern.

Von Dijon ließ ich mich nach Troyes bringen, und am nächsten Tag nahm ich von dort den Bus nach Paris.

Walter Frommer war der Bruder meiner Mutter. Geboren am 2. Januar 1900, gehörte er zu jenen Glücklichen, die ihr Alter berechnen konnten, indem sie einfach eintausendneunhundert vom laufenden Jahr des Gregorianischen Kalenders abzogen. Klein, hager, ein eifriger Schwimmer und Skifahrer, Witze-Erzähler, kluger Beobachter von Menschen und der feinen Nuancen der Sprache, begeisterter Schachspieler; jedem erteilte er großzügig Rat und wurde von seinen drei Schwestern hoch verehrt. Er war ein Fanatiker gesunder Ernährung, lange bevor das Mode wurde. Fleisch aß er nur, wenn er eingeladen war.

»Billig ist schön«, lautete seine Maxime, und er konnte Stunden mit dem Besorgen von Lebensmitteln zubringen und dabei mehr einsparen, als die Abnutzung seiner Schuhe kostete. – Schuhe, das war ein Kapitel für sich. Immer wenn er bei einem Taxistand vorbeikam, lief er schlingernd wie ein Besoffener wegen der Ölflecken auf dem Boden. Getriebeöl, um genau zu sein. Damit durchtränkte er die Sohlen und Absätze seiner Schuhe. Er schwor, daß das die Lebensdauer des Leders erhöht. Wenn er sich auf einem dieser Ölflecken drehte, tanzte er Charleston, und wenn ich auf einer seiner Spritztouren mit dabei war, teilte er mir auch immer ein oder zwei Flecken zu.

»Hier, Freddi, nimm den«, drängte er wohlwollend, »reib es gut ein.« Er *verschenkte* sie.

Seine Knausrigkeit brachte ihn schließlich um. Auf der Jagd nach Sonderangeboten von Eßbarem verabscheute er es nicht, angeschimmeltes Brot und verschimmelten Käse zu kaufen und zu essen. Im Krankenhaus fanden sie nichts bei den Tests, denen man ihn unterzog. Er schien eine unbekannte Krankheit zu haben. Die Mediziner untersuchten immer wieder Blut, Urin, Knochenmark, Zehnägel und ähnliches, bis sie endgültig in eine Sackgasse gerieten. Dann nahm die Dame, die den Teewagen schob, die Sache in die Hand und brachte eine Probe in das Forschungslabor für Tropenkrankheiten. Dort erkannte man das Leiden als eines, das in den Slums von Ländern der Dritten Welt auftritt, wo verdorbene Nahrungsmittel alles andere als eine Seltenheit sind.

Vom Tage seiner Schulentlassung an hat Walter nie eine Arbeitsstelle angenommen, und dabei war es geblieben. Er hielt Augen und Ohren offen, wer was brauchte und wer was verkaufte. Er beschäftigte sich ein bißchen mit Immobilien, Möbeln und Pelzen. Schließlich fand er seine Nische. Von seiner vorherigen Vielseitigkeit aus gelangte er zu einem *modus operandi* mit den Wiener Kürschnern. Er wußte allmählich über jeden Pelzhändler und Handwerker Bescheid und auch darüber, woran sie zu einer bestimmten Zeit arbeiteten. Deshalb war er im Bilde, wer womit knapp war und wer was übrig hatte.

Das war die Zeit, als Mäntel aus den Fellen exquisiter Nager und Katzen geschneidert wurden, hingeschlachtet, um Damen der besseren Gesellschaft und die Nutten ihrer Ehegatten zu schmücken. Die chemische Industrie brachte es noch nicht so wie heute fertig, ein Material herzustellen, das man von Pelz kaum unterscheiden kann, leichter, billiger, wärmer und frei von Ungeziefer. Nichts wurde weggeworfen. Beim Anfertigen von Mänteln und Stolen verwendete man zuweilen kleine Stücke von fünf Quadratzentimetern, und die Nähte waren nicht zu sehen. Jeder Kürschner, dessen Nähte nicht absolut unsichtbar waren, wäre sofort das Geschäft losgeworden, ehe er auch nur die Worte »persisches Lamm« rausgebracht hätte.

Onkel Walters Methode funktionierte unfehlbar, weil er erst für etwas bezahlte, wenn er es verkauft hatte. Auch blieb er auf nichts sitzen. Er besaß keine Geschäftsräume, und die Leute riefen ihn dort an, wo er aller Wahrscheinlichkeit nach war. Jeden Morgen drehte er seine Runde und erstand Restposten, wobei er meistens schon wußte, wer sich für die betreffende Ware interessierte. Und was er in der Stadt mit sich rumschleppte, eingewickelt in zerknittertes braunes Packpapier, konnte ein paar hundert Dollar wert sein, und das stellte in den dreißiger Jahren ein kleines Vermögen dar. Und wenn das Paket nicht braun und das Papier nicht zerknittert war, dann handelte es sich nicht um Walter, der da die Straße lang schlenderte. Und überhaupt, Walter schlenderte nicht. Er besaß einen federnden, sorgfältig gemessenen Gang. Bei jedem Schritt schwang der Körper vorwärts, und den Fuß setzte er mit Sohle und Absatz gleichzeitig auf, womit er das Überleben des Schusterhandwerks noch mehr unterminierte.

Ware im Wert von ein paar Hundert Dollar mit sich rumzuschleppen war selbst zu damaliger Zeit eine riskante Sache, aber kein mit Selbstachtung gesegneter Wiener Straßenräuber hätte Onkel Walter eines zweiten Blicks gewürdigt.

In seinem Gewerbe wurde er geachtet, denn er war pünktlich, verläßlich und vertrauenswürdig.

Im Jahr 1935 machten Walter und seine Freundin Rosi eine Ferienreise nach Paris. Zwei Tage später traf ein Telegramm ein: »wir haben geheiratet stop brief folgt stop küsse stop.« Bei der Rückkehr erwartete das Paar ein saurer Empfang. Sie hatten beider Eltern des Vergnügens und der Ehre einer konventionellen Hochzeit beraubt. Walters und Rosis Eltern hatten nicht viel miteinander gemein. Aber dieser »Schlag ins Gesicht« brachte sie zusammen, und von da an bestand zwischen ihnen ein herzliches Verhältnis.

Die neue Menage ließ sich in Wien nieder. Als dynamische junge Frau gründete Rosi ein einmaliges Unternehmen. Sie nahm zwei Möbeltischler in ihre Dienste und eröffnete eine Werkstatt, in der sie alte Möbel umbaute und modernisierte. Das schlug ganz groß ein. Aber aus Bayern und Preußen wehte ein frostiger Wind. In wenigen Jahren sollten die rassisch Unreinen alles verlieren.

Auf nach Westen hieß es für diejenigen, die den richtigen Riecher hatten. Paris, London und New York waren die allgemeinen Ziele. Einige gingen Richtung Osten nach Palästina. Für Walter und Rosi hieß es auf nach Paris. Von dort kam dann wieder ein Telegramm. Diesmal teilte es allen mit, daß sie sich getrennt hatten. Rosi auf und davon südwestwärts nach Brasilien. Ich habe sie nie mehr wiedergesehen. Sie war immer gut zu mir gewesen, hatte mir des öfteren Geld zugesteckt und war freundlich zu mir, wenn es sich ergab.

Als Walter 1936 nach Paris zurückkehrte, war er jeden Tag auf den Beinen und setzte seinen Handel mit den kleinen braunen Packpapierpaketen fort. Zwei Jahre später wurde er zu einem wichtigen Mittelsmann, als im Gefolge des Anschlusses die Hälfte der Wiener Kürschner aufkreuzten und das Faubourg Poissonière sich in das Hauptquartier der Wiener Pelzmacher verwandelte. Das Geschäft machte dort weiter, wo es in Wien aufgehört hatte. Neuankömmlinge waren willkommen und wurden ohne sichtbare Schwierigkeiten integriert.

Walter wohnte bescheiden in einem kleinen Zimmer eines billigen Hotels, das ganz passend »Windsor« hieß. Er kochte selbst für sich auf einem italienischen Armeeöfchen, das aus einer mit vergälltem Spiritus gefüllten kleinen Blechbüchse und einen Gestell bestand, auf das eine Aluminiumkasserole paßte. Zu den Mahlzeiten gab es frische Erbsen mit altbakkenem Brot als Hauptgericht und als Nachspeise gezuckerte Rühreier, Tag für Tag. Den Spiritus kaufte er in einer Halbliterflasche, aber sie sah nur so aus, denn in Wirklichkeit gingen zwei Eßlöffel mehr rein. Da die Größe der Flasche den Ladenbesitzer täuschte, machte der sich nicht die Mühe, die Flüssigkeit abzumessen, und Walter kam jedesmal grinsend raus.

Die Gegend wuchs schnell zu einer festen Gemeinschaft zusammen. Geschäfte wurden als eine lokkere, formlose und gesellige Betätigung betrieben. Die Leute machten Witze, neckten sich und erkundigten sich gegenseitig nach den Verwandten daheim in Wien oder Frankfurt. Sie waren freundlich und halfen einander. Eines Tages ging im örtlichen Café der Hut rum, um einige kürzlich eingetroffene Flüchtlinge zu unterstützen. Als Gurewitsch, der sammelte, den Friedman ansprach, klopfte der an sein Jackett und sagte, er habe kein Geld einstecken. »*Di konst nor grebetzen.* Du kannst bloß immer rülpsen«, äußerte Gurewitsch ganz ohne Gehässigkeit, denn er hatte nicht mit einer Spende gerechnet. Er sagte es so unbeschwert dahin, und das war schon das Äußerste an Streit.

Der damalige Klatsch unter den Exilanten brachte den Reichtum der Leute laufend auf den neuesten Stand nach dem jeweiligen Kurs, und der Dollar bildete die stabile Währung. Walters Bewertung belief sich auf schwindelerregende 40 000 Dollar, wie mir Bienstock später enthüllte, ein Kürschner, den ich in dem spanischen Internierungslager Miranda kennenlernen sollte. Diese Summe war wahrscheinlich stark übertrieben, wie immer bei solchen Schätzungen, doch bei seiner bescheidenen Lebensweise besaß Walter vermutlich mehr als genug, um von den Zinsen seiner Ersparnisse leben zu können.

Genau darauf bezogen, heckten eines Tages einige seiner im Café sitzenden Kumpane den Plan aus, die goldene Regel Walters einem ultimativen Test zu unterziehen, einem Test bis zur Zerstörung, wie er in technischen Labors bezeichnet wird. Sie beschlossen, ihm eine Ware zum Bruchteil ihres Werts anzubieten, unter der Bedingung, daß er seine goldene Regel durchbricht und sofort bar bezahlt. Einige sagten, so eine Gelegenheit werde er sich nicht entgehen lassen; andere behaupteten steif und fest, daß Walter an seinen Prinzipien festhalten würde. Wetten wurden abgeschlossen.

Am nächsten Morgen hing bei Grünbaum, wo Walter gewöhnlich seine Runde begann, ein feiner Ozelotmantel im Wert von mehreren hundert Dollar lässig über einem Stuhl. Er stach Walter sogleich ins Auge, und während er ihn liebevoll streichelte, erkundigte er sich, was es mit dem Mantel auf sich hatte: sollte er gekauft oder verkauft werden? Er gehöre Kagranian, der dringend Bargeld benötige, berichtete man ihm. Kagranian war der einzige nichtjüdische Wiener Pelzhändler in dem Stadtteil.

»Wieviel?«

»Für dich achtundzwanzig Dollar«, sagte Kagranian mit todernster Miene.

Zum Ritual des Kaufens und Verkaufens gehörte es, daß man nie seine wahren Gefühle verriet. Walter gierte nach dem Mantel wie ein Pilger nach der Erlösung, aber er druckste rum, strich über Ärmel und Kragen und blies fachgerecht ins Fell, um nach Flikken und Nähten Ausschau zu halten. Er schüttelte den Mantel und legte ihn wieder hin, wobei er gerissen sein Verlangen und sein Erstaunen verbarg.

»Ich nehm ihn«, sagte er schließlich mit gespielter

Gleichgültigkeit und dem Getue einer schmerzlichen Kapitulation.

»Erst Geld«, sagte Grünbaum, Kagranians Kompagnon, ohne von der Nähmaschine aufzublicken.

Das war neu für Walter. »Ich bezahle am Nachmittag. Spätestens um vier.«

Jeder wußte, daß Walters Wort galt. Es gab überhaupt keine Frage, man konnte ihm vertrauen.

»Nichts is.« Grünbaum blieb hart. »Er braucht das Geld auf der Stelle.«

»Ich habe kein Geld bei mir.« Zum Beweis schlug sich Walter mit beiden Händen auf die Brust. Ruhe trat ein. Die Komödie lief auf Grund.

»Okay, Frommer, ich borge dir das Geld«, sagte Katz, einer der Bande. Es wurde ganz still. Selbst die Nähmaschine hielt inne. Das stand nicht im Drehbuch. Die anderen schreckten auf und gestikulierten besorgt hinter Walters Rücken. Sie hätten sich nicht zu beunruhigen brauchen. Walter würde nicht leichtsinnig werden. Er sollte seine Prinzipien nicht verletzen. Schon seit langem hatte Walter damit aufgehört, zu kaufen und zu verkaufen; statt dessen verkaufte er die Ware erst, bevor er sie kaufte.

Anekdotisches Zwischenspiel

Bei einem Besuch in New York geht Walter in eine österreichische Konditorei und spricht die junge Verkäuferin an.

»Haben Sie keine Manners?« fragt er gewitzt und ist drauf und dran, übermütig rauszuplatzen.*

Die junge Frau erstarrt und drückt einen Knopf, so daß es hinten klingelt, worauf eine kleine Tür aufgestoßen wird und zwei schwere Jungs rausstürzen und beinahe das Gipsmodell einer Hochzeitstorte umwerfen.

* Manners = engl. Manieren (d. Üb.).

Sie gucken die Verkäuferin an, und die zeigt auf Walter, und Walter zieht sich mit unvergleichlicher Behendigkeit zurück.

Was Walter nicht wußte, war, daß es in dem Laden in der vergangenen Woche einen Überfall gegeben hatte, wobei einer der Diebe die Aufmerksamkeit geschickt auf sich zog, indem er die junge Frau anfuhr, um damit von dem gerade ausgeführten Verbrechen abzulenken. Offensichtlich war es den Räubern gelungen, zwei Schachteln frisch aus Ungarn eingeflogener Trüffelpralinen und Bonbons und ein Glas türkisches Konfekt mitgehen zu lassen.

Walter beschwerte sich mit einem bissigen Brief beim Geschäftsführer über die ihm widerfahrene Behandlung, als er nach Manner-Schnitten gefragt habe, den berühmten Wiener Waffeln, deren Markenzeichen und Ansehen weithin bekannt sei. Der Geschäftsführer antwortete umgehend mit der nächsten Post, entschuldigte sich und bat Walter, mit den besten Empfehlungen eine Schachtel Manners anzunehmen. Von da an hieß es bei uns immer »Free-Manners (»Manners umsonst«; Freeman hieß einer unserer Verwandten), kapiert, Freeman-ers?« Und die, die sich nicht gleich vor Lachen kugelten, kriegten einen spitzen Ellbogen in die untere Rippengegend. »Gute Manners! Hihi, ha.«

Hier ist einer von Walters Witzen.

Ein Mann geht zum Doktor und klagt über Schmerzen und Pein. Der Doktor untersucht ihn und findet nichts außer generell fehlerhafter Ernährung.

»Sie müssen viel Obst essen, ungeschält, denken Sie dran, und Sie brauchen mehr Bewegung.«

Zwei Wochen später kommt der Mann zurück, nur noch ein Schatten seiner selbst.

»Was ist denn mit Ihnen passiert?« will der Doktor wissen.

»Sie haben zu mir gesagt, ich soll viel Obst essen, mit Schale.«

»Ja. Und weiter?« fragt der Doktor.

»Also, Äpfel und Birnen gehen ja. Apfelsinen und Bananen, äh ... da muß man sich erst dran gewöhnen. Aber die Walnüsse! Herr Doktor, die Walnüsse bringen mich um, die richten mich zugrunde.«

Nicht schlecht als Witz, aber das Quälende daran war die ständige Erinnerung an Walnüsse, wann immer wir uns trafen, den ganzen Herbst 1935 hindurch bis weit ins neue Jahr hinein.

Walter kam zur Zeit des Debakels aus Frankreich raus. Er schlug sich nach Bordeaux durch, wo es ihm in dem Gedränge um einen Platz auf den letzten Schiffen nach England als mitteleuropäischer Zivilist gelang, einen zu bekommen, wo viele französische und sogar einige britische Militärangehörige gescheitert waren.

Angelangt trat er der britischen Armee bei und zeichnete sich als Lagerverwaltungsgehilfe an einem geheimen Ort in Südengland aus. Er nahm die britische Staatsangehörigkeit an und machte sich mit seiner neuen Frau Trude bei Kriegsende auf nach Montreal. Dort wurde er bei erstbester Gelegenheit kanadischer Staatsbürger, um endlich nach New York zu ziehen. Aber das funktionierte nicht, und so kehrte er um 1960 nach England zurück, ging nach Frankfurt und ließ sich sieben Jahre später in Lausanne nieder, wo er mit zweiundsiebzig einer Tropenkrankheit erlag.

Genau gesagt …

… ein mitternächtlicher Streifzug durch die mutmaßlichen Erfordernisse und vorhergesehenen Fallgruben beim Schildern der Lebensreise samt zahlreichen Schmerzensergüssen und Ermahnungen.

Wer klug ist, klönt nicht.
Wer klönt, ist nicht klug.
Lao-tse, Tao-te-tsching

Es genügt wohl, wenn ich sage, daß sich Kunst als die Fähigkeit beschreiben läßt, die eigenen Komplexe zu verkaufen, ohne daß sich der Leser auf den Weißtschon setzt. Der Schriftsteller kann nur die Aufmerksamkeit auf eine Reihe von Bildern lenken. Es wäre eine vergebliche Anstrengung, den Rezipienten auch noch dem erhobenen Zeigefinger auszusetzen.

Gleichzeitig muß der sich schreibend Ausdrükkende wie ein tüchtiger Blindenhund ein Gespür für die Dinge haben, die er oder sie für selbstverständlich nimmt, die aber für Blinde einem Minenfeld gleichen. Der hündische Autor muß eine Nase für die Fallgruben und Stolpersteine entwickeln, bei denen sich der aufrecht gehende Leser leicht das Schienbein lädieren und den Allerwertesten grün und blau stoßen kann. Der lesende Kunde muß schmerzlos geführt werden, nicht über, nicht unter, sondern *um* das Hindernis *rum*.

Besser noch, der erfahrene Wolfshund führt überhaupt nicht den Blinden, sondern schenkt dem vertieften Leser das Augenlicht wieder, das der verloren zu haben glaubt. Das kann man!

Keine Furcht vor Wörtern, aber Respekt vor ihnen und vor Lauten sind wesentliche Voraussetzungen für den Erfolg dessen, was einem aus der Feder fließt.

Vor allem aber darf man nicht in heiliger Ehrfurcht vor dem Leser erstarren. Man muß von Anfang an zeigen, wer hier der Herr ist. Ich will das Hundegleichnis umkehren. Der hündische Leser spürt deine Angst und geht beim ersten Anzeichen von Unsicherheit und Ängstlichkeit energisch auf deinen Hintern los. Wenn er sich erst mal in Bewegung gesetzt hat, bleibt dem erläuternden Erzähler keine Chance, dem intellektuellen, analytischen Terrier zu entkommen.

Seit meinem zwanzigsten Lebensjahr habe ich geschrieben, aber nie ein Wort zu Papier gebracht. Bis ich mir eines Tages, um die sechzig Jahre war ich da, einen Bleistiftanspitzer und einen Radiergummi kaufte und ernsthaft zu schreiben begann, auf die Rückseite von Briefumschlägen und die Innenseiten von Cornflakes-Kartons. Mich hatte es gepackt. Es gab kein Zurück mehr.

Was treibt eigentlich die Übeltäter des Memoirenhaften und Anekdotischen oder des tatsächlich Erdichteten dazu? Welchen etwaigen Grund gibt es, Tag für Tag auf einem alten Drehstuhl zu sitzen und zaghaft und zielbewußt auf dem elektronischen Keyboard rumzuhämmern? Was kann man denn davon schon haben? Was verspricht man sich denn von der Beschäftigung? In dem Bemühen um eine Erklärung dieses zwanghaften Aufzeichnens von Ereignissen sind nur wenige Gründe dafür vorgebracht worden. Die einen meinen, es entspringt dem Drang des Erzählers, mit den Umständen und Geschehnissen rund um sein oder ihr Leben ins reine zu kommen. Andere sprechen von einem Verlangen, sich dem selbstbeobachtenden Selbstlob oder der Selbstgeißelung hinzugeben.

Wie steht's aber mit freimütiger Eitelkeit, mit offenem Exhibitionismus? Wie ist es mit dem Wunsch, sich selbst zur Geltung zu bringen, das eigene vernachlässigte Ich in den Vordergrund zu schieben und mit dem Wind zu brüllen: »Hört zu, ich bin kein Idiot, ich seh bloß so aus!« Und was hält man von der Aussicht auf Säcke voller Dollar, die die harte Arbeit einbringt? Ist das etwa keine Motivation, kein Antrieb?

Ich bin Bildhauer, laufe um die Gestalt annehmende Erzählung rum, betrachte jetzt ihr linkes Profil, ziehe dann eine gedachte Linie von ihren Plattfüßen zu ihrem kahl werdenden Scheitel. In Abständen muß ich einen Schritt zurücktreten und sie aus der Distanz beschauen, dann wieder von ganz nahem mit dem Vergrößerungsglas.

Ich behaupte ja nicht, Geschichtsschreiber zu sein. Ich bin nicht mit allen Tatsachen vertraut, die meine Umgebung und mein Fortschreiten die Jahre hindurch beeinflußt haben, direkt oder indirekt. Alles, was ich imstande bin mitzuteilen, ist der subjektive Bericht des Auf und Ab, des Schmerzes und des Lachens, des Zorns und der Freude, die ich erfuhr und beobachtete, den unaufhaltsamen Gang der Ereignisse und die Gefühle und den Geschmack, der dabei herrschte.

Seit neunundziebzig Jahren treibe ich mich auf diesem Planeten rum. Die Schwerkraft zerrt mich nieder. Meine Verwirrung gedeiht prächtig, mein Unwissen wächst glänzend, und mein Unvermögen zu begreifen nimmt weiter zu. Aber das Bewußtsein, daß das nichts zählt, verstärkt sich stetig. Ich weiß nicht, worum es überhaupt geht, und ich habe den Verdacht, daß die nüchtern Wissenden nicht wissen, wovon sie reden. Es scheint, als würden mit unserer zunehmenden Fähigkeit, die Natur zu beherrschen und zu manipulieren, unsere Sinneswahrnehmungen immer mehr beeinträchtigt.

Ich habe Schwierigkeiten zu begreifen, was die Lieferanten von Symbolen, Respektabilität und Anstand motiviert; die Gangster in Barockkostümen, die Praktiker des Oberflächlichen und der Zeremonien; die Würde auf hohen Hacken. Was versuchen sie zu beweisen? Ausgewachsene Pudel, die protzen, paradieren, rumgaloppieren und Pirouetten drehen, geschmückt mit feenhaften Federn und goldbrokatenen Girlanden, Troddeln, Bronzeplaketten, Kastagnetten, Ketten, Flaggen, Schärpen, Strumpfbändern und Strapsen. Was sagen die mir?

Die hüpfen in der heißen Sonne rum, ohne die Miene zu verziehen, tauschen Messing- und Silberscheiben an farbkodierten Bändern, geheftet an den immer enger werdenden Platz auf ihrer Brust. Die stolzieren an Reihen von Leuten lang, die starr dastehen und ihr Erbe und Geburtsrecht abgetreten haben; Ehrenwache, auch ausgestattet in Brokat mit Flaggen, Hahnenfedern, Troddeln, Schärpen und Tressen; wessen Ehre bewahren sie? Wen beeindruckt das? Wer sind diese Leute? Wo kommen sie her? Was wollen sie beweisen?

Was wollen sie vermitteln?

Wie kommt es, daß ich dieser unschuldigen Beschäftigung keine Freude abgewinnen, sie nicht schätzen kann? Warum? Ich bin der festen Überzeugung, daß es da draußen welche gibt, die diese antiquierten Possen ernst nehmen und Geschmack daran finden, an solchen Vorstellungen, solchen Mätzchen. Es muß welche geben, denen das Herz höher schlägt bei solchen Sachen.

Dennoch gebe ich Meinungen Ausdruck, wenn ich nicht gerade Erinnerungen nachgehe; meinen Meinungen, meinen Schwierigkeiten, meiner Frustration durch den großen Weltenplan, meiner Enttäuschung von der Historie, meinem Verdruß über die Folgen der Realität und der Schwerkraft und der erstickenden Enge des dreidimensionalen Raums. Ich habe öfter unrecht gehabt als Victoria-Pflaumen gegessen; tausendmal haben mir meine Sinne und Wahrnehmungen einen Streich gespielt und mich getrogen; bei vielen Gelegenheiten war ich ratlos. Es steht mir nicht zu, zu verurteilen, zu rechtfertigen oder zu erklären. Es ist nicht meines Amts, Schlußfolgerungen zu ziehen; ich kann nur Beobachtungen anstellen. Deshalb ist dieses hier ein voreingenommener Bericht von Geschehnissen und meine Interpretation und niedergelegte Meinung, soweit sie sich aus der Summe meiner Erfahrungen ergibt. Ich denke laut, während ich im dunkeln tappe, und mögen doch den letzten die Hunde beißen.

Lao-tses Dilemma

Als der Aufseher des Passes – oder Zöllner, wie sie sich gern im 7. Jahrhundert v.d.Z. in Zentralchina bezeichneten – den alten Mann für die Nacht mit in sein Haus nahm, folgte er einer Sitte, die viele Generationen von Zöllnern respektiert hatten. Sie gewährte dem Wanderer Beistand, der an ihrer Heimstatt vorüberkam. Sein Vater und sein Großvater hatten sie befolgt und viele Väter von Vätern davor. Es war ein Vorrecht der Zöllner.

Doch als sie an jenem Abend bei Tische saßen und der Fremde Hühnerbrust schmatzte, entdeckte der Aufseher oder Zollbeamte einen Funken der Weisheit in den Augen des Alten.

Nach schlafloser Nacht entschloß er sich am nächsten Morgen, den Alten bezahlen zu lassen. Denn unser Zöllner oder Zollbeamter war korrupt und ließ sich immer was Neues einfallen.

»Vergüte mich«, verlangte er. »Entschädige mich und die Welt. Zeige deine Dankbarkeit für das dir dargebotene Bett und Frühstück, das vordem zahllosen Generationen von Landstreichern zuteil geworden ist, wie es nun dir zuteil geworden ist.«

»Ich habe kein Geld«, warf der Alte ein, verlegen und würdevoll.

»Ich habe kein Geld«, äffte ihn der tapfere Beamte auf seine anschauliche Art nach. »Ich will kein Geld von dir, ich will eine Geschichte von dir für die künftigen Nachgefolgeschaften.«

Lieber Leser! Übe Nachsicht mit dem Beamten wegen seiner schrulligen Sprache. Er war nur ein halbgebildeter Mann, ein einfacher Bauer, der aber nach Wissen hungerte und dürstete und gern lernen wollte.

»Ich habe nichts zu sagen«, sprach der Mann, womit er einen seiner vielen paradoxen Aussprüche tat.

»Dann vertraue es der Schriftrolle an«, erwiderte der Zöllner drängend. Er fesselte den Weisen an die Bank, ließ aber den rechten Arm frei, damit er den Pinsel schwingen konnte. Und da unser Zöllner sich um seine Terrassen kümmern mußte, hieß er den Enkelsohn, für den Alten zu sorgen, ihn mit frischen Mandeln, reifen Eiern und Apfelsaft zu versehen, ihm den Rücken zu kratzen und von Zeit zu Zeit den Eimer zu entleeren.

So blieb Lao-tse nichts anderes übrig, als sich zu fügen. Er verfaßte seine Lebensbeschreibung, ließ aber alles Persönliche weg. Und er baute seine großen Widersprüche ein, nämlich daß Weisheit still ist und daß man nachgeben muß, will man einen Widerstand überwinden.

Während der Wochen, in denen er schrieb, wurde er ernährt und gewaschen, seine Hemden wurden entlaust und ausgebessert, sein Ochse beschlagen und seine Schuhe geflickt. Ab und zu wurde ihm gestattet, sich in die Sonne zu setzen und in den Teich zu starren. Und starr nachzudenken.

Welche Ungerechtigkeit der Geschichte! Der Name des unwillig Schreibenden ist vermerkt, wohingegen der des Initiators, des Aufsehers des Passes, des Mannes, ohne dessen Tücke die Bruchstücke des Tao-te-tsching *nicht auf uns gekommen wären, im Nebel spekulativer Legenden gerade mal so überlebt hat.*

Aber weiter, verdient er denn überhaupt die Ehre, genannt zu werden? Verdient er ein Lob? Hat er nicht etwas Unverzeihliches getan? Hat er sich nicht am großen Paradox vergriffen?

Wie dem auch sei, unser aufgeweckter Zöllner darf sich fortan eines gesunden Schlafs erfreuen. Nie mehr würde die Weltliteratur oder die überlieferte Philosophie etwas von ihm verlangen, an seinem Schlummer rütteln.

An diesem Punkt möchte der sich räuspernde Autor innehalten und zahlreichen Persönlichkeiten seinen Dank aussprechen, in deren Schuld er steht. Die Zeit ist gekommen, Dank zu sagen für die Inspiration und Entmutigung, für Hilfe und häßliche Worte, Beifall und Buhrufe, an: Herbert Aichinger, Béla Bartók, Bill Bennet, Peter Bowering, Helen English, Piero della Francesca, George Gamow, David Gilmore, George Gombos, Julie und Paul Haines, Julian Hall, Barbara Kenyon, Rod Kedward, Omar Khayyám, Sheila Mc Henry, Tinch Minter, Alan Mounteney, Friedrich Nietzsche, Belinda Parham, Jean, Amy und Peter Plisner, Helen Polin, John Richardson, Peter Roget, Rowena Skelton-Wallace, K.V. Junior, Wallace Stevens, Yussif Yossarian und viele andere wie in der Tat an die gesamte Menschheit und die Lebewesen auf der Oberfläche der Erde und in den Tiefen der Meere, an die Organischen und Anorganischen und an alle, die in keine dieser Kategorien passen. Dank an das Konkrete und das Erhabene. Sie alle, durchweg alle haben zu dieser Ansammlung geordneter schwarzer Symbole auf Recyclingpapier beigetragen. Von weit jenseits der Stille an den ausgefransten Enden des Universums laufen dynamische Kraftlinien auf der Mitte dieser Seite zusammen, die das Epizentrum dieses bombastischen Bauwerks bildet.

Danke, danke, danke! Hurra und danke!

In diesem Moment drängt sich dem Geist des Schreibenden der Begriff »apropos« auf.

Apropos was, sag schon?

Apropos einer Widmung natürlich. Ja, wo ich schon mal da bin, lassen Sie mich einige wenige Moralpredigten anhängen über die Sitte, etwas Geschriebenes jemandem zu widmen, eine Sitte, die im 17. Jahrhundert aufkam als Übung, vor jemandem zu kriechen! Etwas in der Art:

DEM EHRENWERTEN
SIR EDMUND CRADOCK HARTOPP, BARONET
WIRD DER FOLGENDE
BESCHEIDENE ERGUSS
UNTERTÄNIGST GEWIDMET
VON SEINEM DANKBAREN UND ERGEBENEN DIENER
H. H. H.

Das Obige verblaßt vor Bedeutungslosigkeit im Lichte solcher Kostbarkeiten wie: »An Seine Durchlaucht … an den vorzüglichsten, rechtschaffensten und erhabensten … mit dem Ausdruck alleraufrichtigster Bescheidenheit … möge Eure Lordschaft empfangen …« Und so weiter Komma immer tiefer in den Schmutz runter. In Erwartung eines künftigen Festschmauses bat der Autor eine höhergestellte Person, »meinen Kniefall zu Euren edelsten Füßen anzunehmen, während ich Euer Gnaden diese so schwachen Versuche unterbereite«.

Um Himmels willen, mach mal jemand das Fenster auf!

Der Wohltäter pflegte dann mit frisch geleckten Stiefeln zu geruhen, den mit solcher Widmung versehenen Band zu unterstützen und dem Autor durch Gefälligkeiten und durch das Ziehen an einigen Fäden unter die Arme zu greifen. Seit jenen Tagen schleppen sich allerdings Widmungen weiter, als geglättetes, sich wiederholendes Ritual und sentimentales

Gefühl der Leere, um die Ehefrau und die Sekretärin zu besänftigen oder um Nachkommen, Unterstützer und Freunde mit Stolz zu erfüllen.

Dieser heldenhafte Band, geschätzter Leser, den sie in Ihren kostbaren Händen wiegen, ist niemandem gewidmet. Niemandem, hören Sie! Wenn ich mal ein Spiel damit treiben sollte, dann nach meinen eigenen Regeln, allerbesten Dank!

Hätte ich jedoch eine derartige Neigung verspürt, da frage ich mich, wen ich mir wohl für die Widmung ausgesucht hätte. Vielleicht den Verlag, der so viel Voraussicht besaß, sich die Rechte an dieser Story epischen Ausmaßes zu sichern, oder die große Menge meiner ergebenen Leser, in deren Schuld ich stehe. Wenn ich mir es recht überlege – und ich muß wiederholen, daß ich nicht die Absicht habe, dieses Erzählwerk jemandem zu widmen –, wer wäre denn dafür in Frage gekommen? Mir wird schwindlig! Aber dann, sosehr ich mir auch Mühe gebe, hätte ich mir eine bessere Gruppe aussuchen können als den heroischen Haufen Leute, die auf alle Annehmlichkeiten verzichteten und sich monate- und jahrelang dem Spott, der offiziellen Belästigung und dem schlechten Wetter aussetzten und Wache hielten vor dem Gewissen der Welt? Sie würde jenen trotzigen, tapferen und tatkräftigen Frauen von Greenham Common und all ihren Schwestern auf der Welt gelten.

Prost!

Schon in frühem Alter wich mein glühender Patriotismus der Gleichgültigkeit, soweit es Symbole und Rituale betrifft, und heutzutage beschleunigen weder Melodien noch Flaggen meinen Herzschlag. Nachdem ich meine jüdisch-österreichisch-deutschen Loyalitäten abgelegt hatte, habe ich mich nie mehr als Angehöriger einer nationalen, religiösen oder Rassengemeinschaft betrachtet.

Patriotismus oder die Liebe und Loyalität zu einem Land, einer Stadt, einer Straßenecke oder Wasserballmannschaft gehen mir ab. In dieser Hinsicht bin ich unterentwickelt. Wenn es um Gemeinschaftsgefühl und Clantreue geht, da fehlt mir was. Loyalität ist ein Begriff, den ich nicht mag und den ich meide wie altenglisches Zinngeschirr oder Marc Chagalls Gemälde. Loyalität verlangt die Absage ans Denken, ans Bewerten und Urteilen. Es fordert die bedingungslose, blinde Unterstützung von Dingen oder Personen, zu deren Loyalität man erzogen wurde. Im Streben nach Idealen und Visionen und zur Unterstützung von Schurken, die genauso denken und den eigenen Vorteil suchen, zwingt sie einen, zu lügen und zu betrügen.

MY COUNTRY, RIGHT OR WRONG! MEIN LAND, RECHT ODER UNRECHT!

Alle, die auf den Hinterbeinen laufen, gehören zu meinem Stamm, egal wie …

Aber da gehören ja die Gibbons dazu, du heiliger Strohsack!

Die Gibbons …?

Klar, die Gibbons, die Gibbons!

Willkommen an Bord …

… wo war ich stehengeblieben? … ach ja … diejenigen, die auf den Hinterbeinen laufen, gehören zu meinem Stamm, egal wie braun sie von der Sonne sind oder nicht (einige meiner besten Kumpel sind zufällig Albinos), ob sie ovale oder Schlitzaugen haben, ob sie von dieser oder der anderen Seite des Flusses, des Eisenbahndamms oder Berges oder der von Menschen gemachten Grenze kommen, das macht nichts. Es macht wenig, ob sie meine Lebensweise, meine Überzeugungen und Meinungen teilen oder nicht, aber zugegeben, es würde ein bißchen helfen. Jeder, der mich bewundert, ist mein Freund.

Den ganzen Weg über hat mich das Glück begleitet. Heute habe ich alle materiellen Annehmlichkeiten und keinen Grund, die Zukunft zu fürchten. Mir mangelt es an nichts; das Haus ist bezahlt, das Bett ist gemacht, zu essen ist in der Speisekammer. Das unbarmherzige sozialpolitische System der 1990er Jahre begünstigt mich. Meine Kinder sind in Positionen aussichtsreicher Beständigkeit untergebracht.

Materielles Auskommen. Materielle Sättigung. Überfluß sogar.

Aber der Geist, das ist was anderes. Am geistigen Reichtum mangelt es. Das geistige Wohlergehen ist an mir vorübergegangen wegen meiner dickköpfigen Weigerung, ein kleines bißchen unschuldige Selbsttäuschung zu betreiben. Wie unbeugsam kann man noch werden? Was ist falsch an einem kleinen Selbstbetrug, den man notfalls mit einem Gläschen Apfelschnaps runterspülen kann? Soweit es die Seele betrifft, lebe ich in Armut. Ich habe gesucht und habe nicht gefunden. Ich habe an viele Türen gepocht. Diejenigen, die ich erfolgreich aufgekriegt habe, haben sich festgeklemmt und enthüllten günstigstenfalls eine begrenzte und hochgradig verzerrte Ansicht der Welt. Am Willen und Verlangen hat es mir nie gefehlt, und die Hoffnung auf ein gewisses Maß an Erleuchtung ist nicht ganz geschwunden.

Die Geschichte hat es gut mit mir gemeint. Ich weiß, ich habe das selbst gesagt. Aber schaut, wie sie Millionen andere behandelt! Öffnet die Augen! Wie kann sich da jemand zufriedengeben? Wie kann ich mich hier hinsetzen und meine Segnungen aufzählen? Und meinem Schutzengel danken? Wie denn? Aus keinem ersichtlichen Grund bin ich verschont geblieben. Wieso ich?

Wie kann ich mich hier hinsetzen und einer gebieterischen Gottheit danken oder einem fürsorglichen göttlichen Wesen oder einer Schöpferkraft oder der

Vorsehung, wenn man will, dafür, daß sie mir ein langes Leben und materiellen Überfluß zuteil werden ließ, während andere untergingen und viele, viele mehr gerade in diesem Augenblick leiden und zu leiden geboren werden ...

HÖR AUF ZU JAMMERN, FREDDIE,
DIE SENILITÄT RÜCKT NÄHER.
SIE KLOPFT ANS TOR.

Paris

> Je suis Françoys dont ce me poise
> Né de Paris emprès Pontoise
> Qui d'une corde d'une toise,
> Sçaura mon col que mon cul poise.

Paris ging mir ohne seine Schuld auf den Wecker.

Die Langeweile nagte an meiner Laune, und meine Selbstachtung wurde durch die erzwungene Untätigkeit übel zugerichtet.

Das Flüchtlingskomitee hatte mich in eine Herberge für völlig erledigte jüdische Wracks in der Rue Lamarck neben der Kirche des heiligen Herzens am Berg der Märtyrer gesteckt.

Mit monotoner Regelmäßigkeit bürsteten wir, die Insassen, unsere zerlumpten Sachen ab und gingen zwischen den Mahlzeiten unserer Wege. Künstlich arbeitslos, erlitten wir die Würdelosigkeit, in einer Stadt des Überflusses nicht gebraucht zu werden. Wir bemitleideten uns selbst und nahmen unser Schicksal mit Bitterkeit und einem absoluten Mangel an Initiative hin.

Einer der Mitbewohner, ein Pole, der vor vielen Jahren nach Frankreich ausgewandert war, weil man ihn für die Stahlwerke in Lothringen angeworben hatte, äußerte seine Hoffnung auf Krieg. Warum er überhaupt den sicheren Job in dem Werk aufgegeben hatte, wußte keiner. Aber das faule Leben unter den Flüchtlingen in Paris schien ihm zu behagen.

Im Krieg würden wir reich werden wie damals 1914, behauptete er, und außerdem würden massenweise Frauen frei rumlaufen, reiche, dickbusige Frauen, die man mühelos kriegen könnte.

Während der Krise von München erhielt er den Spitznamen »Gare du Nord«, weil er jeden Tag zwischen den Mahlzeiten auf dem nahe gelegenen großen Endbahnhof zubrachte. Wenn er zurückkam, beschrieb er immer in wärmsten Tönen, zwischen den Löffeln Kartoffeleintopf, die ständig steigende Anzahl von Soldaten, die nach Osten und Norden verfrachtet wurden.

Zu seiner und unserer großen Enttäuschung – die meisten von uns Flüchtlingen dachten wie er – kehrte Neville Chamberlain nach fröhlichen Verhandlungen zwischen Frankreich und Großbritannien auf der einen Seite und Deutschland und Italien auf der anderen zum Flughafen Croydon zurück, in der einen Hand den Regenschirm, in der anderen ein Blatt Papier, hoch über seinen Kopf haltend.

Dieses Blatt Papier, das im Herbstwind Südlondons wehte, stellte die Kapitulation – na, fast – von Herrn Hitler dar, der unter Druck gesetzt worden war, zu erklären, daß er nach der Tschechoslowakei keine weiteren Gebietsansprüche erhob.

Die Tschechoslowakei, »... ein fernes Land, von dem wir nichts wissen«, war nicht gefragt worden. Dieses Land war der Grund des ganzen Ärgers. Es war die einzig übriggebliebene Demokratie in Mitteleuropa mit der stärksten Armee an der Ostgrenze Deutschlands, zweihundert Kilometer Luftlinie von Berlin. Aber der Vogel flog nicht in Luftlinie, er mußte dem Frieden geopfert werden.

»Frieden in unserer Zeit!« sagte Neville Chamberlain.

Duff Cooper, Winston Churchill, Gare du Nord und wir, die Kerle aus dem Hospiz in der Rue Lamarck, mußten uns noch ein weiteres Jahr leicht eingeschnappt gedulden.

Es führten nur wenige Wege aus dem alten Trott raus, und die Wege, die es gab, hatten nichts Verlockendes. Eine verschwindende Menge ging nach Paraguay und nach Britisch- oder Französisch-Guayana. Einige emigrierten in die Internationale Siedlung von Schanghai, wo es eine hilfsbereite jüdische Gemeinschaft gab. Die Japaner, die seit 1936, glaube ich, Schanghai besetzt hielten, ließen die Ausländerenklaven bis 1941 in Ruhe und lehnten die wiederholten Ersuche Deutschlands ab, die Juden unter japanischer Oberhoheit auszuliefern.

Ich lernte einen Mann kennen, der wußte, wie man nach England kommt. Er erzählte mir was von einem in London sitzenden Spediteur mit zwei Booten, die regelmäßig zwischen Tilbury und Boulogne verkehrten. Alle zwei Tage fuhren sie in entgegengesetzter Richtung. Wenn ich mich recht erinnere, hießen sie *Kingfisher* und *London Pride*. Er bot mir die ganze Sache an, gab mir die Abfahrtzeiten und eine Übersicht über den Hafen von Tilbury im Tausch gegen meinen Waterman-Füllhalter und das Versprechen, ihm eine Ansichtskarte vom Buckingham-Palast zu schicken.

Es war im Dezember 1938, als mein Freund Marder und ich nach Boulogne aufbrachen. Nachdem wir mehrere Tage geschwankt und gezögert hatten, nahmen wir schließlich allen Mut zusammen, und mit Hilfe von ein paar Gläsern Armagnac lief an dem frostigen Nachmittag auch alles gut, bis wir vom Boot runtergeworfen wurden – wir hatten nämlich mit zu viel Krach die Gewichte wegbefördert, die die Persenning über der Falltür andrückten.

Auf die Weise gescheitert, wendeten wir nun Plan B an. Plan B sah vor, nach Belgien durchzubrechen. Hauptsache nicht mehr diese Monotonie. Man hatte uns erzählt, daß die französische Gendarmerie beim Grenzübertritt ein Auge zudrücken würde. Anscheinend wurde sie vom Innenministerium dazu ermuntert, vorausgesetzt, es erfuhr davon nichts. Die äußerst entgegenkommenden Belgier halfen den Flüchtlingen, indem sie in die andere Richtung liefen, um französischen und niederländischen Grenzposten aus dem Wege zu gehen.

Marder verschwand nach Belgien, und ich machte auf dem Absatz kehrt und spazierte zurück nach Paris.

Mehrere Wochen zuvor war meine Mutter zusammen mit ihren Eltern, ihrer Schwester Margarete und deren Sohn Felix plus drei Freundinnen, ein höchst auffälliger und schwerfälliger Haufen, nach Karlsruhe gereist, um die Grenze auszukundschaften. Nachdem sie unendliche und beschwerliche Tage und Nächte im Freien verbracht hatten, drangen sie schließlich bei Lauterbach in Frankreich ein. Prompt wurden sie von Leuten der Spezialabteilung (Wissenbourg) der *Sûreté Nationale* aufgegriffen. Ihre Pässe wurden mit einem *refoulement* versehen, und ihnen wurde eingeschärft, sich ja nicht noch mal auf französischem Boden blicken zu lassen.

Sonst ginge es ihnen schlecht!

Bevor sie nach Wien zurückfuhren, erforschten sie in Basel den deutschen Bahnhof, der sich exterritorial in der Stadt befand. Dort gelang es meinem erst vierzehnjährigen Cousin Felix an den Grenzposten auf Bahnsteig sechs vorbeizuschlüpfen und durch ein Loch im Zaun in die Schweiz zu entkommen. Abgesehen von einem dreijährigen Aufenthalt in Frankreich, ist er für immer dort geblieben.

Unverzüglich reiste Mutter zurück ins Grenzgebiet und ging allein rüber nach Frankreich. Wieder wurde sie aufgegriffen, aber diesmal konnten sie sie nicht erneut abschieben, denn diesmal hatte sie das Gesetz verletzt. Der Gesetzesbruch rettete ihr das Leben.

Sie wurde zu einem Monat Gefängnis und hundert Francs Geldstrafe verurteilt, weil sie gegen Artikel 8 des Dekrets vom 2. Mai 1938 verstoßen hatte. Ferner wurde vermerkt: »Die Anwesenheit der Obengenannten auf französischem Territorium stellt eine Gefährdung der öffentlichen Sicherheit dar – *à compromettre la sûreté publique*.« Unterzeichnet von André Viguie von der vierten Abteilung des *Deuxieme Bureau*.

Nach Ableistung der Strafe wurde ihr »auferlegt, französischen Boden sofort zu verlassen«. Man händigte ihr ein *refus de séjour* aus und einen Paß zur Abreise an eine Grenze ihrer Wahl, die sie innerhalb von drei Tagen überschreiten sollte. Sie nahm umgehend den Zug nach Paris, und es gereichte den französischen Behörden zur Ehre, daß die Aufenthaltsverweigerung laufend ausgesetzt wurde. Das war Standhaftigkeit!

Im Jahr 1939 erhielten alle, denen es gelungen war, der Grenzpolizei ein Schnippchen zu schlagen und Paris zu erreichen, ein *refus de séjour*. Je nach Laune des Beamten mit dem Gummistempel auf der Präfektur wurde die Frist verlängert. Manchmal gaben sie einem drei Tage mehr, manchmal sogar drei Wochen. Dort auf der Île-de-Paris feierten die aus Wien allzu gut bekannten Schlangen ihre Auferstehung und wurden in der alten Wiener Besetzung neuinszeniert. Nahezu jeden Tag kam der Letzte in der Reihe bis Büroschluß nicht mehr dran. Man drückte ihm für den nächsten Morgen eine Nummer in die Hand, damit er früh dann gleich vornean stehen konnte. Aber die hob seine Illegalität nicht auf. Wenn er bei einer der zahlreichen Kontrollen mit abgelaufenen Papieren erwischt wurde, konnte er die nächsten vier Wochen im *Santé* zubringen. Das *Santé* war das Kittchen der Gegend. Es war weder gesund noch hygienisch.

Nur sehr wenige besaßen die Initiative, die Voraussicht oder den Scharfblick, sich in einer Region ein Quartier zu suchen, in der es nur wenige oder gar keine Flüchtlinge gab. Alle strömten nach Paris. Alle hatten einen Onkel in Paris.

Klaus Leinhof, der zwei Nächte in der jüdischen Herberge verbrachte und den ich später in Brive wiedertreffen sollte, war als politischer Flüchtling in Paris. 1938 war er in seiner Heimat aus dem Hoffenster gesprungen, als die SS an der Tür klingelte, um ihn nach Dachau zu eskortieren. Er rannte durch bis nach Cherbourg. Dort suchte er sich eine Wohnung und bekam keine Schwierigkeiten mit der Polizei; ihm wurde auch nicht untersagt, einer Arbeit nachzugehen. Vermutlich war er der einzige Flüchtling auf der ganzen Halbinsel.

Häufig ist Frankreich kritisiert worden, weil es die Flüchtlinge nicht als Helden behandelte. Das Wort »schäbig« fiel. Was man dabei vergißt, ist, daß die französischen Behörden mit ungefähr siebzigtausend Menschen dasaßen, die kein anderes Land haben wollte. Frankreich hat sich vielleicht gleichgültig gezeigt, war aber alles andere als inhuman.

Im Frühjahr 1939 trug ich mich für ein Ausbildungsprogramm ein, das für junge Immigranten eingerichtet wurde. Nach wochenlanger quälender Verzögerung und Ungewißheit gab man mir eine Fahrkarte und sagte, ich solle mich bei einer Adresse in der nahe gelegenen Stadt Argenteuil melden. Dort wurde eine alte Fabrik ausgebaut, um ungefähr vierzig bis fünfzig jungen Burschen aus Deutschland und Österreich Quartier und Werkstätten zu bieten. Die Herrichtung wurde mit militärischer Effizienz von einem französischen Marineoffizier im Ruhestand geleitet. Er war es, der die Anlage der Werkstätten und Schlafsäle entwarf, ebenso wie die Konstruktion der Holzpritschen und der Behältnisse für die Unterbringung der eigenen sieben Sachen. Trotz unserer Unerfahrenheit im Tischlern schritt die Arbeit zügig voran, und dank der von ihm erdachten einfachen Bauweise erhielt alles einen Hauch von Professionalität. Da er der Kriegerkaste entstammte, war er ein Rechtskonservativer. Aber er konnte uns allmählich leiden, ungeachtet dessen, wem unsere verschiedenen politischen Sympathien gehörten, und wir bauten ein gutes Arbeitsverhältnis zu ihm auf. Grob gesagt, unsere Korona spiegelte die Zusammensetzung vertriebener mitteleuropäischer Gegner des Faschismus wider, von der äußersten Linken bis zur rechten Mitte, und wir führten endlose hitzige Diskussionen.

Wie es sich in den folgenden Jahren immer wieder erweisen sollte, kam mir meine Lehre sehr zustatten. Hier in Argenteuil verlieh sie mir sowohl bei meinen Zeitgenossen als auch bei der Leitung einen guten Stand. An der handwerklichen Ausbildung nahm ich nicht teil, sondern ich arbeitete meist in der Schmiede, wo ich notwendige Teile und Vorrichtungen herstellte. Im großen und ganzen glich das Ausbildungszentrum in Argenteuil einem Ferienlager. Es gab Sporteinrichtungen und eine gute Bibliothek. Das Essen schmeckte und war nahrhaft.

Leider dauerte alles nur vier herrliche Sommermonate. Am 3. September 1939, an einem sonnigen Sonntagmorgen zwei Tage nach dem deutschen Überfall auf Polen, saßen wir um den Rundfunkempfänger rum, der verhängnisvolle Nachrichten in Umlauf setzte. Wir hörten, wie Chamberlain verkündete, daß sich England, da er nichts von Herrn Hitler gehört hatte, seit elf Uhr vormittags bedauerlicherweise und halbherzig mit der Regierung des Deutschen Reichs im Krieg befand.

Frankreich sollte sich nach der Vesper anschließen.

Am 1. September 1939 war Deutschland in Polen eingefallen. Großbritannien und Frankreich, die Polens Unabhängigkeit garantiert hatten, rissen sich zwei Tage lang kein Bein aus, bevor sie widerwillig den Krieg erklärten. Oder genauer, nachdem ihr an Deutschland gerichtetes Ultimatum, sich zurückzuziehen, verstrichen war, stellten sie fest, daß »Kriegszustand« herrschte. Nach dieser Anstrengung rissen sie sich weiterhin kein Bein aus. Nachdem sie gemerkt hatten, daß der Zweite Weltkrieg ausgebrochen war, setzten sich die Briten die Gasmasken und Blechhelme auf und gingen wieder zu Bett, in der Hoffnung, daß der ganze Spuk verschwinden würde. Und in Paris wurden Slogans an die Bretterzäune geklebt, die die Haltung zum bevorstehenden Krieg rühmten: »*Nous vainquerons parce que nous sommes les plus forts.*« Armeeoffiziere requirierten private Autos, um noch gründlicher das ernste Geschäft, Wohnungen und private Autos zu requirieren, betreiben zu können. Frankreich hatte für eine Verteidigungsstrategie vorgesorgt, für einen Zermürbungskrieg. *Guerre d'usure*. Ein Krieg, den Feind langsam zu zermalmen. »Wir sind die Stärkeren!« und »Die Zeit ist auf unserer Seite!«

Aber die Deutschen sahen das anders.

Man sollte annehmen, nicht wahr, daß der französische öffentliche Dienst – der viel besser vorbereitet war als das Militär, das die Deutschen während der Zerschlagung Polens nicht belästigte – rechtzeitig Pläne ausgearbeitet hätte, die offensichtlich wertvollen Ressourcen der Anti-Hitler-Flüchtlinge anzuzapfen, denn die hatten bessere Gründe als alle anderen im Lande für den Kampf gegen die Nazis.

Man hätte das wirklich annehmen sollen, aber man hätte da falsch gelegen.

Weit davon entfernt, die antifaschistischen Kräfte einzuspannen, die aus Deutschland und den von ihm besetzten Gebieten nach Frankreich geströmt waren, hatte man Pläne geschmiedet, die ganze Sippschaft zu internieren. Selbst jene Saarländer, die, um ihr Leben bangend, geflohen waren, weil sie im Volksentscheid von 1935 für ein französisches Saarland und gegen Deutschland gestimmt hatten, galten nun als feindliche Ausländer. Seinerzeit – 1919 – war in Versailles verfügt worden, daß die Bevölkerung des Saarlands, eines reichen Kohlenreviers, nach fünfzehn Jahren wählen sollte, ob sie unter der Vormundschaft des Völkerbunds bleiben oder sich Frankreich oder wieder Deutschland anschließen wolle. Als es nun soweit war, erzielten die, die für Nazi-Deutschland waren, in geheimer Abstimmung kolossale 90%.

4. September. Wir in Argenteuil versammelten uns im Hof, wo *le capitaine* uns eine Rede hielt und uns an unsere Pflicht erinnerte. Der Reihe nach schüttelte er jedem die Hand, und wir marschierten unter dem Beifall der Einheimischen los zum Bahnhof. Da die Bewohner eine Gruppe junger Männer in Marschkolonne mit Paketen und Taschen sahen, nahmen sie an, daß die Leute aufs Schlachtfeld zogen, um *l'honneur de la France* und ihre Frauen vor dem *boche* zu verteidigen.

Man hatte angeordnet, daß wir und alle anderen feindlichen Ausländer im Departement Seine et Oise uns auf der Rennbahn von Maisons-Lafitte versammeln sollten, wo wir ordnungsgemäß der *liberté* beraubt wurden, wo wir schon in dem Gastland keine *fraternité*, geschweige denn die *egalité* erfahren hatten.

Ich muß wiederholen, daß es nur allzu leicht ist, Frankreich wegen der kleinlichen Behandlung von uns Flüchtlingen zu kritisieren. Was haben denn Großbritannien oder die Vereinigten Staaten bei all ihren zusammengewürfelten Menschenmassen schon für uns getan? Frankreich schenkte der großen Mehrheit jener Menschen, die nirgendwo sonst hinkonnten, eine Zufluchtsstätte, wenn auch ohne Begeisterung.

Eines Tages werde ich mal versuchen rauszukriegen, was sie mit den Pferden gemacht haben, den früheren Bewohnern der Rennbahn, die weg mußten, damit wir untergebracht werden konnten. Vielleicht wurden sie zu ihren wilden Vettern in die Camargue geschickt. Aber nein, das wäre rassisch unzulässig gewesen.

Gleich in den nächsten Tagen zog das *Deuxieme Bureau* ein, und wir wurden überprüft und erhielten Gelegenheit, unseren Wunsch zu verkünden, daß wir uns in den Dienst der Kriegsanstrengungen stellen wollten. Zu der Zeit war meine politische Orientierung so beschaffen, daß ich meinen Regenschirm aufgespannt hätte, wenn mir jemand erzählt hätte, in Moskau regne es. Und da die UdSSR nicht am Krieg beteiligt war, wurde die Auseinandersetzung von solchen wie mir als eine rein imperialistische erachtet. Nach der Logik jener ganz von Stalin beherrschten Tage diente jeder Konflikt zwischen kapitalistischen Staaten nur dazu, ihre imperialistischen Interessen zu verteidigen oder auszudehnen. Erst mit der Beteiligung der Sowjetunion, zu der es in weniger als zwei Jahren kommen sollte, konnte man den Krieg als einen Kampf der friedliebenden Völker gegen Unterdrückung und faschistische Diktatur bezeichnen.

Ich teilte eine Buchte mit einem deutschen Diplomaten und Handlungsreisenden aus Breslau, der es irgendwie nicht geschafft hatte, rechtzeitig rauszukommen. Wir wurden zusammengesteckt, weil ich mich gemeinsam mit ein paar Kommunisten geweigert hatte, die Loyalitätserklärung zu unterschreiben, genau wie die Deutschen.

Was mir seinerzeit nicht auffiel, war das absolute Fehlen jeglicher Animosität zwischen Juden und Deutschen im Lager. Weder in Maisons-Lafitte, wo es zehnmal soviel Juden wie Deutsche gab, noch in Athis-de-l'Orne, wohin wir bald transportiert werden sollten und wo sich beide die Waage hielten, gab es irgendwelche rassisch motivierten Reibereien.

Der einzige tiefsitzende Antagonismus, der andauernd zum Vorschein kam, bestand zwischen den deutschen und den österreichischen Juden. Was die meist ungezwungeneren Österreicher den Deutschen vorwarfen, war deren angebliche Fügsamkeit und damit deren Stärkung der Autorität.

Unterdessen schlugen die Polen an der Front mit heroischen Gebärden zurück, wobei ihnen ihre Verbündeten zuschauten und applaudierten und sie mit Propaganda und guten Ratschlägen unterstützten. Während Hitlers Mannen die Streitkräfte mechanisiert hatten, bauten die Polen die mächtigste Kavallerie von ganz Europa auf, und die Zeitungen brachten Bilder von den Husaren in den schneidigen Uniformen, wie sie, bewaffnet mit Lanzen und Säbeln, die deutschen Tanks angriffen. Heldenhafte Opfer wurden gebracht, aber kein General und kein Heereskommandeur kam bei diesen selbstmörderischen Attakken um.

Athis-de-l'Orne

»… Athis?« zermarterte sich Dr. Altmann das Gehirn, an den Komponisten und den Historiker gewandt. »Wann? Was? Wo?« Vor Verzweiflung zerraufte sich der Arzt seine spärlichen Haare; er stand auf und begann auf und ab zu gehen. »Wie? Warum? Ich meine … was?«

»Dort scheint sich doch niemals was zugetragen zu haben«, antwortete der Historiker, dessen Meinung gefragt war. »Setzen Sie sich hin, Sie machen mich ja nervös. Sie werden es einfach noch mal anders versuchen müssen«, fügte er hinzu und kehrte wieder zu seinem Läufer zurück, den gerade ein mächtig gutstehender Bauer bedrohte. Nach kurzer Zeit war das Abfassen der Hymne auf Lager Neun in Athis-de-l'Orne, einem kleinen Flecken in der Normannischen Schweiz, erfolgreich abgeschlossen. Die Zeit lief für uns.

In der letzten Woche waren wir von der Rennbahn vertrieben und in dieses alte, kalte Mühlengebäude geschleppt worden, weg von unserem geordneten Dasein in den Pferdeställen. Nach der langen Bahnfahrt und dem langen Marsch hatte man in Athis kein Abendbrot für uns vorbereitet, und was als Schlafsaal gedacht war, zeigte sich dreckig und dumpfig. An dem rauhen Abend bellten wir einander an, bevor uns der Schlaf auf dem strohgedeckten Fußboden übermannte. Am Morgen versuchte der schwarze

Kaffee alles in seiner Macht Stehende, um uns für die unbequeme Nacht zu entschädigen. Irgend jemand mit Initiative und Verbindungen nach draußen hatte eine Ladung frischer Croissants ergattert, und die gingen weg wie besagte warme Semmeln. Nach dem unvermeidlichen *rassemblement* – das einzig ständige und gleichbleibende Tagesereignis –, dem Appell zur Zählung, dem die Einteilung zu solch langweiligen Verrichtungen wie Kessel schrubben, Kartoffeln schälen, Holz hacken und Wasser holen folgte, beriefen wir eine Versammlung ein.

Obwohl wir aus unterschiedlichen Gegenden stammten, stimmten unsere unmittelbaren Interessen überein. An diesem ersten Vormittag entwickelten wir eine ganze Menge Begeisterung. Wir waren entschlossen, etwas in Gang zu setzen, und zwar etwas, das uns zugute kam, um das Beste aus der verfahrenen Kiste zu machen. Wie das eben so geht, ließen sich ein paar Wortgewandte als unsere Vertreter gegenüber den Franzosen wählen, und wir machten uns dran, die Erfordernisse und Prioritäten zu erörtern. Über alle Beschlüsse wurde durch Erheben der Hand abgestimmt, und es entstand der Mikrokosmos einer sozialen Gemeinschaft, der von Aktivität nur so summte. Während der nächsten paar Tage war die gesamte Lagerbelegschaft damit beschäftigt, das Innere des Gebäudes zu rekonstruieren und wiederherzurichten, doppelstöckige Liegepritschen zu bauen und Teile des Baus abzustützen. Es war eine zweigeschossige Scheune, in der man früher Getreide und Mehl gespeichert hatte. Sie bot zweihundertfünfzig Internierten mehr als genug Platz. Das Erdgeschoß sollte Eß- und Versammlungssaal werden, das obere als Schlafsaal dienen.

Bereits auf der ersten Versammlung wurden das pragmatische Herangehen und die Weitsicht des Komitees in Verbindung mit unserer schnell sich entfaltenden Denkfabrik ersichtlich. Der zweitwichtigste Punkt auf der Tagesordnung behandelte die Treppen rauf zum Schlafsaal. Sie wurden als unzureichend befunden, und im Hinblick auf einen möglichen Notfall mußten Feuerleitern installiert werden. Es wurde beschlossen, von draußen zu befestigende Leitern zu bauen, für jedes Fenster eine. Eine Gruppe wurde bestimmt, die die Aufsicht über sie führen, sie regelmäßig überprüfen, sie instandhalten und der Versammlung in festgelegten Abständen darüber berichten sollte. Das Alarmsystem sollte aus zu benennenden Feuerwehrleuten bestehen, die im Falle, daß ein Feuer ausbricht, »Feuer!« und *»Feu!«* rufen sollten, ebenso *»Fuego!«* für Pavlo, einen Mann aus Kastilien in mittleren Jahren, der auf unerklärliche Weise bei uns gelandet war, obwohl er noch nie in seinem Leben auch nur in die Nähe von Deutschland geraten war. Der bereitete den Bürohengsten und Büroklammerdienern allerlei Kopfzerbrechen.

Doch die dringendste und drängendste Notwendigkeit bildete die Lage und Anlage der Latrine. Diese Aufgabe wurde in der ersten Woche in Rekordzeit bewältigt. Die Latrine verfügte über die größte Spülung der Welt. Die Sitzgelegenheiten mit einem Fassungsvermögen von zweiundzwanzig Personen waren freitragend über das Bett des Flusses hinaus gebaut worden, der das Lager an einer Seite begrenzte. Als kommunale Bedürfnisanstalt stellte sie einen Treffpunkt dar, wo man diskutierte, Freundschaften und Feindschaften schmiedete und wo der lokale Langweiler aufmerksame Zuhörer fand.

Unter den Internierten gab es ein reiches Angebot verschiedenster Talente. Engel, der bekannte Jazzpianist, hatte im renommierten Berliner Jockey-Club gespielt. Wir klaubten unser Geld zusammen und erstanden ein Klavier, damit er uns unterhalten konnte. Da gab es weiter einen jungen Wiener, der konnte in

Sekundenschnelle plakatgroße Karikaturen zeichnen. Wir hatten Ärzte, Architekten und Akademiker, Intellektuelle aller Schattierungen. Und es gab Handwerker, Techniker und Ingenieure nebst ein paar unerfahrenen jungen Burschen.

Budzislawski war Herausgeber der linken Wochenschrift *Die Weltbühne* gewesen, und es lag auf der Hand, daß wir uns an ihn wandten, damit er über die Ereignisse der Woche berichtete und sie kommentierte. Jeden Freitagabend hoben wir einen Stuhl auf einen der Tische im Speisesaal. Dort saß er und wiegte sich hin und her wie ein jüdischer Gelehrter, der Auslegungen der Kommentare zum Gesetz vortrug, und teilte uns seine Ansichten über die aktuellen Ereignisse mit. Die Entwicklungen zu kommentieren war nicht leicht in jenen Tagen des »Sitzkriegs«, als ganz und gar nichts passierte. Bitter beklagte er sich darüber, daß die Franzosen seine Fähigkeiten nicht für die Kriegsanstrengungen nutzten. Was er allerdings völlig mißverstanden hatte, wie jeder von uns, das waren die Signale, die vom Militär und von einer mächtigen politischen Gruppierung ausgingen; diese verrieten eine Abneigung, gegen einen Feind zu kämpfen, der so geschickt die Gewerkschaften zerschlagen und den Demokratisierungsprozeß abgewürgt hatte.

Alsbald hatte sich also eine lebende und lebendige Gemeinschaft mit allem, was dazugehört, herausgebildet. Hinter den Kulissen wurde um Positionen gerungen, und es wurde um Stimmen geworben. Das Resultat war eine demokratisch gewählte Oligarchie – zu ihr zählten genau dieselben Leute, die am ersten Tag provisorisch ernannt worden waren –, was allen zugute kam und dem Wohlergehen der gesamten Gemeinschaft diente. Die Lagerinsassen profitierten eine Menge von der unverhältnismäßig großen Anhäufung medizinischer und akademischer Kapazitäten, mit der unser gemischter Haufen ausgestattet war. Eine Klinik wurde eingerichtet, die eine wirksame gesundheitliche Betreuung gewährleistete. Kurse und Diskussionsgruppen wurden ins Leben gerufen, die sich auf ein weites Spektrum von Themen und Interessen erstreckten.

Aus organisatorischen Gründen und zur besseren Übersicht wurden die Lagerinsassen in zwölf Gruppen zu je vierundzwanzig Mann eingeteilt, wobei die Gruppe elf der oberen Creme der Internierten vorbehalten blieb, zu der auch die gewählte Leitung gehörte. Innerhalb der Gruppe sieben befand sich das, was man so gemütlich *la clique communiste* nannte. Die bestand aus Kautschke, einem früheren Reichstagsabgeordneten, drei jüdischen Stalinisten und, abgesehen von mir selbst und ein paar hoffnungsvollen jungen Menschen, mehreren Angehörigen oppositioneller Splitter der Kommunistischen Partei Deutschlands, die man von der Partei ausgeschlossen hatte. Liebermann war einer von ihnen. Ein Jahr war er älter als ich und besaß einen brillanten Geist und eine schwarze Seele. Er war antistalinistischer Kommunist à la Brandler/Thalheimer. Aber im Gegensatz zu den meisten Anhängern dieser Fraktionen konnte man ihn nicht als Intellektuellen bezeichnen, weil er es nicht fertigbrachte, die großen geistigen Fähigkeiten zu nutzen, die er zweifellos besaß. Er wollte immer nach oben, war ganz fanatisch und hatte für alle anderen nur Verachtung übrig. Der hätte sich sogar selber manipuliert, um in irgendeiner Hierarchie eine beherrschende Stellung zu erlangen.

Die kommunistischen Dissidenten, denen es zu schwer gefallen war, der stalinistischen Linie zu folgen, weil sie nicht imstande waren, das Beobachten, Denken und vernünftige Urteilen sein zu lassen, erwiesen sich im großen und ganzen als wohlmeinende Leute. Der eigenen Mängel waren sie sich durchaus bewußt und waren bereit, die Dinge von verschiedenen Standpunkten zu betrachten. Sie steckten die doktrinären, konservativen und konventionellen Kommunisten glatt in die Tasche. Bei einer Gelegenheit blätterte der führende Stalinist Shapiro in einer scharfen Diskussion mit Opel, einem Mitglied der Berliner Opposition, ein Buch von Lenin hastig durch, das er ständig mit sich rumschleppte. Er fand die gesuchte Stelle und zitierte sie zum Beweis seines Arguments. Ein anderer Anhänger der BO, der in Hörweite seine Schuhe putzte, mischte sich ein und sagte: »Wenn du Seite 233 aufschlägst, wirst du entdecken, daß sich die von dir zitierte Stelle ausschließlich auf Bedingungen bezieht, die auf unseren besonderen Fall klarerweise nicht zutreffen.« Bei solchen Ereignissen blieb den Konformisten nichts anderes übrig, als sich auf Beschimpfungen zu verlegen, wobei sie ihre Gegner als kapitalistische Lakaien und Agenten von Mussolini, Franco oder sogar Trotzki bezeichneten. Wenn sie unter Druck gerieten, schreckten sie auch manchmal nicht vor Handgreiflichkeiten zurück, immer vorausgesetzt, daß sie sich selbst dem Gegner gegenüber nicht in der Minderzahl befanden.

Kautschke, der gute alte Kautschke. Er war nicht so fanatisch, hielt aber weiter an der Linie fest, in der vagen Hoffnung, daß seine Führer Thälmann und Stalin am Ende doch recht behalten könnten, daß es hinter den vielen abscheulichen Tatsachen, die ihm ins Gesicht starrten, doch eine verborgene Logik gäbe und daß die Zweifel, die sein Geist von Zeit zu Zeit zum Vorschein brachte, davon herrührten, daß ihm sein Gewissen Streiche spielte. Im Innersten seines Herzens wußte er, daß die Revolution schiefgegangen war. All die historischen Argumente, die er gegen das Christentum vorgebracht hatte und gegen die Richtung, die es über die Jahrhunderte eingeschlagen hatte, konnten nun gegen den Kommunismus benutzt werden. Wie ein verspäteter Bumerang kamen die Argumente jetzt zurück und trafen, wenn man es am wenigsten erwartete. Und dennoch, wie sollte er sich selbst die schwerwiegende Wahrheit eingestehen, die sein ganzes Lebenswerk in Frage stellen würde?

Er mußte so auf die Sechzig zugehen und war ein freundlicher, leise sprechender Mann, der in jungen Jahren bei der Handelsmarine gewesen war und mir immer interessante und lustige Geschichten über seine Weltreisen erzählte. Ohne Zweifel war er ein emsiger und hingebungsvoller Parteifunktionär gewesen und hatte es schließlich bis in den Reichstag gebracht. Allerdings sei das nichts, auf das man sich was einbilden könne, sagte er zu mir. In jeder Gruppe von Abgeordneten einer Partei gab es nur zwei oder drei Großbonzen, die die Reden hielten und die Entscheidungen trafen, und seinesgleichen blieb nichts anderes übrig, als nur bei Abstimmungen aufs Stichwort die Hand zu heben und für den ruhigen Job dankbar zu sein.

Das war die Calvados-Gegend, und das alkoholische Getränk, mit dem man sich beschickerte, war Calvados. Die Reichen unter den Internierten besoffen sich allerdings mit Whisky und Sliwowitz. Wären sie durch irgendeinen verrückten Zufall im schottischen Hochland interniert worden, hätten sie schon Wege gefunden, um mit Calvados und Cognac blau zu werden. So ist es nun mal.

Eines späten Abends saßen dort in Athis einige Wiener und deutsche Juden zusammen und hielten Rückschau auf die Ereignisse. Bei dieser Gelegenheit wurde so etwas Ähnliches wie eine Untersuchung vorgenommen, und zwar der möglichen Ursachen für die mißliche Lage der Juden, *la condition juive*, wie es Otto Schreiber nannte. In dieser Sitzung kam die Frage aufs Tapet, ob man sich vorstellen könne, daß sie ihrerseits durch das Begehen von Unrecht oder durch Provokation dazu beigetragen hätten.

Es begann mit einer unbeschwerten Aufzählung der verschiedenen Attribute, die man Juden im Verlaufe der Jahre angeheftet hat. Der reiche jüdische Unternehmer beutet Nichtjuden aus, der jüdische Bankier saugt der Wirtschaft des Landes das Blut aus, der jüdische Linke führt die Arbeiter in die Irre, der faule Jude erhebt Forderungen sozialer Fürsorge, der überfleißige Jude erhöht dic Leistungsansprüche, dem wandernden Juden mangelt es an Loyalität gegenüber dem Gastland. Der Kalkulator, der Manipulator, der Intrigant, der Vergewaltiger deutscher Jungfrauen. Für die Antisemiten stellte der Jude den bösen Kommunisten wie den verruchten Kapitalisten dar, den Mörder des Erlösers – dessen jüdische Abstammung niemand in den Schlagzeilen ausposaunte.

»... alles, was sie über uns sagen, kann ganz leicht widerlegt werden. Ich sage euch ... der faule Jude, der überfleißige Jude, der dunkelhäutige Jude, die rituellen Morde, die äääh ... das Ziel der Weltherrschaft ... die ...« Lipshitz hielt inne und zog an der Zigarette. »Hört zu ... ich meine ... ja, es fällt doch ins Auge, wie absurd das ist, jawohl. Aber tragen wir keinerlei Schuld daran? Haben wir nicht irgendwo beigetragen zu all dem? Haben wir uns je hingesetzt ... und ... und uns mal selbst angeschaut?«

»Ich weiß nicht ... das wirkliche Problem, hört ihr ... hört ihr, haben die wirklichen Probleme ... hat sich mal irgendwer beschäftigt ... äääh, mit den wirklichen Problemen?« Auch Spivak suchte nach Worten. Ihm begegnete man mit Ehrfurcht, denn er besaß Geld. Zu Hause in Frankfurt war er Investitionsberater gewesen, irgendwas an der Börse. Gerüchten zufolge stammte sein Geld aus Waffenlieferungen an zahlreiche Privatarmeen von Sinkiang, die gegeneinander und gegen die Regierung kämpften. Ihm gefiel dieser Geruch des Geheimnisumwitterten und der Extravaganz, den ihm die Gerüchte verliehen. »Sind wir gänzlich ohne ... äh, Schuld?«

Poldi Schönberg war nicht geneigt, das zuzugestehen. Unter normalen Umständen hätte er das nicht hingenommen, was Spivak da mit seiner ungeheuerlichen Frage andeutete. Aber an dem Abend war nichts normal. An dem Abend war Poldi tief in Gedanken versunken und nicht sein wahres Selbst. Vorwurfsvoll, ja. Übelnehmerisch, nein.

»Da haben also die Antisemiten recht?«

»Wenn wir nicht da wären, würden sie sich jemand anderen zur Verfolgung aussuchen.«

»In einigen Ländern wird niemand verfolgt«, sagte Krein.

»Aber uns haben sie immer Boxhiebe ausgeteilt. Seit zweitausend Jahren glaubt jeder, die Juden sind ... ein Sandsack. Was ...«

»Nun mach mal halblang; wir erinnern uns ... ich meine, man hat uns immer nur von den schlechten Zeiten erzählt ... von den Pogromen, von der Verfolgung, aber kein Mensch redet von den friedlichen und glücklichen Zeiten, den Pausen in der Geschichte, als sich Juden aktiv am Leben beteiligten ... wißt ihr, in vielen Ländern. Wieso redet denn keiner darüber?«

»Das ist wahr! Juden wurden gebeten ... jawohl *gebeten*, an der Gründung des Königreichs Polen mitzuwirken ... ich meine, an seiner ersten Gründung. Manchmal haben wir in der Geschichte eine führende Rolle gespielt. Manchmal wurden wir in der Geschichte geachtet.«

»Ja, und heute sind das die größten Antisemiten, die Polen ... und die Litauer.« Allgemeines zustimmendes Gemurmel.

»Und die Rumänen«, fügte der Schneider hinzu.

»Sagt mal, hätten wir uns anders als sie verhalten, wenn wir die Mehrheit gewesen wären und sie ... äh ...

das ist ... das liegt in der Natur des Menschen.« Lipshitz lief auf und ab. Sein Sohn, die verwitwete Tochter und seine drei Enkel saßen in Magdeburg fest, und er konnte nichts weiter tun, als Gott um ein Wunder zu bitten.

»... und die schlimmsten sind die Tscheljuken, ich weiß, ich bin in Rußland gewesen ... ich ...«

Poldi sprach nicht zu Ende. Alte Wunden wurden gerade aufgerissen. An dem Abend fehlte anscheinend die Begeisterung, die bei den Debatten unter den der Freiheit beraubten Leuten sonst herrschte, ungeachtet des Themas. Man wandte sich der Isolierung der Juden im jeweiligen Gastland zu. Inwieweit erlegten sie sich diese selbst auf? Egon Krein, der nun sprach, war Forscher auf dem Gebiete der Biologie. Er hatte 1938 in Spanien gekämpft, und als die Internationalen Brigaden aufgelöst wurde, war er nach Frankreich gegangen und hatte in einem pharmazeutischen Labor irgendwo in der Nähe von Pontoise eine Stellung gefunden.

»Wo war ... ich meine, kann mir jemand vielleicht sagen, warum ... warum wir uns immer abseits halten mußten ... immer sind wir in jedem Gastland, in das wir gingen, isoliert geblieben ... eine fremde Gesellschaft sind wir ... ich weiß, wir haben viel zu anderen Kulturen beigetragen.« Er erhob die Hand, um Poldi zu zeigen, daß er noch nicht fertig war; zugleich schüttelte er mit geschlossenen Augen heftig den Kopf, um anzudeuten, daß er genau wußte, was Poldi einwerfen wollte.

»Sicher, Juden blieben im Mittelalter aufs Ghetto beschränkt«, räumte er ein. »Das ist schon richtig, aber mit der Emanzipation im 18. Jahrhundert erhielten wir die vollen Rechte. Juden konnten alle Berufe ergreifen.«

Poldi hatte in Wien im Pelzhandel gearbeitet, und er kannte meinen Vater und meine Onkel. Mit der flachen Hand schob er Krümel zu einem Haufen zusammen.

»Ist es nicht Tatsache, daß für viele von uns ... für viele unserer Vorväter, versteht ihr, wie soll ich das sagen ... daß genau *das* das Ende unserer Sicherheit bedeutete? Plötzlich geriet das Fortbestehen unserer Rasse in Gefahr. Ihr wißt doch, mit dem Öffnen der Ghettotore wurden viele assimiliert. Wir setzten uns der Welt da draußen aus. Ich sage euch ... ich meine, im Grunde genommen haben wir, ausgesetzt den neuen Freiheiten, vermutlich mehr Leute verloren als bei all den Pogromen. Stimmt's? Das ist, wie wenn du aus einem warmen Zimmer in die Kälte rausgehst, da kannst du dir leicht eine Lungenentzündung holen. Das kann einen umbringen. Nicht?«

Das Sondieren hielt an.

»Weshalb mußten wir immer auf unserer besonderen Stellung pochen? Würde euch das Spaß machen, wenn euch euer Gegenüber andauernd erzählt, daß er auserwählt ist, daß er in den Augen Gottes bevorzugt ist? Ich meine, wie würde euch das gefallen?«

»Ja, aber ›auserwählt‹ ist reichlich übertrieben ... oder ... oder besser entstellend.«

»Wer hat es denn entstellt? Wir haben es entstellt. Du redest davon ... auserwählt, das klingt ja wie ... meinst du nicht, daß das ein bißchen arrogant ist? Das hätten wir schon lange fallenlassen sollen, zusammen mit einer ganzen Menge anderer äh ... äh ... Anachronismen.«

»So? Und was bleibt dann? Ist das nicht unsere besondere Stellung in der Welt ... ich meine, wie ... ich meine, ohne das, wie hätten wir da als Nation überleben können? Wie *können* wir denn überleben? Beantworte mir das mal!«

»Wie können wir, wie kann irgend jemand erwarten, daß man ihn als Gleichen behandelt, wenn er doch ... zur gleichen Zeit ein Außenstehender bleibt.

Das geht eben nicht ... du kannst nur eines von beiden haben ... ich weiß, Poldi, ja ... hör zu, wie kannst du darauf beharren, ein Außenstehender zu bleiben, und dann erwarten ... alle Vorrechte des Clubs zu genießen. Ich meine ... sag mir mal, mach schon, sag mir, wie kannst du einen Anspruch auf gleiche Rechte erheben? Wie denn? Gibt's darauf eine Antwort? Dann sage es mir!«

Poldi fuhr fort, die Krümel aufzuhäufeln.

»Das ist also ein Grund ... ein ... eine Rechtfertigung, Juden wie in den Pogromen zu töten?« warf Spivak ein.

Krein wandte sich an mich, der ich langsam die Bank entlang gekrochen war, um mitzukriegen, worum es bei der Debatte ging. Mit der rechten Hand winkte er, Luft schaufelnd, und klopfte dann auf den Platz neben sich.

»Also wie lautet die Antwort, wie lautet die Lösung?«

»Es gibt keine Antwort ... ein griechisches Drama ist das.« Lipshitz bebte vor Erregung. »Ein griechisches Drama, eine Tragödie«, murmelte er.

Die Sitzung ging weiter: selbstbezichtigend, erforschend, rechtfertigend, mit masochistischer Lust an dem quälenden Problem. Krein kolportierte eine Anekdote, die ich aus meiner Kindheit kannte. Meine Mutter erzählte sie immer genüßlich. Sie geht ungefähr so:

Ein russischer Bauer will sich Geld leihen und geht zum örtlichen Juden; als Sicherheit nimmt er seinen Pelz mit. Der Jude verlangt erst mal einen Rubel gewissermaßen als Antragsgebühr. Dann nimmt er den Mantel und schießt dem Bauern dafür fünf Rubel vor, von denen er drei Rubel Zinsen abzieht und zwei Rubel für die Aufbewahrung. Als der verdatterte Bauer nach Hause kommt, gipfelt das Ganze in seiner frappierenden Feststellung, einem russischen Zungenbrecher, der kurz gesagt ausdrückt: »Ich habe keine

Anleihe, ich bin um einen Rubel ärmer, ich habe fünf Rubel Schulden, und ich friere ohne den Mantel.«

Einige kannten die Geschichte.

»Antisemitische Propaganda«, murmelte einer.

»Aber genau das ist es«, sagte Krein hitzig. »Diese Geschichte ... und viele andere ähnliche ... die erzählten sich Juden unter sich ... das war ein großer Witz ... ein großer Witz war das.«

»Diese Geschichte ... kann man doch nicht glauben.«

»Entschuldigt mal, aber darum geht's doch nicht ... es ist doch klar, daß das nie passiert ist ... es geht darum, daß es als Witz erzählt wurde ... verächtlich ... höhnisch ... versteht ihr, was ich sage ...?« Vorübergehend verlor Krein seine naturwissenschaftliche Beherrschung. Er war Atheist oder genauer Agnostiker. Ständig setzten ihm die Leute zu und verlangten, er soll die Nichtexistenz Gottes beweisen, als ob er ihnen dreißig Dollar oder was schuldete.

»Wieso erwarten wir von ihnen, daß sie uns respektieren? Ich meine gegenseitig ... wechselseitig ... wißt ihr ... ich meine ...?« Ich habe den Namen des Mannes vergessen, der Schwierigkeiten hatte, sich richtig auszudrücken, und der das bei dem verzweifelten Versuch, sich verständlich zu machen, durch heftiges Kopfnicken auszugleichen versuchte. Es war der Schneider. In Wien konnte er kaum seinen Lebensunterhalt zusammenkratzen. Jetzt verdiente er Geld, indem er unaufhörlich dies oder das für die Lagerinsassen nähte. Seine Nadel war gesaust, während er zugehört hatte. Bei Kerzenschein.

»Und dennoch ...«, er hatte die Nähsachen beiseite gepackt und legte den rechten Arm ausgestreckt auf den Tisch, die Handfläche nach oben, »sicher hat es unverhältnismäßig viele jüdische praktizierende Ärzte und Rechtsanwälte gegeben, und wir überwogen in vielen ...«

»Jawohl, wieso gibt es denn keine jüdischen Taxifahrer und Schweißer und Maurer und ... und ...« Der reservierte, zurückhaltende Kutschera suchte nach weiteren Berufsgruppen. Mit dem Handrücken wischte er Krümel auf Poldis Haufen. Er gehörte zu einer Schar Gelehrter, die neckisch das »Hegelarium« genannt wurde. Die liefen mit dicken Bänden unterm Arm rum, die Nase in die Luft, und wußten nie, welche Tageszeit gerade war. Er war es, der in mir die Liebe zur reinen Mathematik geweckt hatte. Nun stand er auf, erhob den Kopf und breitete die Arme aus. Alles wurde still. Langsam atmete er ein, und nach einem Augenblick höchster Konzentration explodierte sein gewaltiges Niesen. Es gelang ihm gerade noch rechtzeitig, sein Taschentuch rauszuholen und einen langen, gummiartigen Schleimfaden aufzufangen. Von den Anwesenden hörte man ein Gemurmel von »Gesundheit« und »Wohlsein«. Spivak wischte sich die Backe ab.

Poldi gähnte und schaute auf seine Uhr.

»Ach du lieber Himmel! Weißt du, wie spät es ist, Freddi? Gleich halb eins!« Er stand auf, gähnte noch mal, reckte und rekelte sich und schritt Richtung Treppe. Spivak stand auf. Er reckte sich, gähnte und winkte beim Abgang. Einer nach dem anderen folgten wir, reckten uns, gähnten und rekelten uns.

Der Schneider feuchtete Zeigefinger und Daumen an, löschte die beiden Kerzen mit einem kurzen Zischen und steckte sie sich in die Tasche.

Schon nach fünf Monaten fand die Athis-Episode ihr Ende. Ohne Zweifel hatten die Stadtverordneten für das nunmehr renovierte Gebäude und in Ordnung gebrachte Gelände ein Rückforderungsformular eingereicht. Wir wurden nach Mesley-du-Maine verfrachtet, das zwischen Laval und Le Mans in der Bretagne liegt. Onkel Walter war dort, aber er wurde bald woandershin verlegt.

Das Lager in Mesley war viel größer, für ungefähr achthundert Seelen. Die Tage verliefen ohne besondere Ereignisse. Obwohl es dort Sportgelegenheiten gab, Fußball, Tennis, Boxen, einen Bridge-Club und mannigfaltige geistige Betätigungen, fehlte dem Lager der Gemeinschaftsgeist von Athis. Hier besaßen wir die beste Fußballmannschaft der Umgebung. Eines Tages, das werde ich nie vergessen, kam eine Mannschaft der Spanier ins Lager, die in der Nähe arbeiteten. Das waren brillante Individualisten, aber als Mannschaft waren sie unseren Jungen nicht gewachsen. Es kam so weit, daß unsere Seite 9:0 führte. Da fingen wir an, uns gemein vorzukommen, und unsere Sympathien gingen auf die Gastmannschaft über. So wandte sich in der Halbzeit ein Trupp Zuschauer an unseren Kapitän und plädierte dafür, die Spanier ein Tor schießen zu lassen. Ihm paßte das zuerst nicht, aber beim nächsten spanischen Angriff verfielen unsere Jungen ins Schauspielern und gaben sich die größte Mühe, dem Gegner ein Tor zu gestatten. Aber ihre Flunkerei war nicht gut genug. Den spanischen Mittelstürmer unsere stämmigen Verteidiger umdribbeln zu sehen, war schon komisch. Aber dann kriegte er die Sache spitz, und als er sich dem seelenlosen Torhüter gegenüber fand, schlug er den Ball weit ins Aus, weil er sich nichts schenken lassen wollte.

Brive-la-Gaillarde

Heute kann man es ja verraten. In ihrer unendlichen Weisheit hatten die Franzosen die Kriegführung bis ins kleinste Detail geplant. Sie wollten nach Gehör spielen.

Und wie aufs Stichwort erhielten ich und achtzig andere in Mesley Internierte am 7. Mai 1940 die Papiere. Wir wurden losgeschickt, uns beim 94. Infanterie-Ersatzregiment in Angoulême zu melden. Aufs Stichwort, denn drei Tage später begann der Krieg richtig.

Blitzkrieg!

In Angoulême wurde unser Haufen ausgerüstet und dann nach Brive-la-Gaillarde geschickt, um dort in einer neuen Rüstungsfabrik zu arbeiten, die sich zum Teil noch im Bau befand. Ich war jetzt *prestataire* in der 30. Kompanie ausländischer Arbeiter. Der Begriff »*prestataire*« bezeichnete in der Vergangenheit Leute, die aus Mangel an Geld ihre örtlichen Steuern dadurch beglichen, daß sie sich für allgemeine Instandsetzungsarbeiten ihrer Gemeinde zur Verfügung stellten.

»Hast du gehört?« fragte ich den einstigen Wiener Pelzhändler Poldi, der die Hochdruckpresse bediente.

»Was gehört?« brummte er, ohne die dumpf zuschlagende Maschine aus den Augen zu lassen. Er ging sehr methodisch vor. Seine bearbeiteten Werkstücke sta-

pelte er auf militärische Art, sauber geordnet in Haufen zu zwanzig Stück, und kein Eckchen durfte überstehen.

»Ich komme gerade aus der Gießerei. Max hat's mir erzählt.«

Max Blumenfeld war Poldis Kumpel. Ihm gehörte in Wien die größte Kerzenfabrik der Stadt. Was er über Kerzen nicht wußte, war nicht der Rede wert. Er konnte eine ganze Kompanie von prestataires *mit seinem Gequassel zum Einschlafen bringen; er brauchte sich bloß über die Vor- und Nachteile von Bienenwachs, Stearin und Zusatzstoffen auszulassen. Im Gegensatz zu vielen seiner Zeitgenossen hatte er den Großteil seines Vermögens auf die hohe Kante gelegt, außerhalb der Reichweite der Nazis. Folgerichtig hatte er jeden in der Tasche, auch den Sergeanten, der beim Lagerkommandanten Gehör fand. Nach der Ankunft in Brive hatte sich Max durch Bestechung den Weg in die* fonderie (*Gießerei) gebahnt, weil er das Wort voreilig in Verbindung mit dem deutschen Wort* Fonds *gebracht hatte, das sich auf eine finanzielle Tätigkeit bezog.*

»Max hat dir was erzählt ... was? Wieso grinst du denn ständig?« Poldi legte das Teil wieder zurück, das ich aufgehoben und in Augenschein genommen hatte.

»Hat dir das noch keiner gesagt? Die Schweiz hat Japan den Krieg erklärt.« Ich wartete, bis er das verdaut hatte. Sein Gesicht wurde immer länger, obgleich er nicht lachte. Also überließ ich ihn seinen Gedanken und ging an meine Werkbank zurück zu dem eintönigen Feilen und Schaben.

Poldis Maschine schlug weiter eintönig zu, und ich hatte wieder einen verdammten Patronenhülsenausstoßhebel fertig. Während ich das nächste Teil schabte, feilte und polierte, beobachtete ich von weitem, wie Poldi seine Presse ausschaltete, sich die Hände abwischte und kurz darauf zu mir kam.

»Aber Freddi«, sagte er, absolut am Boden zerstört,

»wie wollen die denn da hinkommen?« Er hob einen von meinen Ausstoßhebeln bis in Augenhöhe hoch, um unserer Plauderei den Anstrich richtiger Arbeit zu verleihen, damit die Aufseher in dem erhöhten Glaskäfig glauben sollten, wir würden über die komplizierte Einzelheiten der Produktion reden.

»Wie soll wer *wohin kommen?«*

»Die Schweizer, die Schweizer ... nach Japan.«

»Woher soll ich das wissen? Mir erzählt ja keiner was.« Ich zuckte die Schultern. »Man sagt, der Schah von Persien wird die Schweizer Truppen durchlassen ... ich meine, er hat die Durchreisegenehmigung erteilt, unter der Bedingung, daß ... wenn die Schweizer sich bereit erklären, ihm ein Opernhaus zu bauen oder ... oder einen Bahnhof. Wenn ...«

»Iran, Iran, das heißt nicht mehr Persien. Die haben ihren Namen geändert, du weißt wohl überhaupt nichts!«

Nachdem Poldi sich das von der Seele geredet hatte, schüttelte er den Kopf und kräuselte die Lippen.

»Nein, Freddi, so wie ich die Sache sehe, fliegen sie ihre Soldaten mit Flugzeugen nach Rußland. Okay? Und in Rußland nehmen sie den Zug in die Mandschurei ... die Transsibirische Eisenbahn. Ich weiß ... ich bin in Rußland gewesen. Ich war Kriegsgefangener ... ich ... ich habe mit Astrachow Schach gespielt, als der noch ein Niemand war.« Aufgeregt zeigte er auf das Werkstück und blickte daran verbei auf den Glaskäfig.

»Ja ... die Transsibirische Eisenbahn nach ... ich sag's dir gleich ... die Transsibirische Eisenbahn den ganzen Weg bis nach ... nach Wladiwostok, und von da bis Japan ist es nur noch ein Steinwurf, ein Katzensprung. Du kennst Astrachow nicht?«

»Erst fragst du, dann erzählst du's.« Mir wurde es langweilig, und wegen des Glaskäfigs kriegte ich ein mulmiges Gefühl, was ich Poldi zu verstehen gab.

»Du kennst Astrachow nicht?« sagte Poldi, als er

ging. »Der war ein großes Tier in der Kommunistischen Partei. Er ist der erste Mann in … in Woronesh.« Zu sich selbst murmelnd, schob Poldi ab.

»… der kennt Astrachow nicht.«

Ich beobachtete, wie er bei Schleimbergs Karusselldrehbank stehenblieb, und dessen Gesichtsausdruck konnte ich entnehmen, daß Poldi die Neuigkeit bei ihm abgeladen hatte. Jetzt konnte man sehen, wie Schleimberg und seine Arbeitskollegen die Köpfe zusammensteckten.

Dann ließen drei von denen an der Drehbank ihre Arbeit liegen, um diese Weisheit ihren jeweiligen Kumpanen weiterzureichen.

Wie ich so weiter an dem nächsten leidigen Patronenhülsenausstoßhebel schabte, feilte und polierte, wurde ich mit Erstaunen Zeuge, wie sich das Gerücht mit wachsender Geschwindigkeit verbreitete. Die ganze Halle summte vor Erregung. Die Leute wurden lebendig. Die gewöhnlich verschlafenen Gesichter leuchteten. Von meiner Stelle aus wurde ich gewahr, wie die Geschichte in alle Himmelsrichtungen ausstrahlte. Sie hatte sich zu einem Wesen eigener Trieb- und Zentrifugalkraft entwickelt. Verstohlen dehnte sie sich über die ganze Fabrikhalle aus und gab der Neugier von hundert Arbeitern schneller Nahrung, als sie zum Feilen, Schaben und Polieren eines dieser verabscheuungswürdigen Hebel brauchten, und lief ohne Zweifel mit Schallgeschwindigkeit rüber in andere Abteilungen. Sie besaß das Ausbreitungsvermögen einer Epidemie, und ich wäre wie Pandora nicht mehr imstande gewesen, sie wieder in die Büchse zurückzustopfen, selbst wenn ich gewollt hätte. Ich mußte sie weiterlaufen lassen, den ganzen ellenlangen Weg.

Juan Calderon, einer der spanischen Bauarbeiter, setzte gerade einen Stahlpfeiler für eine im Bau befindliche andere Halle zusammen. Er sang aus voller Brust: »Ausgerechnet Bananen …«, als ihn Otto ansprach, der eifrige Überbringer der jüngsten Enthüllungen. Aber Juan verriet wenig Begeisterung oder Interesse, als er ein weiteres Winkeleisen in das Futter spannte, um es zu bohren und zu vernieten. Er drehte sich zu Otto und brüllte: »... negro negrito mi corazón«*; dann wandte er sich wieder der Arbeit mit dem Stahl zu und bohrte weiter. Er scherte sich einen Dreck darum. Schweiz, Japan, Deutschland, Krieg, Frieden – was ging das ihn an? Für ihn war nur wichtig, wie er den Tag rumkriegte und wie er seine Familie ernähren konnte.*

Er stammte aus einem kleinen Dorf in Murcia, wo er in einem offenen Schuppen aufgewachsen war, wo das Mittelalter noch in den Kinderschuhen steckte, wo der Grundherr den Vater nach Belieben verprügeln oder seine Schwester flachlegen konnte. Und soweit er die Zukunft vorhersehen konnte, gab es kein Entrinnen von diesem Schicksal. Als er eingezogen wurde, hatte er in der republikanischen Armee halbherzig gekämpft. Aber er war Bauer, und als solcher konnte er sich nie mit der Vorstellung anfreunden, daß seine Interessen irgendeiner Regierung am Herzen lägen. Als Flüchtling führte er nun ein Leben in Luxus, wie er es sich nie erträumt hätte. Mit seiner Familie wohnte er in einem kleinen Zimmer und teilte sich die Küche und die Toilette mit zwei anderen Familien. Noch nie hatte er es so gut gehabt. Alle mochten ihn, weil er dumm war, jedenfalls glaubten sie das. Er bestärkte sie darin. Das kam der Rolle entgegen, die er spielte. Ohne sich zu erniedrigen, brachte er die Leute auf seine Kosten zum Lachen.

Calderon hatte ein französisches Mädchen polnisch-jüdischer Herkunft geheiratet, und sie besaßen zwei Kinder. Die gehörten seiner Religion an. Für seine beiden kleinen Mädchen malte er sich eine viel bessere Zukunft aus, als die, die er noch vor wenigen Jahren für selbstverständlich hingenommen hätte.

Im September 1942 sollte ich ihn noch mal kurz wiedersehen, in Pau. Er war gerade über das Gebirge zu-

rückgekommen, über das er Frau und Kinder nach Spanien gebracht hatte. Obwohl seine junge Frau Französin war, mußten sie und die Kinder gewärtig sein, eventuell nach Deutschland abtransportiert zu werden, doch in Francos Spanien waren sie in Sicherheit. Ihm brach das Herz, weil er nicht in der Lage war, sich ihnen anzuschließen. Zugleich erleichterte es ihn, sie in relativer Sicherheit zu wissen. Nach dem Weltenplan und dessen derzeitiger Logik hatten sie eine bessere Überlebenschance außerhalb ihrer Geburtsländer.

Nun drang die Geschichte gar zu den französischen Arbeitern vor, die die höheren Ränge der Belegschaft in der Halle bildeten, die Gruppenführer, die aufstrebenden Obergefreiten. Die Kerle im Glaskäfig wurden langsam ungeduldig und schickten Claude runter nachsehen.

»Mais qu'est-ce qu'il se passe?« *Man konnte auf die Entfernung die Worte an seiner Miene ablesen. Er hatte sich an den für die Fräsmaschinen verantwortlichen Vorarbeiter gewandt, der als Erklärung mit den Armen fuchtelte.*

»Merde!«

Dann sah man Claude, den beglaubigten Bürohengst, zurück zum Glaskäfig springen, immer zwei Stufen auf einmal. Man konnte fast hören, wie er la grande conclusion *zog; das würde bedeuten, daß die Deutschen einige Truppen und Ausrüstungen von Nordfrankreich verlegen mußten, um den japanischen Verbündeten zu Hilfe zu eilen.*

Zu dem Zeitpunkt war die Geschichte fast zu allen ungefähr hundert Arbeitern durchgedrungen. Die große Neuigkeit sollte mich nun erreichen. Sie näherte sich mir in Gestalt Ottos, dessen Mitteilung der Spanier nichts abgewinnen konnte und der sich demzufolge gewissermaßen mit leeren Händen zurückgezogen hatte.

Otto hatte in Wien ein Photo-Geschäft besessen; jetzt arbeitete er an einer Fräsmaschine. Er war es gewesen, der mal in einem unbedachten Augenblick geschworen hatte, nie mehr ein deutsches Wort in den Mund zu nehmen, bis die Nazis ausgetilgt sein würden. In abenteuerlichem Französisch erzählte er mir nun, daß eine Gruppe militanter Schweizer Missionare eine japanische Garnison in Tsingdao überrannt hatte. Sie warteten auf die Fähre, die sie auf die Halbinsel Korea übersetzen sollte, wo sie die kaiserlichen japanischen Stellungen aus dem Hinterhalt überraschen wollten.

»Unglaublich«, rief ich aus. »Mein Gott ... die Schweizer ... das bedeutet Krieg ... das ist ... ich meine, wie wollen sie denn da hinkommen?«

Er wurde ganz aufgeregt, und um seinen Bericht zu illustrieren, legte er das Werkstück weg, mit dem er angekommen war, und zeichnete mit seinem Füller auf der flachen Hand eine Karte vom Gelben Meer und Pusan, wo der Überraschungsangriff stattfinden sollte.

Mein Erstaunen kannte keine Grenzen.

»Woher weißt du ... ich meine, woher hast du ... wie bist du denn an die ganzen Einzelheiten gekommen?«

Otto lächelte und tippte mit dem Zeigefinger an die Seite seiner Nase.

»Behalte das für dich«, sagte er im Gehen. »Manche Leute können den Mund nicht halten.«

Unterdessen war einer der Elektriker zu Klaus Leinhof getreten; das war der Berliner Gewerkschafter, der 1938 zwei Nächte in Paris verbracht hatte, auf seiner Flucht nach Cherbourg, wo es keine Flüchtlinge gab, was ihm eine Menge Ärger und Krach mit den französischen Behörden ersparte.

Ich sah, wie sich Klaus beim Zuhören langsam schüttelte und dann, als er sich nicht mehr bremsen konnte, den Kopf zurückwarf und sehr zum Entsetzen des Elektrikers in schallendes Gelächter ausbrach.

Jetzt, da das Gerücht fast ganz rum war, setzte Klaus' Gelächter einen ähnlichen Ablauf in Bewegung, indem es sich unter den weniger Leichtgläubigen aus-

breitete, die sich nach reiflicher Überlegung von dem unbeherrschten und respektlosen Gekicher des Berliners anstecken ließen.

Unsere Ankunft in Brive am 10. Mai war mit der Invasion der neutralen Niederlande und Belgiens durch deutsche Truppen zusammengefallen. Das stellte den ersten größeren Wendepunkt des Krieges dar. Es markierte das Ende des »Sitzkriegs«. Polen war zerschlagen worden, Dänemark war besetzt und Norwegen nach kurzem Kampf gezwungen worden, sich zu ergeben. Aber jetzt hatte der große Vorstoß begonnen, und die Deutschen ergossen sich durch die Niederlande und Belgien nach Nordfrankreich, wobei sie die uneinnehmbare Maginot-Linie umgingen.

Zu der Zeit, als General Hering Paris den Deutschen übergab, hatten wir unsere Befürchtungen dem kommandierenden Offizier vorgetragen. Leutnant Berger, ein wohlmeinender Mann mit Verständnis für unsere bösen Vorahnungen, versprach uns, alles zu tun, daß die Kompanie nach dem Süden evakuiert würde.

Während der folgenden Tage nahmen die Aussichten, einen Transport für die Evakuierung zu bekommen, immer mehr ab. Am 21. Mai endlich erhielten wir mit unserem Soldbuch ein Schreiben. Es bestätigte, daß wir vom Rüstungsministerium beschäftigt worden waren und uns großartig *pour la france* geschlagen hatten und berechtigt seien, unseren Weg *vers la frontière* zu nehmen. Das heißt, mit Ausnahme einer Gruppe von zwanzig Mann, die am Vortag ausgesondert worden waren zu einem bewachten Transport. Niemand wußte, nach welchen Kriterien sie ausgewählt wurden, noch wohin ihre Fahrt ging. Ein Gerücht lautete, daß ihr Ziel ein Lager bei Bordeaux sei. Die Art und Weise, wie sie zusammengefaßt wurden, hatte einen unheilvollen Beigeschmack. Ich habe nie rausbekommen, was mit ihnen geschah, aber in jenen Tagen herrschte überall ein solches Durcheinander, daß ein einmal begonnenes Unternehmen kaum zum Abschluß gebracht wurde. Vielleicht ging ihnen auf halbem Weg zu ihrem Bestimmungsort der Sprit aus. Wer weiß? Vielleicht ist ihre Bewachung eines Nachts abgehauen, oder vielleicht gibt es für alles eine ganz harmlose Erklärung. Vielleicht brauchte jemand zwanzig Mann, um Gräben für die Kanalisation auszuheben.

Wer weiß?

Unter der Fahnenstange wurden keine großen Zeremonien abgehalten, als sich unser Kommandant von seinen Truppen verabschiedete. Er betonte, sein Land würde unseren Beitrag nicht vergessen. Leider aber ...

Dann hielt er die Geldkassette hoch über den Kopf.

»Da drin befinden sich eure Löhne«, sagte er und schüttelte den Stahlkasten mit dem Vorhängeschloß. Es sei keine Zeit geblieben, den Bürokram zu erledigen. Die Kompanie komme ja im Süden wieder zusammen und würde dann dort entlohnt.

»Vive la France!« schloß er und drückte jedem der Reihe nach die Hand.

»Dépêchez-vous mes petits«, rief er, als er in seinen requirierten Studebaker mit Chauffeur stieg, mit Max Blumenfeld auf dem Rücksitz. Zwei Stunden vorher hatten die deutschen Panzer den Stadtrand von Tulle erreicht, dreißig Kilometer die Straße rauf.

Wenige Wochen zuvor war ich auf einen Beweis dafür gestoßen, was ich bei vielen Gelegenheiten gehört hatte, aber nie ganz glauben konnte. Als ich eine neue Drehbank ausladen half und wir sie in die richtige Position brachten, erblickte ich das Messingschild mit dem Namen des Fabrikanten und dem Herstellungsjahr.

Es lautete folgendermaßen:

EMIL WEBER & CO.
STUTTGART
Baujahr: 1940

Es bestätigte, daß miteinander im Krieg befindliche Länder nicht notwendigerweise ihren Handel abbrechen und daß das Geld stärker ist als patriotische Gebote.

Unser Aufenthalt in Brive zeichnetete sich durch seine Kürze aus. Er dauerte anderthalb Monate. Wir standen immer um sechs auf, verließen das Quartier eine halbe Stunde später, marschierten in Kolonne ab und kamen um sieben in den *ateliers* an. Dort arbeiteten wir zwölf Stunden mit einer Stunde Mittagspause. Das brachte uns um halb neun zurück zu unserem Standort, wo es ein gesundes, reichliches Mahl gab. Nur einmal bekamen wir einen Sonntagnachmittag frei und wurden zur Erholung an den Fluß geführt. Am Ende war es die *Wehrmacht*, die uns befreite und aus dem tödlichen Trott erlöste. Oder genauer ihr bevorstehendes Eintreffen.

Freitag, 21. Juni 1940. Nachdem ich 292 Tage der Freiheit beraubt war, tat ich den ersten wackligen Schritt in die Welt da draußen; als freier Mann jagte ich der nächsten Mahlzeit hinterher und suchte eine überdachte Matratze für die Nacht.

Sich mehr oder weniger ehrlich durchzuschlagen garantiert nicht das ewige Leben. Es half. Aber man mußte über seine Verhältnisse leben, und selbst dann war es unerläßlich, daß man seine Reisetasche mit einer riesigen Portion reinen, unverdünnten Glücks vollpfropfte.

L'Exode

Monatelang verlieh der Slogan »Wir werden siegen, weil wir stärker sind« den Menschen ein Gefühl der Sicherheit. Etwas anderes als ein vollkommener Sieg schien unvorstellbar. Doch die Menschen hatten schon die Zerschlagung Polens erlebt, und die Franzosen und Engländer griffen nicht ein; auch nicht, als Deutschland im Westen am verwundbarsten war. Die Leute waren verwirrt, aber nie besorgt. Deutschland stellte weniger ein Objekt des Hasses dar als vielmehr ein Ärgernis. Es hatte das lethargische Frankreich zum Handeln gezwungen, und Frankreich fühlte sich belästigt.

Frankreich und England hatten Deutschland halbherzig den Krieg erklärt, ohne die Absicht anzugreifen. Es sollte ein Verteidigungskrieg werden. Ein Krieg der Flugblätter. Ein Krieg des Abwartens hinter starken Befestigungen.

Guerre d'usure!

Aber für einen einflußreichen Kreis, so scheint es mir, war es gar nicht so schlecht, den Krieg zu verlieren. Die Arbeiterklasse war ihren Stiefeln entwachsen, und ein militärischer Sieg über die Faschisten könnte ihre politischen Aussichten für die absehbare Zukunft erhöhen. Genau wie 1870, als die Niederlage Frankreichs den Vormarsch der liberal-fortschrittlichen Kräfte aufhielt, würde diesmal die Niederlage das Überleben der Privilegien garantieren. So jedenfalls, glaube ich, argumentierten jene, die in Frankreich das Sagen hatten.

Der Schock der letzten paar Wochen ließ uns kaum Zeit, uns der Verzweiflung und Mutlosigkeit hinzugeben. Flüchtlinge verstopften die Straßen, liefen wie benommen. Sie wußten nicht, was für ein Schlag sie getroffen hatte, und sie wußten nicht, was ihnen bevorstand. In der Nähe von Cahors gelangte ich zu einem Rastplatz, der neben dem Brunnen auf einem Platz in der Mitte eines kleinen Ortes eingerichtet worden war. Ich legte mein Bündel ab und sank zu Boden. Eine Frau, die sich unweit ausruhte, schickte mir ihren kleinen Sohn rüber mit einem Becher Wasser. Die Leute versuchten, zueinander freundlich zu sein, aber in der sich ständig verändernden Situation spürte man eine unergründliche und potentiell explosive Unterströmung, die besorgniserregend wenig kalkulierbar war, besonders für meinesgleichen.

»Merci infiniment«, rief ich der lächelnden Heldin zu.

Wenn schon aus keinem anderen Grunde war ihre Gabe allein deshalb notwendig, um zu bestätigen – oder eher, um sich selbst einzureden –, daß irgend etwas der Normalität Verwandtes noch existierte.

Wie kamen eigentlich Familien wie die ihre auf der Flucht zurecht? Der kleine Junge war ungefähr vier Jahre alt und mußte wohl die meiste Zeit über getragen werden, und sie hatte außerdem noch ein schweres Bündel mit dem absolut Nötigsten bei sich. Und wenn die Schuhe die Belastung nicht aushielten, was dann?

Am Ende eines Tagesmarsches konnten sie vielleicht eine Auffangstelle erreichen. Höchstwahrscheinlich würden sie und ihr Mann getrennt werden. Sie würde die Nacht mit anderen Frauen in einer Schule verbringen, während die Männer weniger bequem in einer Scheune untergebracht wurden. Am nächsten Morgen würden sie sich wieder lächelnd und küssend vereinen und in ihrer Beschäftigung fortfahren, die Entfernung zwischen sich und ihrer immer weiter entschwindenden Vergangeneit zu vergößern.

Es waren Handelsgärtner aus Melun. Zwei Tage vor der Übergabe von Paris waren sie und ihre Nachbarn geflohen. Ein Lieferwagen von der Stadt mit Lautsprecher war die Straßen rauf und runter gerattert und hatte laut verkündet: »*Sauve qui peut!*« Keine Worte des Trostes oder Ratschläge. Es scheint, als sei der letzte Akt der seine Zelte abbrechenden Stadtverwaltung die Verabreichung von Panik gewesen.

Rette sich, wer kann!

Gleich hinter Orléans wurden sie von Stukas mit Maschinengewehren beschossen und waren unter den Karren abgetaucht. Aber die Pferde gingen durch und ließen sie ungedeckt auf dem Feld zurück. Sie lachten bei der Erinnerung daran. Aber an jenem Morgen waren Leute getötet worden.

Ihr Kohl würde verderben, das war klar. Wo gingen sie hin? Sie hatten keine Ahnung. Das Ungeheuerliche ihrer Lage war ihnen noch nicht bewußt. Im Augenblick schien sie der Schock vor der absoluten Verzweiflung zu bewahren. Sie folgten der Menge.

Es war ein friedvolles Bild. Leute trafen ein. Andere erhoben sich und zogen weiter. Es herrschte ideales Wetter, um auf den Treck zu gehen. Es gab Blasen an den Füßen, Sonnenbrand, Magenbeschwerden und Zahnschmerzen, und kaum etwas dagegen. Und alles ertrug man mit Würde und Resignation.

Wer waren diese Menschen? Sie hatten alles zurückgelassen. Einige kamen aus Holland, Belgien und Nordfrankreich. Hatten sie sich alle bedroht gefühlt? Fühlten sich die Zurückgebliebenen sicher, oder waren sie nur zu teilnahmslos, um sich der erbarmungslosen Entscheidung zu stellen? Was trieb die einen, ihre Heimstätte zu verlassen? Außer den mitteleuropäischen Flüchtlingen gab es viele, die auf Grund der von den Deutschen und von der französischen Regierung verbreiteten Gerüchte geflohen waren; letztere hatte ihre eigenen Gründe, Angst und Panik zu verursachen.

Selbst wenn man all das bedenkt, bleibt immer noch ein kleiner Verdacht, daß für viele die Flucht vor den Deutschen eine Gelegenheit zum Abenteuer bedeutete, ein Aufbruch ins Unbekannte, weg von der langweiligen Zukunft, die sie schon fest abgesteckt vor sich sahen. Hatten sie vielleicht diese ihnen unvertraute Situation als eine Chance betrachtet, etwas Neues zu beginnen?

Wie immer unter solchen Bedingungen gab es Gerüchte in Hülle und Fülle. Das Weitergeben von Informationen von Mund zu Mund kann durchaus eine schöpferische, phantasievolle Form der Kommunikation sein.

Zwei Spanier mittleren Alters mit Riesengepäck auf dem Rücken kamen vorbei. Sie hatten einen schnellen, zielstrebigen Gang. In der Nähe spielten vier Soldaten Karten und stritten sich laut dabei. Zwei Lastwagen der Luftstreitkräfte hielten an, und die Fahrer stiegen aus, um ihre Feldflaschen zu füllen. Sie hielten sich nicht lange auf, besonders weil da Infantristen rumliefen. Die Soldaten nahmen es den Fliegern übel, daß sie sich nicht am Kampf beteiligt hatten. Also jeder in der Uniform der Luftstreitkräfte mußte nun die Schuld für die Unfähigkeit oder Schlimmeres des Oberkommandos auf sich nehmen. Den Fliegern war die Feindschaft ein Rätsel. Wie konnte man ihnen die Schuld geben? Daß sie nicht eingesetzt wurden, war doch nicht ihre Entscheidung gewesen. Aber erzähl das mal der Sippschaft!

Einer älteren Dame wurde von einem Alpenjäger,

erkenntlich an seiner breit ausladenden Baskenmütze, etwas Brot und Fleisch von der eisernen Ration – *du singe* – gereicht. Sie bedankte sich weitschweifig und ließ eine Tirade los über »unsere tapferen Jungen«, die von den Briten verraten worden waren, welche sich auf dem Schlachtfeld nicht hatten blikken lassen, sondern nach Hause verdufteten, als es zur Sache ging. Er protestierte und erzählte ihr, wie die Briten Arras eingenommen hatten. Das war einer der wenigen Rückschläge gewesen, die die Deutschen hatten einstecken müssen. Er schlief ein, bevor er noch seine *casse-croûte* beendet hatte.

»Wir sind verraten worden« – diese verbreitete abgedroschene Phrase des besiegten Soldaten trugen alle auf den Lippen. *Trahi et vendu.* Verraten und verkauft. Das Analysieren und haargenaue Untersuchen hatte noch nicht begonnen; das Wie, das Warum, das Wozu sollte erst noch erforscht und verschleiert werden. Sündenböcke waren erst noch zu erschaffen. In der Zwischenzeit bot sich die Anglophobie – *perfide Albion* – als der beste natürliche und spontane Ersatz an, und Xenophobie kam gleich danach.

Ein kleines Kettenfahrzeug stach mir ins Auge. Es tauchte aus einer Staubwolke auf, und ich sagte *adieu* zum kleinen Pierre und zu seinen freundlichen, orientierungslosen Eltern. Ich machte mich an den neu Ankommenden ran. Er sah gepflegt aus und trug einen sauber geschnittenen Bart.

Als die Front einbrach, hatte er eiligst Nachschub nach Chalons liefern müssen. Dort verfluchten sie ihn, weil er mit der falschen Munition angekommen war. Wieso konnten sie ihm die Schuld dafür geben? Er hatte doch bloß das verdammte Fahrzeug gesteuert, *sacré bleu*! Als er nach Troyes zurückkehrte, war das Depot verlassen und seine Einheit verschwunden. Wohin aber? Fahre nach Süden, meinten welche. Fahre nach Cahors, meinten andere, *»demerde-toi«*, sagten sie. In Cahors hatte niemand eine Ahnung von irgendwas. Versuch's mal in Toulouse oder Tarbes oder Montpellier.

Nein, er könne mich nicht mitnehmen. »Sieh zu, wie du anderweitig weiterkommst!« Es gab nur einen Sitz in diesem winzigen Panzerfahrzeug; der Rest war eng vollgestopft mit Munition und Tretminen. *»Très dangereux!«*

Zwei schreiende und gestikulierende Radfahrer erweckten nun unser aller Aufmerksamkeit, als sie an uns vorbeipreschten.

»Sie sind direkt hinter uns!« riefen sie, ohne langsamer zu werden. *»Ils sont derrière!«*

Das war für eine Menge Leute das Zeichen, aus dem Schatten vorzukommen und ohne Hast weiterzuziehen. Weiter unten auf der Straße hielt ich an und wartete auf den Fahrer einer der unverhältnismäßig vielen Lastwagen der Luftstreitkräfte, die da rumstanden, in der Hoffnung, daß er mich mitnimmt.

Während ich wartete, ohne zu wissen, wann er wieder auftauchen würde, trat eine aufgeregte Frau aus ihrem Laden, die mich für den Fahrer hielt und mich wegen der Schweinerei ausschimpfte, die *ich* machte, wobei sie mit dem Finger auf das Öl und das Benzin wies, die aus dem Motor tropften. Wieso müsse ich den Lastwagen ausgerechnet vor ihrem Geschäft abstellen? Und während sie sich beschwerte und ich die Verantwortung dafür von mir wies, kam eine Kolonne Sanitätswagen durch, vermutlich auf der Suche nach Krankenhausplätzen.

Warten war noch nie meine Stärke gewesen, und so lief ich weiter und überließ die ölverschmutzte Dame ihrem anscheinend höchst dringlichen Problem.

Als ich das offene Land erreichte, löste sich ein älterer Mann aus einer Gruppe und sagte ohne weitere Vorrede zu mir, daß er meinen Großvater kenne. Er hatte in der Glockengasse gegenüber gewohnt und mich dort oft gesehen.

»Wie sind Sie denn aus Wien rausgekommen?« fragte ich, bloß um was zu sagen. Das könne er erst nach dem Krieg preisgeben, denn er habe Schweigen gelobt. Was er dann allerdings preisgab, war die Information, daß sich dieser Flüchtlingsstrom den ganzen Weg bis runter nach Gibraltar erstreckte, wo uns die britische Flotte in sichere Häfen von Palästina, Britisch-Honduras und Paraguay bringen würde.

Wo die Menschen was zu essen herbekamen und wo sie schliefen, weiß ich nicht mehr. Die ganze Strecke entlang gab es Auffangstellen von sehr unterschiedlicher Güte. Ich kann mich nicht erinnern, in jenen Tagen auf Achse gehungert oder unter freiem Himmel geschlafen zu haben. Doch meine Lage war gewiß untypisch, anders als die der übrigen. Ich bin immer Einzelgänger gewesen, nicht aus freiem Willen, sondern meiner Veranlagung nach, mehr auf Grund meines unseligen Talents, andere Leute mit meiner Arroganz gegen mich aufzubringen, und aus einer selbstzerstörerischen Neigung, die mir nur allzuoft ein Bein stellte. Damals in Brive taten sich immer zwei zusammen oder sie verließen den Ort zu fünft oder sechst, während ich auf mich allein gestellt blieb. Hinzu kam, daß die meisten Flüchtlinge Richtung Süden nach Toulouse zogen oder Richtung Südosten zum Mittelmeer, doch ich trieb in südwestlicher Richtung und suchte mir Nebenstraßen.

Am ersten Abend, nachdem ich Brive-la-Gaillarde verlassen hatte, machte ich an einem Bauernhaus halt und fragte, ob man mir erlaube, auf dem Heuboden zu nächtigen. Die Dame lächelte und sprach die denkwürdigen Worte: »*Vous êtes arrivé comme le roi.*« Ich kam gerade zum Abendbrot, und der Tisch wurde gedeckt. Die Dame, ihr Mann und ihre Tochter überwältigten mich mit ihrer Liebenswürdigkeit und Gastfreundschaft. Ein Empfang von solch außergewöhnlicher Herzlichkeit war nicht die Regel; der Grad der Gastlichkeit wechselte von einem Haus zum nächsten. An dem Abend, bevor ich nach Pau kam, bat ich in einer Wassermühle um Unterkunft. Der knauserige Müller war offensichtlich abgeneigt, doch nach einigem Ringen mit sich murmelte er vor sich hin: *»Il faut partager.«* Er schaffte Platz am Tisch, wo seine zahlreiche Familie das Abendessen einnahm. Aus dem Schrank wurde noch eine Schüssel geholt, und später wurde ein Bett für mich hergerichtet.

Im Wald von Compiègne beschäftigten sich die Deutschen damit, in dem alten Eisenbahnwaggon für die Unterzeichnung der Kapitulation der Franzosen Staub zu wischen; der schickle Gruber sollte dabei für die Wochenschaukameras sein Tirolertänzchen aufführen. Es war der Waggon, den die Franzosen als Gedenkstätte der Unterzeichnung des Waffenstillstands von 1918 aufbewahrten, als es die Deutschen waren, denen der Dampf ausgegangen war.

Am 23. Juni dann brachten die französischen Unterhändler in dem Wald die Wehrmacht mit einer Handbewegung und einem Federstrich abrupt zum Stehen.

Wer hat gesagt, die Feder wäre nicht stärker als das Schwert?

Pau

Ich marschierte los direkt nach Pau, der Hauptstadt der alten Provinz Béarn, versteckt in der Südwestecke Frankreichs. Pau war die Heimat Heinrichs IV., des ersten Bourbonenmonarchen, des sozialbewußten Königs aus dem 16. Jahrhundert, dessen Ehrgeiz es war, dafür zu sorgen, daß sich jeder französische Bauer sonntags ein Huhn im Kochtopf leisten konnte.

Einen Monat zuvor, als die Deutschen in Frankreich einfielen, war meine Mutter als potentielle Angehörige der Fünften Kolonne in das berüchtigte Lager Gurs bei Pau gebracht worden; das war der Grund, weshalb ich meine Schritte in diesen bescheidenen Teil Frankreichs gelenkt hatte.

Pau aalte sich in der Sonne, als ob nichts wäre, und bot ein Bild der Normalität. Die Morgenblätter veröffentlichten die Waffenstillstandsbedingungen, von denen ich die eine besonders beunruhigend fand. Danach sollten alle Ausländer auf Verlangen ausgeliefert werden. Das war beängstigend, doch die Einschränkung »auf Verlangen« schien der Bestimmung einen milderen Anstrich zu verleihen.

Ich kannte den Mann vom Sehen. Der Mann, der mit dem Bewacher sprach, gehörte zu den Leuten, die mir in den Schlangen, die in Wien nach einem Paß anstanden, und unter den Flüchtlingen in Zürich und Lyon aufgefallen waren. Ich hatte ihn auch mehrere Tage zuvor kurz auf der Landstraße außerhalb von Agen ausgemacht, als ich hinten auf einem Armeelastwagen an ihm vorbeifuhr. Wir hatten nie miteinander geredet oder einander bemerkbar gemacht, trotz unseres gleichlaufenden Weges.

Er war immer gut angezogen, und bei den wenigen Begegnungen hatte er stets den Mantel lose über die Schulter gehängt. Es war schon bemerkenswert, ihn heute nach Tagen oder womöglich Wochen auf der Straße so schick und flott wie eh und je zu sehen. Den weichen Filzhut trug er mit leicht aufgestülpter Krempe, und die Ärmel seines Mantels baumelten stilgerecht an seiner Seite, als er den Soldaten mit seiner Beherrschung des Französischen zu beeindrucken versuchte. Er hatte eine makellose Aussprache.

Anstatt den Anweisungen der Armee zu folgen, hatte ich mich an jenem ersten Nachmittag entschlossen, mich unter die Flüchtlinge zu mischen. Ich hielt das für sicherer. Aber wie so oft lag ich falsch.

Bei der Auffangstelle waren die Ausländer von den anderen Flüchtlingen getrennt worden. Wir wurden zu einer noch nicht ganz fertiggebauten Ladenpassage gebracht. Sie war um einen Innenhof errichtet, und wir sollten in den künftigen Geschäften schlafen, auf frisch eingestreutem Stroh. Wir versuchten, so gut es ging, es uns darin bequem zu machen, räumten auf und steckten unseren jeweiligen Platz ab.

Doch als sich der Staub gesetzt und ich meinen Grips wieder beieinander hatte, da erkannte ich, daß nun ein Soldat in Waffen am Tor stand, dem einzigen Ausgang vom Hof zur Hauptstraße. Ich mußte mich beeilen. Ich packte mein Bündel, ging zu dem Posten und zeigte ihm mein Soldbuch. Ich erklärte, daß ich bei der Auffangstelle in die falsche Schlange geraten war und daß ich mich beim Infanteriestab zu melden hatte.

Und der schluckte das.

Er nickte, gab mir das Dokument zurück und be-

gann das schwierige Unternehmen, seine Tasche zu durchsuchen, in der sich der Schlüssel befand, der das Vorhängeschloß öffnete, das die Kette zusammenhielt, die den Querriegel blockierte, der das Tor versperrte, das drauf und dran war, geöffnet zu werden.

Hu-rra!

In diesem Moment sprach mich, hochtrabend und ohne was davon zu haben, unser schöner Mitflüchtling, der filzhütige Dandy, an. Den Soldaten anstarrend, sagte er:

»Sie können nicht beweisen, daß das Dokument Ihnen gehört. Ich meine wirklich ... Ich meine, da ist kein Bild drin. Sie könnten jemand anderes sein.« Er lächelte. »Schauen Sie mich nicht so an«, fügte er mit finsterer Miene hinzu, »ich versuche nur zu helfen; Sie könnten uns alle in Schwierigkeiten bringen.«

Der junge Bauer im Soldatenrock erkannte die Logik des Gesagten. Und ohnehin rettete ihn der Einspruch davor, eine Entscheidung auf eigene Faust zu treffen, was gegen die Vorschriften verstieß.

»Sollte ich besser mit dem adjutant *besprechen, wenn er kommt.« Und er kehrte nun den Schließvorgang um, der mir um einen Zoll die Freiheit gebracht hätte.*

Tant pis.

Am nächsten Morgen ließ der Kaffee nicht auf sich warten, und jeder von uns erhielt eine Scheibe Brot. Der starke und süße schwarze Saft weckte wieder meine Lebensgeister und hob meine Moral. Jetzt standen zwei Mann als Posten am Tor, und ich versuchte die Nummer noch mal, aber die wollten von mir nichts wissen. Ihr Job bestand darin, Befehle auszuführen – Entscheidungen zu treffen war was anderes.

Es war eine Menge Kaffee übrig und ein Haufen Brot, und der Mann mit dem Filzhut, dem man den Kessel und den Brotschrank anvertraut hatte, winkte mit der Schöpfkelle.

»Alfred«, *rief er,* »viens, 'ya du rabiot! ... *Nachschlag.«*

Mürrisch nahm ich die Einladung an und fragte mich, wieso man mehr als das Doppelte der Verpflegung geliefert hatte. Höchst ungewöhnlich.

In unserem kleinen Lager war es ziemlich still geworden, und als ich so forschend rumwanderte, entdeckte ich hinter einem Ziegelstapel ein Loch in der Mauer zur Seitenstraße. Zu der Zeit, als das Mittagessen kam, bewachten die Soldaten am Tor ein Geisterlager.

Leidensgenossen wie das filzhütige Exemplar, die jemandes Anstrengungen zu überleben vereitelten, waren nicht selten. Und todsicher machten sie einem weis, daß sie »nur helfen« wollten, wenn sie ganz freiwillig deine sorgfältig ausgearbeiteten Pläne mit einem Schlag zunichte machten. Die Sorte war mir schon mal über den Weg gelaufen, und ich sollte solche wie ihn auch wiedertreffen. Das sind die leibhaftigen Nachfahren des legendären Stänkerers auf dem Marktplatz.

Aber Samarra stand nicht auf meiner Tagesordnung.

Ohne boshaft zu sein, kann ich sehen, wie unser selbsternannter Helfer mit dem Posten am Tor spricht, lächelnd im Angesicht der Autorität, während alle anderen abgehauen sind. Der letzte Bewohner der Zwischenstation nach Gott weiß wohin, die Schöpfkelle in der Hand, verkündet auf seine hilfreiche Weise, daß alle verschwunden sind.

»Toute le monde est disparu.«

Eine Geschichte muß noch erzählt werden, und das ist der Bericht, wie die Vichy-Regierung mit den Millionen Flüchtlingen aus Belgien und Nordfrankreich umging, während gleichzeitig Massen von Soldaten nach Hause geschickt wurden. Das Land hatte nicht nur einen Krieg verloren, sondern es hatte auch drei Fünftel seines Territoriums mit den reichsten Böden und fast der gesamten Schwerindustrie und den Bergbaugebieten eingebüßt. Nach dem Waffenstillstand wurden die Flüchtlinge innerhalb von Tagen untergebracht. Ein Kommissariat *»pour la lutte contre le chômage«* wurde ins Leben gerufen, bevor die Arbeitslosigkeit auch nur eine Chance hatte, den Kopf zu erheben. Arbeitsplätze wurden geschaffen. Die Gesundheitsfürsorge funktionierte normal, und ich kann mich nicht erinnern, daß mal ein Kranker weggeschickt wurde, weil er kein Geld hatte.

Die Fabrikation einfacher, zentral entworfener Möbel wurde örtlichen Handwerkern übertragen. Die Entwürfe für Tische, Stühle und Betten verriet, daß man die damals herrschenden Probleme begriff; kurz gesagt, wurde folgendes berücksichtigt: die Wahl billiger Materialien, Zweckdienlichkeit, Stapelmöglichkeit, ein bißchen Behaglichkeit und vor allem die Einfachheit der Herstellung. Der öffentliche Dienst und die lokalen Behörden hatten wieder mal ihre administrative Tüchtigkeit und ihren Einfallsreichtum bewiesen, im Vergleich zu der ungeheuerlichen Unfähigkeit, die das Militär und zahlreiche Politiker in den Monaten vor dem Zusammenbruch an den Tag gelegt hatten. Abgeschnitten von den reichsten Provinzen, mit bankrotter Wirtschaft und demoralisierten Menschen hatten die Franzosen nach der schwersten Niederlage in ihrer Geschichte die Lage besser bewältigt als andere Nationen unter weit weniger entmutigenden Umständen.

Mit *Liberté*, *Égalité* und *Fraternité* war es vorbei. Aber bevor man auch nur *Travaille*, *Patrie*, *Famille* rausbrachte – die neuen nationalistischen Slogans –, hatten wenige Tage nach dem ersten Ansturm von Flüchtlingen alle ein Bett für die Nacht gefunden. Niemand schlief auf einer Parkbank. Es scheint, und hier gebe ich eine Vermutung von mir, daß die örtlichen lokalen Behörden das Recht erhielten, allen ungenutzten Raum wie leere Gebäude, Sporthallen, Lagerhäuser und Theater zu beschlagnahmen. Auffangstellen (*centres d'accueil*) wurden aus dem Boden gestampft, und als die Flüchtlinge reinströmten, wurden ihre Bedürfnisse eingeschätzt und ihnen eine provisorische Unterkunft zugeteilt.

Wir »alten« Flüchtlinge hatten den Vorteil, schon einige Erfahrung zu besitzen. Bereits vor dem Krieg machten wir ausgiebig Gebrauch von der Möglichkeit, etwas postlagernd zu empfangen, da wir kaum eine feste Adresse hatten. In jeder Stadt liefen wir demzufolge gleich als erstes zum Hauptpostamt und fragten nach unseren Briefen. Genauso schrieben wir auch an andere nach den Orten, wo sie sich aller Wahrscheinlichkeit nach zu einem bestimmten Zeitpunkt aufhalten würden, und zwar hauptpostlagernd.

Während des ganzen Debakels von 1940 wurde diese Annehmlichkeit mehr als je benutzt, und die Post versagte nie. Den Kontakt zu Freunden stellte ich dadurch her, daß ich an ihre letzte mir bekannte Adresse aus der Zeit vor dem Waffenstillstand schrieb. Diese Briefe folgten dem Empfänger durch verschiedene Lager und über mehrere Wohnsitze. Und in der Tat, wenn ich nach der Anzahl der Antworten gehe, die ich erhielt, erreichten viele von ihnen ihr Ziel. Ich werde nie erfahren, welche von den anderen Briefen seitens der Angeschriebenen aus Unwillen oder Faulheit unbeantwortet blieben.

»'ya bon soleil«, *sagt der junge Nordafrikaner zu mir, der die frühe Morgensonne in vollen Zügen genoß und seine augenblicklichen Gefühle mitzuteilen versuchte. Die Nächte sind kalt in Lannemezan in den Hügeln am Fuße der Pyrenäen, und wie riesige Amphibien belegen wir die nach Süden zeigende Ziegelmauer mit Beschlag.*

»Ah oui«, *antwortete ich mit einem lahmen Versuch,*

mich umgänglich zu zeigen. »'ya bon … très bon.« *Ich weise auf die Sonne.* »'ya chaud«, *ergänzt er. Die Unterhaltung kommt langsam in Gang, als wir an diesem sonnigen Plätzchen verweilen und Energie tanken.*

Zwei Vietnamesen kommen zurück vom ermüdenden Kartoffelschälen. Bei Kriegsbeginn war ein General auf die blendende Idee gekommen, die zurückkehrenden Handelsschiffe mit Bauernburschen aus Kotschinchina vollzupacken, um eine Reserve billiger Arbeitskräfte zur Verfügung zu haben. Sie steckten jetzt und noch auf Jahre hinaus in Durchgangslagern, einem feindlichen Klima und einer aufgebrachten Bevölkerung ausgesetzt.

»Domino«, *singt einer der beiden,* »Domino, le printemps est en moi Dominique.« *Die Worte versteht er nicht, aber das spielt keine Rolle.*

»'ya bon, soleil«, *bemerkt der andere. Die Kauderwelschkonferenz ist nun in voller Fahrt. Alle Abwandlungen werden so vorgebracht.*

»'ya très bon.«

»'ya bien chaud.«

»Et alors.«

»Fromage!«

»Ich will Hause gehn!«

»Ich brauch viel Essen!«

»Ich wunsch dicke Frau!«

Diese Ausflüge in das Idiom des Gastlandes werden von allerlei Heiterkeit begleitet, und jede Äußerung wird mit Beifall begrüßt. Sie zeigen auf die Sonne. Das Zuhause wird angedeutet, indem sie mit erhobener Hand in eine unbestimmte Richtung weisen. Die Finger werden in den Mund gesteckt, und bei »Frau« schwenken sie heftig die Hüften und rufen dabei »Dschigah dschigah!«

Das war das Militärlager von Lannemezan.

Dorthin wurde ich geschickt, weil das Militär in Pau

nicht wußte, was es mit mir anfangen sollte. In jenen Tagen wußte kein Mensch, was er mit irgend jemandem anfangen sollte. In jenen Tagen waren alle Lager Durchgangslager. In jenen schicksalhaften Tagen Juni/Juli 1940 befanden sich alle auf der Durchreise.

Die entlassenen Pariser traten auf dem Appellplatz an und riefen: *»Des trains, des trains, des trains ...«*, bis der sich belästigt fühlende Leutnant aus dem Dienstraum auftauchte, um die jüngsten Meldungen zur Lage zu verkünden. Die Offiziere hatten ihr Funkeln verloren und verhielten sich unauffällig und konziliant. Dieser bat wütend:

»Wenn ich das Kommando ›Stillgestanden!‹ gebe, dann seien Sie wenigstens still und hören Sie zu. Ich versuche doch, Ihnen zu helfen ... *non mais sans blague*!« Jeden Moment konnte er in Tränen ausbrechen.

Obwohl den Parisern gesagt worden war, daß sie laut Verordnung vom Militär entlassen seien, hatte man ihnen weder die Papiere ausgehändigt, noch hatte man ihnen den Sold ausgezahlt, und sie trugen immer noch Uniform. Was, wenn sie nun nach Hause geschickt und beim Passieren der Demarkationslinie von den Deutschen gefangengenommen würden? Sie überließen das Denken nicht anderen Leuten. Was keiner wußte, war, daß ihnen die Zeit davonlief, denn wenige Wochen später unterbanden die Deutschen jeglichen Verkehr zwischen den Zonen.

Die Pariser erhielten endlich doch die Entlassungspapiere, Zivilsachen und ihr Geld und stiegen bester Laune in den Zug, nicht ohne vorher den Hut rumgehen zu lassen für den jungen *Alfred*, den sie alle ins Herz geschlossen und als ihr Maskottchen behandelt hatten. Sie hatten ihn *Tarduris* getauft. Das Geheimnis dieses Spitznamens wurde nie gelüftet.

In Lannemezan wurden alle Durchreisenden an

andere Durchgangslager weiter durchgereicht, um für neueintreffende Durchreisende Platz zu machen.

Ich gehörte nun nicht mehr zu den Durchreisenden, weil sie nicht wußten, was sie mit mir anfangen sollten. Nachdem man mich durch verschiedene Lager der Region geschleust hatte, wo sich kein Mensch Rat wußte, kamen sie schließlich auf die Idee, mich in einer Einheit Nichtunterzubringender im Lager von Ger unterzubringen, einem unbenutzten Schießplatz der Artillerie. Es lag westlich von Tarbes, was mir nur recht war, denn es befand sich ganz in der Nähe von Pau, wo meine Mutter in der Entbindungsklinik die Ankunft meiner Schwester Monique erwartete.

Hier in Ger bildeten ungefähr zwanzig von uns die ganze Mannschaft dieses ungeheuer großen Lagers. Zwei Tunesier gehörten dazu, ein Pole und eine kleine Schar aus dem Norden, die entweder den Zug nach Hause verpaßt hatten oder keine Lust zeigten zurückzukehren. Wir bewohnten das Quartier der Offiziere und überließen die Baracken den Flöhen, die man beim Stabhochsprung beobachten konnte, wenn die Nachmittagssonne durch die Fenster schien.

Wir hatten Sonntag, den 5. Februar 1941 – das Jahr der Schlange –, da machte ich einen meiner regelmäßigen Besuche in der Entbindungsklinik. Im Warteraum sitzend, konnte ich Mutter vor Schmerzen schreien hören. Sie erzählten mir, daß sie schon drei Tage lang in den Wehen lag. Zehn Minuten später hatte meine kleine Schwester Monique ihr Debüt.

Vor vier Monaten war Mutter zum Arzt gegangen, damit er sich eine Geschwulst im Unterleib ansieht. Könnte sie schwanger sein, erkundigte sie sich. Der Arzt lachte und antwortete mit einer Frage: »In Ihrem Alter?«

Mama war sechsundvierzig Jahre alt. Sechs Jahre älter als das 20. Jahrhundert. Zwei Jahre später sollte sie Monique im Lande Barbies verlieren, aber nach der Befreiung von Lyon wurden sie auf wunderbare Weise wieder vereint.

Wenn die Burschen vom Lager Ger von ihren Sauftouren lärmend und lustig eintrudelten, fanden sie mich gemütlich lesend im Bett vor. Ich schien immer irgendein Buch beim Wickel zu haben. Es hatte keinen Sinn, schlafen zu wollen, denn sie brauchten jedesmal eine ganze Weile, bis sie zur Ruhe kamen.

Sie äußerten ihre Sorge wegen meiner Abstinenz und betrachteten mich wohl als eine Art Freak. Eines Abends zog ich mit, und wir wurden gute Kumpane. Ganz bewußt hatte ich mich dafür entschieden, die von Trunkenheit angeregte Kameradschaft kennenzulernen und den Kater danach.

Riupeyrous

Das Schiff von Vichy, das dank der bedeutsamen Ereignisse der vergangenen Monate beschädigt war und stark Schlagseite hatte, richtete sich schwerfällig wieder auf. Noch einmal bot es vorsichtig dem offenen Meer Trotz.

Die Leute, die mich in Ger unterbrachten, hatten im stillen, doch zwangsläufig schwer geschuftet, um mich dahin zu stecken, wo ich hingehörte. In meinen Augen bestand ihre Schwierigkeit darin, daß ich, obwohl Ausländer, in die Armee eingegliedert war, die mir unwissentlich einen Schutzmantel bot. Jedesmal, wenn mich der *sergent chef,* für den ich ein Eindringling war, bei einer Inspektion erblickte, fragte er mich, wieso ich noch in seiner Ausrüstung rumlaufe. Schließlich nahm er mich mit nach Tarbes, zerrte mich vor seinen Leutnant und beschwerte sich darüber, daß ich nicht verschwinden wolle. Der Leutnant führte eine Reihe von vergeblichen Telefonaten. Dann wandte er sich an den Sergeanten und schlug vor, die Sache auf sich beruhen zu lassen. Es ist unfair, sagte er, mit diesem tapferen jungen Mann wie mit einem Tennisball umzuspringen, *»...de jouer au tennis avec ce brave gars«.*

Offensichtlich war er kein Fußballfan.

Eines Tages gegen Ende Januar 1941 fanden endlich die an dem kniffligen Problem arbeitenden Geisteskanonen die geeignete Formel, die sie von ihren von mir verursachten Kopfschmerzen befreite. Man sagte mir, ich soll mich bei der Gendarmerie im nahe gelegenen Tarbes melden. Dort wurde ich ohne weitere Zeremonien in einen Einspruch erhebenden Zivilisten verwandelt, unter Entschuldigungen seitens der Gendarmen von der Nachtschicht: »Wir tun nur unseren Job«, und mit dem Mitgefühl der beiden zu ihnen gehörenden Soldatenmiezen. Das Entlassungsgeld würde ich später kriegen. Haben sie gesagt. Das haben sie selber nicht geglaubt.

Die Nacht verbrachte ich in einer Zelle. Am nächsten Morgen begleitete man mich zum Bahnhof und setzte mich in den Zug nach Montauban, wo ich mich auf den Weg in das in der Nähe befindliche Lager machen sollte. Sie versprachen, mir mein Fahrrad mit einem späteren Zug nachzuschicken, weil die Lokomotive schon schnaubte und pfiff und es zu spät sei, noch den Wagen des Zugführers zu erreichen.

Im Lager von Montauban ging es äußerst spartanisch zu. Von allen Lagern, in denen ich gewesen war, erhält dieses die wenigsten Sterne. Dieses Lager könnte ich niemandem empfehlen. Natürlich gab es im unbesetzten Frankreich Lager, im Vergleich zu denen Montauban sich wie ein Vergnügungspark ausnahm. Meiner armen Mutter ging es in Gurs bei weitem schlechter, als es mir je gegangen ist. Und es gab noch Schlimmere als Gurs. Le Vernet zum Beispiel konnte es laut Arthur Koestler an Strenge mit den deutschen Konzentrationslagern wie Dachau, Sachsenhausen oder Buchenwald aufnehmen.

Das Lager Montauban war schlecht ausgestattet. Es gab keine Matratzen, und nachts konnte ich nicht warm werden. Das Essen war unzureichend. Wir sind nicht verhungert, aber wir hatten Hunger. Doch auch das französische Volk begann die Not zu spüren. Es war Februar 1941.

Die Abende verbrachten die Internierten hier in Montauban damit, übers Essen zu reden. Sie erinnerten sich an Diners mit mehreren Gängen, die sie genossen hatten, an Feste und Parties; da schwirrten exquisite kulinarische Bezeichnungen in der Luft rum. Mir fiel die dicke Erbsensuppe meiner Mutter ein, die mir nicht geschmeckt hatte. Wie gerne hätte ich die frühere Ablehnung ins Gegenteil gekehrt. Ein alter Kürschner aus Wien gab mir ein winziges Stück Schokolade, ein Eckchen von der Größe meines Schneidezahns; das konnte ich lutschen, während ich schlückchenweise Tee trank. Das war ein unvergeßlicher Moment. Wenn diese Kalamität vorbei ist, sagte ich mir, dann verzichte ich auf allen anderen Luxus außer diesen: ein Stück bittere Schokolade zum Tee lutschen. Das und einen Teller Erbsensuppe.

Mit Croûtons.

Allerdings wurde dieses Lager im Gegensatz zu jenen, in denen ich zuvor interniert war, nicht bewacht – noch nicht. Aus irgendeinem Grunde war die Maschinerie oder das Verfahren, das den Leuten, in deren Gewalt wir uns befanden, erlaubt hätte, uns in regelrechte Gefangene zu verwandeln, bis dahin noch nicht ausgereift. Man konnte Ausgang in die Stadt und sogar wegen dringender Familienangelegenheiten einen Passierschein erhalten; ich kam dahinter, als ich Mutters Brief in der Schreibstube vorlegte. Dort gaben sie mir ohne größere Formalitäten sieben Tage Urlaub.

Die kleine Monique war drei Wochen alt, aber die Nonnen, die die Entbindungsklinik von Pau führten, wußten, daß Mutter nirgends hin konnte, und würden sie nicht entlassen, es sei denn, sie selbst wollte gehen.

Der Schreiber in der Lagerverwaltung, ein Mitinsasse, weigerte sich, mir meine Papiere schon am Vorabend zu geben, obwohl ich ihn darum bat und darauf hinwies, daß ich den frühen Bus erreichen mußte, der zum Bahnhof fuhr. Am Morgen machte er ganz langsam, und je ungeduldiger ich wurde, desto mehr Zeit ließ er sich. Als schließlich mein Passierschein gestempelt und unterschrieben war, mußte ich die zwei Kilometer zur Bushaltestelle sprinten und erreichte den Bus auf den letzten Drücker. Da ich auf der Fahrt durch Tarbes kam, wollte ich dort aussteigen und den Gendarmen einen Besuch abstatten, die vergessen hatten, mir mein Fahrrad ins Lager nachzuschicken.

Einer der freundlichen Gendarmen begrüßte mich wie den lange verschollen gewesenen Bruder. Ja, natürlich, erinnerte er sich an das Fahrrad.

»Gehen wir es holen.«

Er nahm mich mit in den Lagerraum, wo kein Fahrrad stand, und so gingen wir zu seinem Vorgesetzten in dessen Büro.

»Chef! ... der kleine Kerl ... erinnern Sie sich noch? ... das Fahrrad ...«

»J'en sais rien«, murmelte der Chef, ohne aufzublikken. Er war damit beschäftigt, Haselnüsse aus einem Sack in Papiertüten zu sortieren.

»Mais chef ... la station ... le train ... Montauban ...«

»Moi, je n'ai pas sa bicyclette, compris? J'EN AI PAS!!!« Sein laut hallender Ausbruch ließ uns in Dekkung gehen.

Ich verschwand mit der Genugtuung, von nun an wahrheitsgemäß behaupten zu können, daß ich von den Hütern von Gesetz und Ordnung beraubt worden bin.

Das kann mir niemand mehr nehmen.

An meinem dritten Tag in Pau wurde mein Urin dunkel, und meine Haut begann sich gelb zu färben. Ich wußte noch nicht, daß ich mir die Gelbsucht eingehandelt hatte. Aber wieder in meiner alten vertrauten Umgebung wußte ich, was zu tun war, und ging zum Arzt. Der schickte mich sogleich ins Krankenhaus, wo ich isoliert wurde. Obwohl ich extrem gelb aussah und mir Bettruhe verordnet wurde, spürte ich keine anderen Auswirkungen der Krankheit, als daß ich ständig Hunger hatte, weil ich auf eine Diät zum Verhungern gesetzt worden war – *au régime.*

Das Krankenhaus war ein kleiner Anbau am Rande der Stadt. Es wurde von zwei tüchtigen, hingebungsvollen und ernsten Nonnen geführt, und zwar auf systematische und autoritäre Weise. Zu den zwanzig bis dreißig Patienten auf der Männerstation gehörten auch zwei Flüchtlinge mittleren Alters aus Deutschland. An welcher Krankheit auch immer sie gelitten haben mögen, sie war auskuriert, aber die beiden Nonnen meinten, die Flüchtlinge würden mit dem, was sie draußen erwartete, nicht zurechtkommen, und nahmen es deshalb auf ihre Kappe, sie auf der Krankenliste zu behalten. Diese beiden Frauen, die keinen Spaß verstanden, hätte auch eine ganze Panzerdivision nicht einschüchtern können.

Mir andererseits wurde nach fünf Wochen höflich mitgeteilt, daß ich gehen soll, nicht, weil ich wieder gesund war, sondern weil ich gegen die Regeln verstoßen hatte. Eines Abends waren Marcel, ein junger Bretone, der sich von einer Leistenbruchoperation erholte, und ich heimlich aus dem Krankenhaus verduftet und in die Stadt gegangen. Wir kannten das Risiko und waren nicht überrascht, als uns am nächsten Morgen die Oberin aufforderte, uns auf die Socken zu machen. Diese opferbereiten, mürrischen, rund um die Uhr arbeitenden Nonnen hätten mich auf unbestimmte Zeit behalten, denn sie wußten, daß ich zu derselben Kategorie gehörte wie die beiden deutschen Flüchtlinge. Aber sie stellten sich dumm. *Ça non!* Ich bedankte mich höflich und zog meiner Wege.

Während meiner Krankheit – meiner gelben Periode – hatte ich der Lagerverwaltung von Montauban meinen Krankenhausaufenthalt mitgeteilt, und ich schätze, sie hatten mich als »berechtigt abwesend« abgelegt. Das, stelle ich mir vor, hielt sie davon ab, die Bluthunde auf mich anzusetzen. Da sie aber nicht den Anstand besaßen, meinen Brief zu bestätigen und mir baldige Genesung zu wünschen, fühlte ich mich nicht verpflichtet, den Kontakt zu ihnen weiter aufrechtzuerhalten. Hätte ich mir nicht in diesem bestimmten, ich möchte sagen, mir sehr gelegen kommenden Augenblick diese Krankheit geholt, würden die folgenden Kapitel ein klein bißchen anders ausfallen. Vielleicht wären sie gar nicht geschrieben worden.

Wieder mal befand ich mich auf freiem Fuße, hatte aber immerhin die Entlassungspapiere und die Bescheinigung vom Krankenhaus in der Tasche. Der mit mir zusammen rausgeworfene Marcel hatte was läuten hören von einem Programm, das Arbeit, Brot und Unterkunft bot. Wir meldeten uns dafür und kamen am gleichen Tag zur Abendbrotzeit in Riupeyrous an, zwanzig Kilometer nordöstlich. Dort hatte das »Kommissariat für die Bekämpfung der Arbeitslosigkeit« ein Dränage-Projekt in Gang gebracht.

Die *paysans* von Riupeyrous, einem Flecken von ungefähr fünfundzwanzig Anwesen, hatten nur ein Laster. Sie bestanden darauf, *des agriculteurs* genannt zu werden. Sie winkten dem Mittelalter gewissermaßen auf Wiedersehen. Schließlich droschen sie das Getreide nicht per Hand, wie es ihre Mütter und Väter noch mit dem Dreschflegel getan hatten. Zugegeben, sie pflügten immer noch mit einem Ochsengespann und säten und mähten mit der Hand, aber das Dreschen war mechanisiert. Jedes Jahr drehte Jules aus der benachbarten Stadt Lembeye seine Runde mit einer *batteuse*, einer Dreschmaschine; die wurde von einer Crossley-Dampfmaschine angetrieben, die sie mit den Maiskolben der vorjährigen Ernte befeuerten.

Die Ernte selbst war mörderische Arbeit, und während die Sonne gnadenlos brannte, erlabte uns der Fata-Morgana-ähnliche Anblick des Schnees auf den Gipfeln der westlichen Pyrenäen, die sich vor uns im Sommerdunst wie ein ausgeblichener Wandteppich ausbreiteten. Das Mähen des Weizens und das Heumachen mußten im Hochsommer in Höchstgeschwindigkeit erledigt werden, achtzehn Stunden Tag um Tag und keine Zeit für die Sonntagsmesse. Denn über uns hing drohend ein möglicher Wetterumschwung. Ein paar falsch programmierte Regentage konnten Not für den Rest des Jahres bedeuten, ebenso wie eine Trockenperiode zur falschen Zeit. In dem katholischen Ambiente von Riupeyrous bildeten Regen und Sonne die beiden heidnischen Götter, die den Bauern zu erledigen oder zu erlösen vermochten. Beide konnten sowohl günstig als auch widrig wirken, je nach dem Zeitpunkt, zu dem sie zu erscheinen beliebten.

Mais und Bohnen waren zusätzliche, wichtige Feldprodukte, besonders weil sie nicht so empfindlich auf die Wetterlaunen und auf den Pilzbefall reagierten wie der Weizen. Sie konnten in einem weniger zermürbenden Tempo und zu jeder passenden Zeit geerntet werden. Gesät wurden sie als einander ergänzende Früchte gemeinsam. Die Bohnen versorgten ihre Partner mit einem nützlichen Vorrat an freigesetztem Nitrat, und als Gegenleistung fungierte der Mais als Stütze für die kletternden Feldbohnen.

Wie alle Bauern der Region waren die Bewohner von Riupeyrous ein hart arbeitendes, engstirniges Völkchen. Fremden begegneten sie argwöhnisch und zeigten eine besondere Abneigung gegenüber Stadtleuten, die jetzt in der Notzeit weite Entfernungen zurücklegten, um einkaufen zu gehen. Die Landbevölkerung erinnerte sich noch, wie vor dem Krieg vorüberkommende Wanderer und Radfahrer sie verhöhnt und ausgelacht hatten, weil sie in der Erntezeit Tag für Tag von früh bis spät auf dem Felde arbeiteten. Jetzt klopften die Städter an ihre Tür, die Mütze in der Hand, und zahlten hohe Preise oder brachten ihre Wertsachen zum Tausch gegen ein altes, zähes Kaninchen, ein Huhn oder eine Docke Wolle. Sie erboten sich gar, bei der Arbeit zu helfen. Der sprichwörtliche Spieß hatte sich umgekehrt.

Und das war die reine sprichwörtliche Freude.

Man beachte die unverwüstliche Unabhängigkeit und Stabilität, die eine Gemeinde wie Riupeyrous besaß. Denn zum Teil auf Grund ihrer tatsächlichen Selbstversorgung und zweifellos auch auf Grund ihrer unveränderlichen Lebensweise und ungebrochenen Haltung konnten ihnen drei Jahre Krieg, Niederlage und Besetzung nicht viel anhaben. Über viele Generationen hinweg hatten sich die Bewohner ein solches Geschick und eine solche Entschlossenheit angeeignet, mit allen Eventualitäten fertig zu werden – eine Eigenschaft, die in städtischer Umgebung viel seltener anzutreffen ist. Sie hatten alles schon mal erlebt. Probleme hatten sie nur mit Regen oder Sonne zur falschen Zeit, mit dem Zustand ihrer Pflüge und der Gesundheit ihrer Kühe. Das war's und der gelegentliche Streit über Hecken und Grenzen.

Sie verbrachten ihr Leben ganz unabhängig von der übrigen Welt. Ihre Nahrung erzeugten sie selbst, und sie fertigten fast alles an, was sie brauchten. Die Frauen und Töchter beherrschten das Pökeln, Räuchern, Einsalzen und die Herstellung von Pasteten und Würsten. Sie konnten ebensogut spinnen, wozu sie eine Handspindel verwendeten. Die zwirbelten sie rum, wenn sie die Kühe auf die Weide trieben oder an Winterabenden am Feuer saßen – immer, wenn sie die Hände frei hatten.

Die Dienstleistungen wurden von den weniger reichen Bauern verrichtet. Da gab es den Gastwirt. Da gab es den Müller und den Schneider. In der Nachbargemeinde wohnte die Frau mit dem Webstuhl, die aus der von den Leuten gelieferten Wolle Tuch webte. Da gab es den Hufschmied und den Mann, dem der Bus gehörte, der jeden Mittwoch nach Morlaàs und Pau fuhr. Und da war noch der Mann, der den Bullen besaß, welcher die Kühe in diesem Ort und in drei Dörfern der Umgebung bediente. Das waren alles Bauern, die nur einem Nebenerwerb nachgingen, um ihre Einkünfte aufzubessern. Aber so gut ihr Geschäft auch gehen mochte, keiner von ihnen würde je die Nabelschnur durchtrennen, die sie mit ihrer kleinen Parzelle Land verband, mit zwei Kühen, einer oder zwei Sauen und dem Hof voller Geflügel. Geld lief kaum durch ihre Hände. Herkömmlicherweise pflegte der Müller oder die Weberin einen Anteil des Produkts einzubehalten, oder man beglich die Sache mit einem Ferkel oder durch die Versorgung mit Milch.

Den Reichtum eines Bauern konnte man nach der Größe seiner Herde einschätzen. Ein Dutzend Kühe und ein Gespann Ochsen zu besitzen war der Gipfel des Wohlstands. Hier hatte man eine kleine, braune, langhörnige Art von Rindern, auf die sich die Wirtschaft des Dorfes hauptsächlich stützte. Nach dem harten Arbeitstag auf dem Feld gaben sie Milch, und man erwartete, daß sie regelmäßig ein Kalb trugen, ohne bei ihrer täglichen Arbeit nachzulassen. Obendrein paßten ihre Schädel genau in das Joch, in das sie gespannt wurden. Ochsen waren ein Luxus. Sie waren nicht so kosteneffektiv wie Kühe, aber sie besaßen weniger Temperament und eigneten sich deshalb besser, den Wagen oder mit dem Pflug gerade Furchen zu ziehen.

In seinem Eifer hatte das Kommissariat zur Bekämpfung der Arbeitslosigkeit nichts unversucht gelassen, für untätige Hände nutzbringende Arbeit zu beschaffen. In der Vergangenheit waren von den Gemeinden eingereichte Vorhaben nach dem Prinzip *mañana* behandelt worden. Jetzt aber mit den Millionen Flüchtlingen und entlassenen Soldaten wurde die Angelegenheit dringlich. Im Jahr 1940 konnte jeder, der einen Job brauchte, eine Stelle finden. Und keine Gemeinde, die eine Arbeit erledigt haben wollte, brauchte mehr rumzuschreien oder sich krummer Methoden zu bedienen. Die Mannschaft, der ich mich anschloß, bestand aus vierzig Männern. Wir arbeiteten in zehn Kommandos, hoben Gräben aus und verlegten Rohre, um die vollgesogenen Felder von Riupeyrous und seiner Nachbarschaft trocken zu legen. Im Dorf waren Schuppen errichtet worden, in denen wir übernachteten und verpflegt wurden. Jedes Kommando hatte einen *chef d'équipe*, einen Vorarbeiter, und es gab einen *surveillant*, der den Vorarbeiter beaufsichtigte. Darüber standen zwei *directeurs*, und auf der Spitze der Pyramide saß *le capitaine*. Hinzu kamen vier Verwaltungskräfte plus zwei Köche, zwei Gärtner, ein Lagerverwalter und last, not least *le forgeron*, der Schmied, der zwanzigjährige Freddi Klausner, der immer zwischen den Gräben und der Schmiede hin und her pendelte, da man ihn eingeteilt hatte, die stumpf gewordenen Spitzhacken zu schärfen. In dem Vichy-Frankreich von 1941/42, dem Frankreich von Maréchal Pétain und Pierre Laval, sah ich mich keinerlei Einschränkungen unterworfen. Zum erstenmal, seit ich Wien verlassen hatte, verdiente ich nun wieder Geld.

»Pas de samedi sans soleil«, *sagte Madame Souyèze, als ich bemerkte, daß schönes Wetter sei. Das haute mich um. Wie konnte sie so was sagen?*

Kein Sonnabend ohne Sonne.

Das ist ein alter Spruch, der sich durch alle Zeitalter als wahr erwiesen hat, war ihre Erklärung.

»Aber was war vor zwei Wochen, als Sie in die Schmiede kamen, um ihre Schere schärfen zu lassen? Da war's doch kalt und windig, n'est-ce pas?«

»Mais oui, *ich erinnere mich* absolument *gut. Ich trug zwei Paar wollene Strümpfe übereinander.«*

»Alors?«

»Eh bien, *wissen Sie nicht mehr, wie die Sonne rauskam und Sie sagten, das Wetter ändert sich, und ich sagte nein, nicht an den nächsten beiden Tagen?«*

»Ja, aber die Sonne kam und verschwand binnen zwei oder drei Minuten.«

»C'est ça, Alfred, *das habe ich doch gesagt. Kein Sonnabend ohne Sonne.«*

Also, ihr soll einer mal das Gegenteil beweisen.

Monsieur Majesté-Hourné war Bürgermeister von Riupeyrous. Wie die meisten Bewohner des Dorfes machte er nicht viel Worte, schon gar nicht zu uns Fremden, den Grabenarbeitern samt Hierarchie. Er konnte einfach nicht begreifen, wieso so viele Leute beim Gräbenausheben oben bleiben mußten, während die wenigen untendrin die Hälfte der Zeit rumstanden und das Kinn auf das Ende des Schaufelstiels stützten oder aus einem Gemisch von Tabak und getrockneten Maisnarbenfäden Zigaretten drehten. *»Pauvre France«*, pflegte er immer sarkastisch zu bemerken, wenn er mit seinem Ochsengespann auf dem Weg zu einem seiner Felder bei uns vorbeikam, »wem hast du deine Verteidigung anvertraut. *A qui as-tu confié tes armes?«*

Er hatte am Weltkrieg teilgenommen. Seiner Generation hatte man versprochen, daß dies der letzte aller Kriege wäre. *Le sacrifice suprême.* Er hatte Tausende seiner Mitmenschen sterben sehen, aber nie einen General oder einen Politiker. Für die Leute von Riupeyrous wie überhaupt für die mitteleuropäischen Bauern allgemein gehörten Verrat und Betrug zum Leben. Sie nahmen die Demütigungen des gegenwärtigen Zustands mit der Resignation hin, die über die Jahrhunderte hinweg zu einem Wesenszug aller Bauern von Riupeyrous bis Krasnodar geworden war.

Nachdem mein Cousin Felix damals im Sommer 1939 in die Schweiz geschlüpft war, wurde es ihm in Basel zu langweilig, und er nahm den Zug nach Paris. Als kurzgeratenem fünfzehnjährigen Jungen stellte man ihm an der Grenze keine Fragen. Bei Ausbruch des Krieges war er noch nicht volljährig und mußte nicht interniert werden. Er zog allein los Richtung Süden, wenige Tage vor der Einnahme von Paris, und tauchte kurz nach mir in Pau auf.

Nun, im März 1941, gelang es mir, eine Hütte vom Bürgermeister zu mieten. Felix hatte sich auch zum Gräbenziehen gemeldet, und Mutter war mit der kleinen Monique zu uns gekommen. Hier lebten wir vier zurückgezogen am Rande des Dorfes.

Insgesamt verbrachten wir achtzehn Monate in Riupeyrous. Verglichen mit anderen jüdischen Flüchtlingen, führten wir, so bescheiden unser Leben auch war, ein luxuriöses Dasein. Während viele in Lagern unterschiedlicher Strenge interniert waren und andere in Ballungszentren zusammengefaßt wurden, von wo sie vom Sommer 1942 an abgeholt und abtransportiert wurden, brachten wir es fertig, ganz unauffällig zu existieren. Unsere Rationen ergänzten wir dadurch, daß wir Bohnen und Mohrrüben anbauten und uns ein paar Kaninchen und Hühner hielten. Im Spätsommer gab es an der Straße jede Menge Feigen, saftig und süß, man brauchte sie nur zu pflücken, und im Herbst wurden wir von süßen Eßkastanien überschwemmt, die unserer Diät lebenswichtige Kohlenhydrate hinzufügten.

Für uns und in der Tat für Millionen Menschen in ganz Europa war das eine bedrückende Zeit. Denn es gab damals keinerlei Hoffnungsschimmer. Schon wahr, daß die Vereinigten Staaten sich seit Dezember 1941 an dem Konflikt beteiligten, und die machten bestimmt nicht den Eindruck von Verlierern; wir aber schon. Und während es so aussah, als würde Deutschland auf lange Sicht geschlagen werden, gab es für uns keine lange Sicht. Die Deutschen stürmten von Sieg zu Sieg. In jenem Sommer stießen sie zum Kaukasus vor und bedrohten die Ölfelder von Baku, und an der mittleren Front arbeiteten sie sich nach Stalingrad durch. In Nordafrika rückten sie auf Alexandria vor und bedrohten den Sueskanal.

Unsere Beschäftigung auf den *chantiers ruraux*, den ländlichen Einsatzplätzen des Kommissariats, fand ein abruptes Ende, als der Pariser Raoul, der schließlich einen gemütlichen Schreibstubenjob ergattert hatte, mit einem Zettel für unseren *chef d'équipe* auf der Arbeitsstelle erschien. Vichy hatte uns eingeholt. Wir sollten unsere Schaufeln und Hacken zum Geräteschuppen bringen und uns die hinterlegten Sachen aushändigen lassen. Dann sollten wir Paß und Lohn abholen und uns im nächstgelegenen Lager für ausländische Arbeiter melden. Als wir abzogen, erschüttert von dieser Wendung der Dinge, rief uns Monsieur Tarragon hinterher; er war uns bis ans Ende des Feldes gefolgt. Er war derjenige gewesen, der uns immer feindselig begegnet war und nie ein freundliches Wort für uns übrig gehabt hatte.

Wir wandten uns um, und er drückte uns ernst die Hand. Mit deutlichen Anzeichen großer Sorge, wie wir sie von ihm niemals erwartet hätten, wünschte uns dieser griesgrämige alte Normanne, der niemanden mochte und den nur wenige mochten, Glück.

Izeste

Das Arbeitslager von Izeste bestand aus einer kleinen Lagerhalle, die in einen Schlafsaal verwandelt worden war, nebst Büros und Küche. Es war ein elender Ort, schön gelegen in den bewaldeten Hügeln, die zu den aufragenden Bergen unterhalb des Pic du Midi führen, dreißig Kilometer von der spanischen Grenze. Es gab jedoch keinen Stacheldraht, und das Lager wurde auch nicht bewacht. Ungefähr fünfundzwanzig bis dreißig Mann waren da untergebracht.

Wieder mal begegnetete ich jemandem, dessen Gesicht ich aus den Tagen der Ausreisesschlangen und des Botschaftsgedränges von Wien her kannte. Er saß hier am Empfang, war arrogant und furchterregend, und es gefiel ihm überhaupt nicht, daß Felix und ich entgegen seinen Wünschen zum Kommandanten gingen.

Der lakonische Kommandant war Marineoffizier. Er gab seine Zustimmung, daß wir weiter in Riupeyrous arbeiteten und wohnten. Ich legte ihm eine Bescheinigung von unserem stets hilfsbereiten Bürgermeister vor, die bestätigte, daß wir in seiner Gemeinde als verläßliche und unabkömmliche Gelegenheitsarbeiter tätig waren. Wir sollten nun *affectées speciaux* sein, sagte der Kommandant. Das bedeutete, daß wir von nun auf an auf der Liste seiner ausländischen Arbeiter standen – ausgeliehen an jeden, der uns brauchte – und jederzeit zurückbeordert werden konnten.

Unser Leidensgefährte brauchte achtundvierzig Stunden, um unsere Ausweispapiere für die Rückfahrt auszufüllen und zu stempeln; das bedeutete für uns, zwei erbärmliche Tage lang ihm und seinen Spezis auf den leisesten Wink hin zu gehorchen. Es gab keine freien Schlafkojen, aber niemanden kümmerte das. An einem solchen Ort sagen nur wenige überhaupt guten Tag, und erst recht hilft einem keiner. Für einen Neuen existiert nur *eine* Art zu lernen, wie der Hase dort läuft, indem man nämlich bei jeder Gelegenheit, wo man aus Versehen aus der Reihe tanzt, aneckt oder was auf die Finger bekommt.

Eine bemerkenswerte Ausnahme von der Regel bildete ein Spanier, der sich alle Mühe gab, uns in der Not zu helfen, so gut er konnte. Er lieh uns sogar eine seiner Decken, ein Akt, der in dem rauhen Klima jener schmerzvollen Tage an Heiligkeit grenzte.

Am Nachmittag, als wir wiederholte Rufe *à l'appel* ignoriert hatten, gab man uns zu verstehen: »... für solche Leute wie euch gibt es schon den richtigen Ort!« Diese Drohung stieß ein Glaubensgenosse aus Deutschland aus.

Appel war das zweimalige Ritual jeden Tag, bei dem die Flagge gehißt beziehungsweise eingezogen wurde, begleitet von Ehrenbezeigungen und Stillstehen, gefolgt vom Zählen der Häupter. Wir hatten die Aufforderungen mißachtet, weil wir uns nicht als dazugehörig betrachteten. Ein abscheulicher Gedanke! Wir waren doch nur gekommen, um mal zu sehen, wie die Sache steht, und wollten uns gleich wieder auf den Weg machen. Doch von dem Moment an, als die Drohung ausgestoßen wurde, bis zu unserer Abreise benahmen wir uns fortan als vorbildliche Insassen des Lagers. Wir hackten Holz, wischten den Boden auf, beseitigten Gestrüpp und trafen als erste *à l'appel* ein und harkten den Grund, bevor es losging.

Schon früh habe ich gelernt, daß man sich eine gewisse Handlungsfreiheit bewahren kann, indem man sich vor der Arbeitseinteilung eine Schaufel oder Axt schnappt und ein Gesicht macht, als sei man schwer beschäftigt. Auf die Weise kann man sich frei bewegen und sich eine Übersicht über die Situation verschaffen, mit allen Vorteilen, die das so mit sich bringt. Ich bin auch dahintergekommen, daß man in den meisten Fällen mit einem Engländer oder einer Klempnerklemme in der Hand oder einem Holzbrett unterm Arm auch dort Zutritt erhält, wo er einem am Tor sonst verwehrt wird.

Schließlich schwangen Felix und ich uns mit den richtig abgestempelten Papieren auf unsere Fahrräder und machten uns aus dem Staub. Zwei Kilometer weiter hielten wir bei der Gendarmerie von Arudy an, um uns einen zusätzlichen Vermerk zu holen. Auf der Wache machten sie einen großen Wirbel wegen unserer abgenutzten Dokumente. Weil diese aus schlechtem Papier bestanden und wir sie immer bei uns tragen mußten, befanden sie sich in einem jämmerlichen Zustand. Außerdem gehörten wir sowieso nicht zu den ordentlichsten Leuten. Die beiden diensthabenden Gendarmen, die Bemerkungen über die dreckigen Papiere machten, spannen das Thema weiter aus und kamen bald auf »dreckige, stinkende Juden«.

Nachdem sie mit lobenswerter Schnelligkeit unterschrieben hatten, zogen wir uns zurück. Aber ehe Felix und ich die nächste Staubwolke aufwirbeln konnten, traten die beiden Gendarmen der unangenehmen Mittagshitze zum Trotz raus in die brennende Sonne, um unsere Fahrräder zu inspizieren. Jeder von uns verstieß gegen ganz verschiedene gesetzliche Vorschriften für das Führen eines Fahrrads. Während meines vierjährigen Aufenthalts in Frankreich war das meine einzige Erfahrung mit dem, was man als Judenhaß bezeichnen könnte.

Meine Mutter hatte die Tatsache, daß ich nicht »jüdisch« aussah, mit snobistischer Genugtuung erfüllt. Mir ging es auch so, und die Frage des »jüdischen Typs« hat mich jahrelang beschäftigt. Man gehe in irgendeine Synagoge in Baltimore oder Birmingham oder Beer sheva und schaue sich um. Wie viele Leute in der Gemeinde sehen Anführungszeichen jüdisch Abführungszeichen aus? Wie viele hätte man als Juden erkannt, wenn sie einem auf der Straße begegneten? Wie viele? Zwei Prozent? Fünf? Zehn?

Man kann eine Judäophobie auf einen Minderheitentyp fremdartigen Aussehens gründen. Diese Minderheit war in den europäischen Städten nördlich der Alpen sporadischer Beschimpfung und Belästigung ausgesetzt. Aber in Frankreich haben es antisemitische Hooligans nicht so leicht. In Frankreich, Spanien und Italien, wo immer die Phönizier Anker warfen und Samen ausstreuten, verkehrt man ständig mit Nichtjuden, die stolz solche Züge tragen, die man leicht als »jüdisch« beschreiben könnte.

Ohne weitere Zwischenfälle strampelten wir nach Hause und gingen wieder unseren Verrichtungen nach. Wir erhielten einen Job bei einem Pariser Unternehmer, der Holzkohle herstellte, das einzige frei erhältliche Brennmaterial für entsprechend umgerüstete Personenautos und Lastwagen. Wir fällten Bäume und schnitten die Stämme in handhabbare Größe, während zwei Spanier das Holz so zusammenstellten und abdeckten, daß es zu einer langsamen, unvollständigen Verbrennung kam. Das war ein Arbeitsprozeß überschaubarer Dimension, und das paßte uns gut. Und da wir nach Kubikmeter bezahlt wurden, konnten wir beginnen und aufhören, wann wir wollten. Wir richteten es dann so ein, daß wir früh in der Kühle des Morgens anfingen und um zwei Uhr nachmittags die Hände in den Schoß legten.

So versteckt zu sein, wie wir es waren, bedeutete, daß wir kaum was von dem erfuhren, was im Sommer 1942 im übrigen von den Deutschen besetzten Europa vor sich ging. Berichte über Deportationen gab es reichlich. Sie liefen darauf hinaus, daß man den Juden rund um die polnische Stadt Lublin ein abgeteiltes Gebiet zugewiesen hatte.

Ich war zweiundzwanzig Jahre alt und müde des Wegrennens. Ich war sogar so weit gelangt, daß ich ein von Deutschen beherrschtes jüdisches Gebiet gar nicht so schlecht fand. Diese Lublin-Geschichte schien keinem Wunschdenken entsprungen zu sein und klang auch nicht alarmierend. Es war genau die Art von Geschichte, die einer vernünftigen Untersuchung standzuhalten versprach. Sie schien die Rückkehr zu irgendeiner Art von Normalität und Stabilität zu verheißen.

Doch im Osten hatte das systematische Töten schon begonnen.

Mir scheint es, daß einer der Gründe für die Bereitschaft der Opfer, die Viehwaggons zu besteigen, das Verlangen nach einer Veränderung war. Nach einer Veränderung, ganz gleich, welcher Art, nur weg von dem Druck, den eine anhaltende Unsicherheit ausübt.

Die Veränderung birgt Hoffnung, selbst angesichts weiterer Unsicherheit.

Als es jedoch hart auf hart ging, hörte ich nichtsdestoweniger auf zu räsonieren und abzuwägen; ich stand auf und rannte.

Wir hatten nun Ende August, und damit neigte sich die leichte Zeit dem Ende zu. Als wir an jenem Nachmittag vom Holzfällen zurückkamen, sahen wir unseren Bürgermeister mit Mutter sprechen. In ernstem Ton erzählte er uns, was man von Amtsseite vorhatte. Die Gendarmerie von Morlaàs hatte dem Bürgermeister mitgeteilt, daß man ihn gemäß Vorschrift am nächsten Morgen um vier wecken werde und er sie dorthin begleiten müsse, wo wir wohnten. Man hatte befohlen, »die Jungen abzuholen«.

... à ramasser les garçons.

Monsieur Majesté-Hourné war Kleinbauer und ganz von seinen verstreut liegenden Feldern in Anspruch genommen. Er war gewählter Bürgermeister von Riupeyrous und erfreute sich des Vertrauens der Gemeinde. Sein Amt nahm er ernst, und das Wort *responsabilité* bedeutete ihm was. Als Patriot hatte er in den Schützengräben von 1914–18 gekämpft und damals zur Schlappe des historischen Feindes beigetragen. Doch nun hatte er sich mit der gegenwärtigen mißlichen Lage Frankreichs abgefunden. Die Zeiten waren hart, und er wollte die Dinge nicht noch verschlimmern. Wir sollten entscheiden, was wir in Anbetracht des Ernstes der Lage, wie er sie dargestellt hatte, tun wollten. Doch er blieb noch eine Weile bei uns und stand uns in allem bei; er beurteilte die Situation und half uns indirekt bei unseren Überlegungen.

Angenommen wir wären nach Pau gefahren und hätten beschlossen, dort über Nacht zu bleiben?

»Wäre doch nichts Ungewöhnliches dran, wie?«

Warum nicht ein paar Decken nehmen und im angrenzenden Maisfeld schlafen? Die Nächte waren warm. Und dann würden wir ja sehen, was als nächstes passiert. Vielleicht legt sich der Sturm wieder. *Qui sait?*

Die Beamten, die bezahlt werden, das Gesetz durchzusetzen, und die ausgebildet wurden, die Bürger zu bewachen und zu beschützen, trafen ordnungsgemäß und planmäßig ein; zwei Gendarmen in Begleitung des Bürgermeisters. Mutter erzählte ihnen, die Jungen seien in die Stadt gefahren und am Abend nicht nach Hause gekommen. Nicht ungewöhnlich. Das tun sie gelegentlich.

Die nächsten paar Tage blieben wir an das Versteck gefesselt, schliefen schlecht auf dem Feld und hofften, daß Untüchtigkeit und Gleichgültigkeit die Oberhand gewinnen würden. Dann aber, drei Tage danach, tauchten sie wieder auf und schnappten Felix. Er war dabei, Mutter mit der Wäsche zu helfen, während ich auf der anderen Seite des Wegs außer Sicht den Kohl hackte. Ich konnte gerade noch sehen, wie die drei auf dem Fahrrad vorbeifuhren und zwanglos plauderten.

Meine Zeit war um! Ich mußte mich darauf einrichten, über die Pyrenäen zu gehen.

An dem Tag, an dem sie Felix abholten, schrieb ich Mutter einen Brief und ließ ihn in Pau in den Kasten stecken. Darin teilte ich ihr mit, daß ich zu dem Zeitpunkt, da sie den Brief erhielte, schon weit weg wäre und daß wir uns mit Gottes Hilfe nach dem Krieg wiedertreffen würden. Das war ein Trick, den ich aus einem Schundroman aufgegabelt haben mußte, aber er hatte den gewünschten Erfolg. Als die Gendarmen vier Tage später zurückkamen, kriegten sie den Brief zu lesen. Eine stundenlange, schweißtreibende Radtour – das war nicht nach ihrem Geschmack, wie man einen Vormittag oder Nachmittag verbringen sollte. Besser auf der kühlen Wache sitzen und Karten klopfen oder zum Fenster rausgucken.

Die Entfernung bis zur spanischen Grenze betrug ungefähr hundert Kilometer Luftlinie. Aber durch die Luft ging's nicht, und ich latschte den größten Teil der Strecke, immer am Fluß Gave lang nach Süden; schließlich wandte ich mich ostwärts dem Kurort Eaux Bonnes zu. Auf die Weise konnte ich die Gegner umgehen, ausmanövrieren und austricksen, die zweifellos auf mich in Laruns warteten, der letzten Bahnstation vor der Grenze. Irgendwo hatte ich am Wege eine Heugabel entdeckt, derer ich mich annahm. Sie zu tragen verschaffte mir keine Erleichterung, aber es verlieh mir Selbstvertrauen und den Anschein von Glaubwürdigkeit.

Auf den Zufahrtsstraßen nach Eaux Bonnes wird man von Straßenschildern willkommen geheißen, und man kann sich an den Krankheiten ergötzen, für die darauf Reklame gemacht wird. Wenn man die ansteigende Straße zu dem Städtchen hochkommt, dann stehen da: Arthritis, Neurasthenie, Tropenfieber, Rheumatismus, Hypochondrie, Fäule, Lähmungen, Asthma, Soor und viele Plagen mehr. Den müden Wanderer möbeln sie auf, erfüllen ihn mit neuem Elan, verleihen seinen Schritten einen energischen Schwung und erwecken auf seinem Gesicht ein Lächeln. Die Gipfel und Gletscher winken.

Nach dem Spießrutenlaufen durch diese Gebrechen und Mißgeschicke betritt der müde, doch wieder aufgerichtete Wanderer den Marktplatz mit dem Casino zur Rechten. Er braucht nicht nach dem Weg zu fragen. Die Berge liegen vor ihm und gestikulieren einladend. Die Landkarte zeigt, wie die vom Markt ausgehende Hauptstraße in einen Feldweg übergeht und dann zu dem steilen Anstieg führt.

Die Pyrenäen erheben sich abrupter als die Alpen. Der Übergang von der Ebene ist kürzer und steiler, was nirgendwo deutlicher ist als bei Eaux Bonnes, den »guten Wassern«. Das Städtchen endet plötzlich am Fuße eines bewaldeten Abhangs, und das Gelände wechselt von der fast ebenen Fläche plötzlich zu einer senkrechten Wand.

Nun begann die letzte Runde, die mich in die Gebirgswildnis bringen sollte, die letzten hundert Meter die Hauptstraße lang mit ihren vier Läden, dem Juwelier und dem Restaurant. Ich schaute rauf zu der einsamen Wolke, die sich wie ein Ring um die Spitze des Pic du Midi legte, und war guter Dinge.

Die Straße war leer, abgesehen von dem Juwelier

und einem anderen Mann, die leise miteinander sprachen. Nichts weiter dabei, möchte man meinen, nur daß mich der andere scharf aufs Korn nahm, als ich näher kam, und zu dem Juwelier sagte: »Paß mal auf, wie ich mir den elenden kleinen *youpin* greife!«

Ich war nicht nahe genug dran, um die genauen Worte zu verstehen, aber was sonst hätte er sagen können? Er war einer von den beiden Gendarmen aus Arudy, die vorher in jenem Sommer Felix und mich in der Mittagshitze aufgeschrieben hatten. Er trug Zivil.

Das Spiel war aus!

Zum Umkehren war es zu spät, denn ich konnte schon das Weiße in seinen Augen sehen. Zu dem Zeitpunkt war ich versucht, über die schmale Straße zu hüpfen und mich zu ergeben. Den Gedanken zu kapitulieren fand ich verlockend, noch dazu, wo dabei die Initiative bei mir gelegen hätte. Außerdem hätte es einen verführerischen Beigeschmack von Überraschung und Melodrama. Diese Geste würde mir die Genugtuung verschaffen, ihm den Wind aus den Segeln zu nehmen, Bescheid zu wissen, was man von mir verlangte, und meine Rolle richtig zu spielen. Er hätte gar nicht anders gekonnt, als mich mit Würde und sogar Respekt zu behandeln.

Gedanken ans Aufgeben und an theatralische Gesten mögen mir in dem Moment durch den Kopf gegangen sein und mich beinahe in Versuchung geführt haben, aber meine Füße liefen weiter. Mein Urinstinkt siegte, und unbekümmert geradeaus blickend, ging ich im selben Tempo weiter und hielt erst an, als ich mich auf halber Höhe des Berges befand.

Was immer mir in jenen ewigen Sekunden durch den Kopf schoß, meine Füße liefen weiter wie in Trance, und nach kurzer Zeit erreichte ich den Rand dieser kleinen Stadt, den Ort, an dem mir die Karte sagte, hier geht's Richtung Grenze. Dort stand eine niedrige Stützmauer, die zweifellos errichtet worden war, um zu verhindern, daß das Erdreich auf den Pfad rutschte. Sie symbolisierte gewissermaßen die Demarkationslinie zwischen Gesetz und Ordnung einerseits, die definitiv gegen mich waren, und der anarchischen Wildnis andererseits, die große Erwartungen weckte und mir ein Gefühl von Sicherheit vermittelte.

Einige Minuten schon war ich den steilen Hang raufgeklettert, als ich allmählich aus meiner Betäubung erwachte und gewahr wurde, daß ich es geschafft hatte. Freude übermannte mich, und ich hätte bestimmt laut gelacht, wenn ich nicht außer Atem gewesen wäre. Sollte der Kerl da unten sich die Sache anders überlegen und sich entschließen, mir nachzustiefeln, hätte er immer schön den losen Felsbrocken ausweichen müssen, die auf ihn zu gesprungen kämen, denn ich hatte den Vorteil, mich höher zu befinden, und die Schwerkraft war für diesmal mit mir im Bunde. Ich steckte die Heugabel in den steinigen Boden – diese zweizinkige Gabel mit dem glatten Stiel, die sehr gut der entscheidende Faktor gewesen sein könnte, daß diese Geschichte überhaupt geschrieben wurde.

Die Hirten weideten ihre Herden in den oberen Tälern um den Pic de Ger und den Lac d'Artouste, als ich dort langkam. Sie treiben die Schafe im August da rauf, wenn die unteren Wiesen abgeweidet sind. Dort oben bleiben sie, bis Schnee die Almen bedeckt und sie zwingt, an ihren Herd und zu den Familien zurückzukehren. Sie waren freundlich und vorsichtig bei Fremden und stellten keine Fragen. Sie nahmen an, ich sei unterwegs, um mich den Freien Franzosen anzuschließen – und alles Gute! Sie waren weder für noch gegen diese; ihre Überzeugungen trugen sie nicht auf der Zunge.

Mit Mißtrauen, Mitgefühl und Gastfreundlichkeit

führten sie mich an die Grenze, wobei mich jeder ohne viel Aufhebens in Richtung des nächsten Hirten auf meinem Wege weiterstupste. Ihre Schafe und ihre Geheimnisse hüteten sie eifersüchtig, wobei sie wie selbstverständlich Obdach und Essen teilten. Wie Bergziegen fanden sie ohne Anstrengung ihren Weg zwischen den Felsbrocken, beschuht und angetan in der Kleidung, mit der sie unten in den Dörfern rumliefen und ihr Tagwerk verrichteten.

Der letzte von ihnen brachte mich den abschließenden Anstieg zum Col de Sobe rauf, was sich als das schwierigste Stück erwies. Ohne ihn wäre mir das vielleicht nicht gelungen. Es war ein alter Mann, der wegen meiner Langsamkeit murrte und mir, sobald wir oben waren, Lebewohl sagte. *»Voilà l'Espagne«*, sprach er und war im nächsten Moment verschwunden.

Ich blickte runter und nahm eine total andere Landschaft wahr. Dieser Teil Aragoniens ist unwirsch, wenig einladend und ausgedörrt, das ganze Gegenteil von dem saftigen Grün der alten Provinz Béarn, die ich gerade verlassen hatte. Das Land hier schien dünn besiedelt, abgesehen von den knorrigen, zeitlosen Olivenbäumen, die von meiner Ankunft überhaupt keine Notiz nahmen.

Saragossa

Die beiden Kerle, die mich vom Bahnhof abholten, schienen nervös zu sein. Sie trieben mich hastig weiter und blickten sich verstohlen über die Schulter um. *»Venga!«* und *»anda hombre«* waren die ersten an mich gerichteten spanischen Worte. Und *»por aca!«* Doch als wir um die Ecke bogen, ließ ihre Nervosität nach, und der jüngere mußte unwillkürlich lachen. Der andere grinste. Jetzt liefen sie entspannt und ohne Hast weiter. Der ältere der beiden, er muß ungefähr sechzig gewesen sein, wandte sich mir zu und rief laut.

»Jefatura ... una hora.«

»Si«, war alles, womit ich auf spanisch als schlagfertige Antwort dienen konnte.

Das befriedigte ihn nicht.

»Una hora«, wiederholte der mit dem Gewehr und zeigte auf die nahe Turmuhr. *»Una hora de andar.«* Mit einer heftigen Aufwärtsbewegung des Unterarms zerschnitt er die Luft. Und dann schlug er sich an den Oberschenkel. *»Andar«*, wiederholte er. *»Andar.«*

Warum erzählte er mir das? Ich wußte doch, daß sie mich zum Polizeipräsidium brachten.

12. September 1942. Der Krieg wütete nun am stärksten und trieb seinem großen Wendepunkt zu. Es waren jene Tage von Stalingrad, das während der letzten beiden Wochen nach Meinung der deutschen Kriegsberichterstatter jeden Tag fiel. An diesem Morgen hatte

ich, nachdem mir eine Woche lang alle Nachrichten vorenthalten worden waren, einen kurzen Blick auf die Schlagzeilen werfen können. Es war nicht schwierig, die Überschrift zu verstehen, die erneut den bevorstehenden Fall der Stadt ankündigte. Widerstandsnester wurden »ausgehoben«. Für die schlecht ausgerüsteten deutschen Soldaten winkte ein zweiter russischer Winter; Stalingrad sollte ihr Friedhof und der von Millionen Sowjets werden.

Eine Stunde zuvor war ich bei meiner Ankunft auf dem Bahnhof von Saragossa von zwei scharfsichtigen Schnüfflern angesprochen worden, die meine Papiere sehen wollten. Als sich ihr Verdacht bestätigte, redete mich einer auf französisch an. Ungefähr in nördliche Richtung weisend, deutete er an, daß ich von *»la bas«* gekommen war. Mit einem Gebaren, als hätten sie ein gutes Stück Arbeit geleistet, übergaben sie mich den Bewachern mit den Gewehren.

Während der letzten Tage war ich über zahlreiche Pässe der Pyrenäen gestiegen, um den französischen Behörden zu entgehen, die für mich schon einen Platz in den Viehwaggons reserviert hatten. Die Absicht war, mich nach Drancy zu verfrachten, von wo Transporte nach dem Osten abgingen. In den letzten neun Jahren hatten mich Rassenbestimmungen immer weiter nach Süden und Westen geschoben. Von Berlin nach Wien und dann nach Zürich, Paris und Pau; und wer war ich schon, um mich diesem Trend entgegenzustemmen?

Wieder mal fand ich mich der Fähigkeit beraubt, mein Schicksal selbst zu bestimmen. Das gab mir ein beruhigendes Gefühl. Für den Augenblick würde niemand von mir verlangen, weitere Entscheidungen zu treffen.

Deshalb war ich nun also hier und ging über den Ebro an dem strahlenden Sonntagmorgen, zu beiden Seiten Gewehre – über jenen kapriziösen Fluß, der in

Rufweite vom Golf von Biskaya entspringt, aber dann darauf besteht, den ganzen weiten Weg durch die spanische Halbinsel ins Mittelmeer zu fließen und unterwegs die Wasserkaskaden von den Pyrenäen und der nördlichen Meseta aufzunehmen.

Leute gingen an der Luft spazieren und genossen die Sonne. Einige standen rum und beobachteten die Spaziergänger, und dann gab es noch welche, die heimlich die Spaziergänger und die Beobachter beobachteten. Und ich fühlte mich ganz obenauf und war stolz darauf, im sonnigen, faschistischen Spanien auf der verkehrten Seite des Gesetzes gesehen zu werden.

Meine beiden Begleiter und ich waren dabei, den Anstieg der baumumsäumten Calle de la Independencia zu meistern. Unabhängig von wem, fragte ich mich. Der Ältere keuchte nun. Er wandte sich mir zu und rief: *»¿Canzado ... fatigado?«*

»No«, brüllte ich zurück, denn ich lernte schnell. *»Me no fatigado.«* Ich war nicht müde.

»Pues asentar«, befahl er auf Kinderspanisch. »Dann setzen wir uns hin.«

Und ohne viel Aufheben ließ der alte *carabinero* seinen korpulenten Körper auf die nächste Bank plumpsen. Das Gewehr nahm er zwischen die Knie, so daß es direkt auf seine Nase zielte. Der jüngere von beiden, dessen Name sich als Pedro rausstellte, setzte mich hin und lief über die Straße, um sich Tabak zu besorgen. Bis dahin hatte er alles Reden dem Älteren überlassen, Don Alban, mit dem ihn trotz des Altersunterschieds und des verschiedenen Temperaments anscheinend eine gewisse Harmonie verband, eine wechselseitige Zuneigung. Als Don Alban endlich zu keuchen aufhörte, drehte er sich wieder zu mir und hielt mir seinen Tabaksbeutel vor die Nase. Dann bellte er in mein Ohr.

»¿Las manillas duelen? Eh?«

Ich war mir nicht ganz sicher, was er wollte, aber nun zeigte es sich, daß Pedro, der von seinem Ausflug zum Tabakhändler zurückgekommen war, über ein einigermaßen brauchbares Fanzösisch verfügte.

»Les menottes«, rüttelte er an meinen Handschellen, *»elles te gênent?«*

»Die stören mich nicht weiter«, antwortete ich, während ich mir unbeholfen eine Zigarette drehte. Aber wiederum gab sich der alte Knabe mit meiner höflichen Ablehnung nicht zufrieden und beharrte darauf, die Stahlfesseln noch mal zu prüfen und zu lockern. Seine ernste Besorgtheit rührte mich. Allmählich versammelten sich eine Menge Leute um uns. Mitgefühl und mehr Zigaretten wurden rumgereicht, und ein Ladenbesitzer bot Brot, Oliven und verwässerten Wein an. Der große Augenblick kam, als Don Alban mit bühnenreifer Geste unter der offensichtlichen Zustimmung der Umstehenden mir die Handschellen abnahm und mich ermunterte, mir die Handgelenke zu reiben. Die Leute wollten mich trösten und tätschelten mir den Kopf. Einige sprachen Französisch und gaben der Hoffnung Ausdruck, daß für mich am Ende alles gut ausgehen möge. Das Bemitleiden und Trösten hinterließ bei mir eine entmutigende Wirkung, und als sich die Menge wieder verdrückte und meine beiden *carabineros* das übriggebliebene Essen in meinen Ranzen stopften, bekam ich es mit der Angst.

Als wir uns dem Polizeipräsidium näherten, kehrte die von meinen Begleitern am Bahnhof an den Tag gelegte Nervosität wieder. Sobald sie mich abgeliefert hatten, trabten sie davon, ohne auch nur *adios* zu sagen und ohne einen freundlichen Händedruck.

Ich war auf ein hochnotpeinliches Verhör gefaßt.

Wochen zuvor war mir auf der anderen Seite des Gebirges beim Planen des Grenzübertritts klargeworden, daß es notwendig war, eine andere Identität anzunehmen. Meinen Namen mußte ich loswerden, so daß die Beamten keine Möglichkeit fanden, mich mit Hilfe der Nazis oder der Vichyer zu überprüfen. Es mußte, so überlegte ich, ein ähnlich klingender Name sein, auf den meine Reflexe prompt reagieren würden. Außerdem sollte er auch ein bißchen englisch klingen, denn vom Moment meines Überschreitens der Grenze an sollte ich ein Bürger Großbritanniens sein. Geboren in Manchester und seit meiner Kindheit wohnhaft in Boulogne-sur-Mer. Das, so rechnete ich mir aus, könnte mein fließendes Französich und mein stockendes Englisch erklären. Boulogne hatte ich mir aus zwei Gründen ausgesucht. Da ich dort einige Wochen verbracht hatte, kannte ich immerhin die Stadt ein bißchen, und da ich wußte, daß das Rathaus ausgebombt worden war, schloß ich zu Recht oder zu Unrecht, daß eine Nachprüfung schwierig wäre.

Zwei schweigsame Polizisten führten mich die Treppe rauf und setzten mich vor einen Schreibtisch. Sie hinterlegten einen großen Umschlag und gingen wieder. Ich war allein. Der unvertraute Geruch von Olivenöl war das erste und hervorstechendste, was ich wahrnahm.

Bald darauf trat ein junger Mann ein und setzte sich mir gegenüber. Er erinnerte mich an Buster Keaton, nur war er größer und gut angezogen. Still packte er den Inhalt eines Umschlags aus. Zwanzig Dollar und zweitausend französische Francs waren mir bei der ersten Durchsuchung auf dem Bahnhof abgenommen worden. Sie lagen nun auf dem Schreibtisch zusammen mit einem handschriftlichen Zettel. Der Beamte stellte den Umschlag auf den Kopf, in der vergeblichen Hoffnung auf mehr, aber nur eine einsame Büroklammer fiel raus und landete neben den Dollarscheinen auf der uralten Löschpapierunterlage. Buster studierte den Haufen wie ein Wahrsager.

»Papeles«, sagte er ruhig. Er machte eine fordernde Geste genau wie der Beamte in Zürich. Seine Augen strahlten die Überlegenheit des ehrgeizigen, jungen Mandarins aus, der zahlreiche Generationen hindurch für das höhere Beamtentum vorbereitet und ausgebildet worden war.

»Documentos.«

Die Sprachwissenschaft hat mich schon immer fasziniert, und mir war durchaus bewußt, daß, allgemein gesprochen, die Abweichungen der aus dem Lateinischen stammenden romanischen Sprachen nur in der unterschiedlichen Aussprache und in unterschiedlichen Endungen lagen. Deshalb sagte ich: *»Perdu en la montaña«*, wobei ich einfach das französische »u« spanisch klingen ließ.

Der verhörende Beamte stand auf, lehnte sich über den Schreibtisch, und ohne von einem Publikum ermuntert worden zu sein, gab er mir eine halbherzige Ohrfeige. Er ließ einen Wortschwall ab, in dem *»la verdad«* am häufigsten vorkam. Er wollte *la verdad* hören. *Todo la verdad* und nichts als *la verdad*. So wahr mir Gott helfe. Jetzt herrschte zwischen uns eine klare Verständigung.

Er griff sich einen Stift und machte sich zum Schreiben bereit.

»¿Nombre? ¿Nacionalidad? ¿Domicilio?«

Nun machte ich mich also daran, eine neue Seite aufzuschlagen.

»Alfred Bresnor, Anglais ...« Ich war ins Französische verfallen.

»Alors, vous parler français«, bemerkte er mit einem Seufzer der Erleichterung. Die Befragung sollte nun etwas zusammenhängender vonstatten gehen.

»Name der Mutter?«

Das überraschte mich nicht. Ich wußte, daß die Spanier den Namen beider Elternteile tragen und auf diese Weise jedem einen Doppelnamen verliehen.

»Mir unbekannt.« Ich wollte die Sache nicht dadurch verkomplizieren, daß ich mir zu viele Angaben einprägen mußte. Drei junge Polizisten waren unterdessen reingeschneit und standen unaufdringlich hinten in dem Raum, ganz wie Medizinstudenten in einer Universitätsklinik.

»Adresse?«

»Rue du Lion 14, Boulogne-sur-Mer, ich ...«

»Wie sind Sie denn ...?«

»... ich habe seit meiner Kindheit in Frankreich gelebt.«

Buster wurde fast verrückt.

»Beruf?« fragte er.

»Kellner.«

Er drehte sich zu den Anfängern um, und mit der Miene eines guten Komödianten, der über die eigenen Witze nicht lacht, übersetzte er.

»Camarero.«

Auf seine stumme Aufforderung hin brachen sie in ein Gelächter aus. Sie glaubten kein Wort von dem, was ich sagte. Es war ihr Job, kein Wort von dem zu glauben, was ich sagte.

Buster hatte eine saubere Handschrift, und er brauchte kein liniertes Papier, um gerade und präzise zu schreiben. *»Camarero«*, murmelte er noch mal.

»Wo haben Sie die Grenze überschritten? ... Wann haben Sie Boulogne verlassen? ... Wie sind Sie in den Süden gelangt? ...« Er sprach ein gutes Französisch. Meins war auch nicht schlecht, denn jetzt machte er mir ein Kompliment. Meine Beherrschung der französischen Sprache sei so gut, äußerte er, daß ich nicht nur lüge, Engländer zu sein, sondern ich stamme auch nicht aus Boulogne. Ich sei aus der Normandie, behauptete er, ein Normanne aus der Gegend von Le Havre.

Das mußte ich ihm schon lassen, er war ganz schön rumgekommen.

Sein Französisch sei makellos, konterte ich, und das hindere ihn nicht, Spanier zu sein, oder? Das tat seinem Herzen wohl, und er lächelte und taute auf. Er habe an der Sorbonne studiert, erklärte er.

Und so lief es weiter. Die Sitzung wurde ziemlich herzlich. Andere kamen und gingen, vermutlich Busters Kollegen aus seiner Abteilung. Sie brachten Verdächtigungen vor, erteilten Ratschläge und kamen mit einer Reihe unterschiedlicher ausgedachter Geschichten an. Gehörte ich zu der polnischen Flugzeugbesatzung, die in der vorigen Woche über Bordeaux runtergeholt worden war, oder zu dem kanadischen Kommando, das sich letzten Monat nach seiner mißglückten Landung in Dieppe der Gefangennahme entzogen hatte? Aber ihre Anstrengungegn liefen ins Leere, und das Verhör fand sein Ende ohne jedes Ergebnis.

Alfredo Bresnor hatte seine Schularbeiten gemacht.

Ich fühlte mich in Hochstimmung, als man mich runter in eine Zelle brachte. Die schwere Tür zu dem fensterlosen Loch fiel ins Schloß, und ich war zum allerersten Male in einem Raum von nicht mehr als zwei mal drei Metern eingesperrt. Ein lächelnder Polizist brachte bald Suppe und ein Stück Brot sowie kurz darauf eine stinkige Decke.

Halb neun abends, Sonntag, den 12. September. Das war die erste Nacht, seit mich drei Wochen zuvor die Gendarmen in Riupeyrous abholen wollten, in der ich im Luxus einer Polizeizelle auf einer Strohmatratze zugedeckt schlafen würde mit der Aussicht auf einen halben Liter heißen Kaffee und ein Stück Brot am Morgen.

¡Viva España!

Weder der ekelhaft stinkende Scheißeimer noch das laute Kartenspiel auf der anderen Seite des Korridors noch das grelle Licht konnten mich davon abhalten, mich aufs Ohr zu hauen und in tiefen Schlaf zu fallen. Es war ein harter und erfreulicher Tag gewesen.

Der Schwarzmarkthändler – *estraperlista* –, der am nächsten Morgen zu mir in die Zelle gelegt wurde, erzählte mir, daß wir am Nachmittag zur Entlausung gebracht würden, bevor man uns ins Gefängnis einliefern würde.

In Gedanken malte ich mir schon eine Wiederholung des gemütlichen Bummels durch die Stadt aus, der mir am Tag davor so gefallen hatte, aber mein stämmiger Mithäftling Señor Ruiz Blanco Rodriguez hatte andere Pläne. Er machte sich nichts aus dem Spaziergang, und sobald wir raus auf die Straße kamen, teilte er den beiden Polizisten mit, daß wir die Straßenbahn nehmen und daß er am anderen Ende des Wagens mitfahre, weil man ja von ihm nicht erwarten könne, mit uns zusammen gesehen zu werden.

»Claro«, lautete die gemeinsame Antwort unseres Begleitgespanns, die Worte des Delinquenten im Ohr, daß »mich die Leute hier in der Gegend schließlich kennen«.

Naturalemente.

Als unsere Köpfe geschoren und wir entlaust und desinfiziert waren, hatte unser Schwarzmarkthändler Señor Ruiz was dagegen, mit der Straßenbahn weiterzufahren, und mußte jedenfalls sowieso erst mal einen Schluck trinken. Die beiden Gewehrträger brauchten nicht lange auf seine Entscheidung zu warten. Er winkte ein Taxi ran und wies dem Fahrer den Weg durch Nebenstraßen zu einer Bar seiner Wahl, und wir marschierten alle fünf rein, um uns mit Cognac und Tapas bedienen zu lassen. Gestärkt und aufgemuntert zogen wir dann in schwelgerischem Taumel weiter zum *prision provincial.*

Protestierend und widerwillig nahmen die beiden

Gewehre Blancos generöses Trinkgeld an, bevor sie uns unseren neuen Ernährern übergaben. Einer der beiden – er hatte auf dem ganzen Weg vom Präsidium bis hierher kein Wort mit mir gesprochen – legte mir die Hand auf die Schulter und wünschte mir Glück.

»Buena suerte, chico«, sagte er mit einem Anflug von Besorgnis. Dann verschwand er mit seinem Kameraden und schlug die enge metallbeschlagene Tür hinter sich zu, die zum Einlaß für Gefangene bis zur Größe von zweieinhalb Meter ausgelegt war. Was sie mit den großen Kerlen machen, ist mir schleierhaft.

Dreieinhalb Jahre, nachdem in Francos Spanien wieder Ordnung eingekehrt war, fand ich mich in einer Zelle von vier mal fünf Schritt wieder, zusammen mit neun *muchachos*. Es gibt keinen besseren oder schnelleren Weg, Spanisch zu lernen, als auf engem Raum eingesperrt zu sein mit einer Gruppe junger, intelligenter Spanier. Señor Blanco hatte man nebenan einquartiert.

Weshalb waren sie hier drin?

Abgesehen von dem jungen Taschendieb, der sich bald als Spitzel entpuppen sollte, warteten sie auf ihren Prozeß oder auf die Verkündung des Strafmaßes, denn sie waren Soldaten der republikanischen Armee gewesen.

Man hatte sie 1937 und 1938 gefangengenommen.

Zu Beginn der dreißiger Jahre hatte die herrschende Oberschicht dem Volk die Demokratie zugestanden, doch bald rausgefunden, daß das ziemlich voreilig war. Genau wie in Österreich hatten die Leute schlechten Gebrauch von der ihnen kürzlich eingeräumten Freiheit gemacht und die falsche Partei gewählt, die nämlich, die den Armen ein dünnes Scheibchen von dem Kuchen abgeben wollte.

Das reichte. Die Uhr wurde zurückgestellt, und die Grundbesitzer konnten wieder ruhig schlafen.

Es gibt welche, die sagen, wenn du krank bist, darfst du nichts essen. Du willst doch deine Krankheit nicht füttern. Hungere dein Übel und die Bakterien aus, die es verursachen.

Im Durchschnitt teilten zehn Mann eine Zelle im Cárcel de Zaragoza. *Es handelte sich um Zellen, die ursprünglich für einen gedacht waren. Keine Möbel, nur eine Toilette in der Ecke. Manchmal mußten wir uns zusammenquetschen, um fünfzehn Mann reinzukriegen, während Nachbarzellen leer standen. Am Morgen rollten wir unsere Decken zusammen. Da war gerade genug Platz, daß jeder sitzen konnte, an die Wand gelehnt.*

Eines kalten Morgens blieb René aus Toulouse am Boden liegen, als wir anderen alle die Decken weggepackt hatten und auf den Kaffee warteten – einer der drei Höhepunkte des Tages; die anderen beiden Höhepunkte bildeten die Mittagssuppe und das Abendessen. Wir trieben René an und beschimpften ihn, aber ohne Erfolg. Mir ist nicht gut, mir tut alles weh, ich habe Fieber, brachte er hervor. Dagegen konnte keiner was sagen. Der Kaffee kam, und dem Mann, der die Schöpfkelle schwang, sagten wir, er soll einen von uns krank melden. Wir stürzten den schwarzen Saft runter, als René wissen wollte, wo sein Kaffee blieb. Sastre, der Taschendieb, erzählte ihm, daß er, René, krank gemeldet worden war.

»Na und? Wo ist mein Kaffee?« René kapierte nicht.

*»Na und«, klärte ihn Sastre in gutem Französisch auf, »*tu est au régime. *Du bist auf Diät gesetzt. Wenn du krank bist, dann kriegst du Diät. Es gibt nichts, bis dich der Doktor untersucht hat.«*

»Wann kommt er denn?« fragte René mit einigen Befürchtungen.

»Normalerweise kommt der Doktor am fünften Tag der Krankheit … also man kann ja von ihm nicht erwarten, daß er Leute untersucht, die vielleicht bloß einen oder zwei Tage krank sind. Ich meine …«

»Und was ist, wenn ich bis dahin abkratze?«

»Dann brauchst du ganz bestimmt keinen Doktor mehr, nicht wahr?«

René hatte Sinn für Humor und verstand durchaus dieses tiefgründige Argument. Noch vor dem Mittagsmahl weilte er wieder unter den Lebenden, gesund und munter.

Das ist ein ganz böser Trick, ein x-iger Haken. Joseph Heller war gerade neunzehn geworden und ging in dem Moment aufs College, wo er hart büffelte, um seinen Doktor zu machen. Sein Epos über Yossarian sollte erst nach weiteren neunzehn Jahren entstehen.

Es gab drei Kategorien von Gefangenen: Kurzzeithäftlinge, Langzeithäftlinge und zum Tode Verurteilte. Die meisten waren politische Gefangene und warteten entweder auf den Prozeß oder auf die Urteilsverkündung, oder sie saßen schon ihre Strafe ab.

Ungefähr einhundertzwanzig warteten auf die Hinrichtung. Man bezeichnetete sie als *penados* und hielt sie in Isolierhaft. Alle drei oder vier Wochen wurde ein Schub nachts abgeholt. Am nächsten Morgen wurden ihre Matratzen und Habseligkeiten vor ihren Zellen säuberlich hingestapelt, um von Verwandten abgeholt zu werden.

Nach zwei Wochen Quarantäne wurde ich in das sogenannte *governativos* verlegt. Es war für Kurzzeithäftlinge und stand unter Aufsicht der Polizei, die jeden bis zu drei Monaten festhalten konnte, ohne ihn der Justiz übergeben zu müssen. Von Zeit zu Zeit fegte die Polizei die Straßen leer, griff Verdächtige auf und hielt sie wegen irgendwelcher nicht näher bezeichneter Verbrechen fest, die diese Verdächtigen vielleicht gerade begehen wollten.

Eine ähnliche Argumentation sollte mir in den Jahren, als ich *in loco parentis* wirkte, in schulischen Einrichtungen begegnen. Eine Schar von Jungen, die sich auf eine Art und Weise benahmen, aus der man schlußfolgern könnte, daß sie gerade was vorhatten, was sich nicht mit den landläufigen Verhaltensregeln vertrug, pflegten vom Stellvertretenden Direktor für etwas mit dem Stock gezüchtigt zu werden, was sie vielleicht rein imaginär begehen könnten. Das nannte man »Vorsichtsmaßnahme«. »Ich griff gerade noch zur rechten Zeit ein«, oder: »Ich weiß nicht, was sie angestellt hätten, wenn ich nicht gerade eingeschritten wäre und sie daran gehindert hätte.«

Mir hatte man erzählt, daß Flüchtlinge in der Regel nach zwei bis drei Wochen in das Lager von Miranda verlegt wurden. Und ich saß immer noch da, während Wochen und Monate verstrichen, und sah verschiedene Gruppen von Ausländern, hauptsächlich Franzosen, kommen und gehen, und für mich gab es keine Anzeichen von Verlegung.

Genau drei Monate nach dem Tag meiner Einkerkerung sollte ich den Grund für die Verzögerung erfahren. Ich wurde vor den das Gefängnis besuchenden Richter gebracht, der in einem abgedunkelten Raum saß. Er teilte mir mit, daß ich vor Gericht gestellt worden war wegen des kriminellen Versuchs, ausländische Währungen in die spanische Wirtschaft einzuschleusen. Ich war schuldig befunden und zu drei Monaten Haft verurteilt worden, aber nun hätte ich meine Zeit abgesessen, und ich sei nun aus seiner gerichtlichen Zuständigkeit entlassen. Zurück in der Zelle kaute ich an meinen Fingernägeln und machte mir so meine Gedanken über die Tüchtigkeit des spanischen Rechtssystems und seiner Hochgeschwindigkeitsverfahren.

Drei Tage später wurde ich nach Miranda verfrachtet.

Miranda

Der Name Miranda rief in meinem Kopf Bilder von Kokospalmen und Sandstränden hervor. Aber in Miranda de Ebro war es Dezember, und es war ein Dreckloch. Das Lager lag neben dem Verschiebebahnhof des wichtigen Eisenbahnknotenpunkts zwischen Bilbao und Burgos. Es war kalt und schmutzig, und für mich hatten sie keinen Platz. Bei der Ankunft erhielt ich zwei Decken und einen Leinensack, der, mit frischem Stroh gefüllt, dem kastilischen Begriff *colchon* entsprach, was bei großzügiger Übersetzung soviel wie Matratze oder Strohsack bedeutete. Der Korporal im Strohlager bombardierte mich mit Fragen, weil er gehört hatte, daß ich gerade aus Saragossa gekommen war, seiner Heimatstadt. Zu seiner großen Enttäuschung kannte ich allerdings seine Straße nicht, und ich war auch nicht in der Lage, ihm den neuesten Klatsch zu servieren. Er begleitete mich zur Tür wie jemanden, der sich unter Vorspiegelung falscher Tatsachen reingeschlichen hatte. Als ich ihn fragte, wo ich hingehen soll, machte er eine abwehrende Bewegung und sagte: »Geh dir selber einen Platz suchen. *Anda*! Hast du Landsleute im Lager? Nein? Jeder hat Landsleute. *Paisanos*.«

Miranda war eine große Enttäuschung. Diesem Ort hatte ich gespannt entgegengesehen, ohne eine Vorstellung von ihm zu haben – der blaue Himmel in der Ferne. Jetzt konnte ich nicht mal einen Parkplatz für meinen Strohsack finden. Ich zog von Baracke zu Baracke, aber wen ich mir auch vorknöpfte, alle sagten: »Hau ab, hier ist's voll.« Die weniger Schroffen zuckten nur mit den Schultern und winkten mich in einer Vielzahl von Sprachen weiter.

Es gab da ungefähr fünfundzwanzig Ziegelsteinbaracken, jede auf zwei Stockwerken in vierzig offene Buchten geteilt. Jede Zelle sollte vier Mann beherbergen. Doch über die Jahre hatten sich viele Dauer insasssen zu einer Art Aristokratie gemausert und verständlicherweise ein gewisses Maß an Privatsphäre erworben, indem sie eine Decke vor ihr Abteil hängten. In einigen Fällen waren mehrere Zellen zusammen in »Appartements« verwandelt worden, in denen nur ein oder zwei Leute hausten. Besucher solcher Wohnungen waren angewiesen, »klopf, klopf« zu rufen – weil es keinen Zweck hatte, an eine staubige Decke zu pochen – und auf eine der möglichen Antworten zu warten, die von dem blumigen Wortschwall »He, komm schon rein, lange nicht gesehen, was macht dein Zimmergenosse?« bis zu der barschen Einladung »Fick doch einen Esel!« reichte. Manche Leute waren sehr direkt.

Die Tage des Jahres 1942 waren gezählt, ebenso die Tage der Invasoren von Stalingrad, die inzwischen abgeschnitten und eingekesselt worden waren. Die Krippenspielsaison war in vollem Gange, und es gab für den guten alten Alfredo, der mit seinen paar Habseligkeiten rumzog, keinen Quadratmeter, wo er seinen kostbaren, strohgefüllten *colchon* hinlegen und den Platz als seinen beanspruchen konnte.

Die anderen, die zugleich mit mir von Saragossa hierher verlegt worden waren, hatten alle schon eine Unterkunft gefunden. Die hätten mir helfen können, doch sie wünschten mich wohl eher auf den Mond. Vielleicht mit Ausnahme des jungen Martin. Aber der ließ sich nicht blicken. Ich kann ja ebenso ein unangenehmer Kauz sein, und das ist noch milde gesagt. Im Gefängnis hatte ich mit meinen Mitflüchtlingen auch keine Geduld, als sie Rat und Beistand brauchten.

Um fünf Uhr früh waren wir zur Abfahrt nach Miranda geweckt worden. Während sie uns paarweise Handschellen anlegten, griff ich mir Martin, mit dem ich mich in den zurückliegenden Wochen angefreundet hatte, und drängelte vor, um nicht an jemand anderen zu geraten.

Ich sagte: »Komm, Martin, lassen wir uns zusammenketten, damit wir nicht getrennt werden.«

Er warf mir einen seiner perplexen Blicke zu und zog die Hand zurück. Es war keine Eile.

»Laß mich los«, sagte er stirnrunzelnd, »reg dich ab, ja?«

Als wir endlich an die Reihe kamen, waren der Begleitmannschaft die Handschellen ausgegangen; die Zeit hatte für uns gearbeitet. So liefen wir nun alle paarweise mit unseren Koffern und Bündeln los durch die leeren, dunklen Straßen von Saragosssa, begleitet von vier Gewehren. Das sah aus wie ein Schulausflug; Martin und ich waren die einzigen, die sich nicht bei den Händen hielten.

Martin war zwei Jahre jünger und zehn Jahre reifer als ich. Er war ein Flüchtling aus Worms, einer Stadt, in der es schon eine jüdische Gemeinde gab, bevor die Franken im 9. Jahrhundert eintrafen. Jedenfalls erzählt man sich das. Ich bin kein Geschichtslehrer.

Behalten Sie das im Gedächtnis, und stellen Sie sich das Bild vor, wie dieser einsdreiundfünfzig große, erbarmungswürdige und zerzauste Alfredo Bresnor durch die Wohnbezirke der etablierten bürgerlichen Gesellschaft wandert, den Strohsack auf den Schultern, und um Einlaß bittet. Verstehen Sie, ich hätte vielleicht mehr Erfolg gehabt, hätte ich mich in einer der offensichtlich unterbelegten Buchten einfach hingeknallt. Aber ich war mit den Sitten und Gepflogenheiten nicht vertraut und fühlte mich mutlos und elend.

Dann klopft mir dieser Bursche auf die Schulter. Dieser dunkle, unordentliche Kerl, der mir schon seit einiger Zeit gefolgt war, hieß mich mit einem kurzen Befehl, mit ihm mitzugehen.

»Ven!«

Er nahm mich mit zum hinteren Ende der Baracke, wo er und seine drei bulgarischen Gefährten wohnten, und sorgte dafür, daß ich mich in der Sackgasse zwischen den letzten Buchten hinlegte. Da die beunruhigten Mitbewohner darauf bestanden, versicherten mein guter Samariter Leon und ich, daß das nur für eine Nacht sei. Die gottgefälligen Bulgaren drückten mir ein Glas Tee in die Hand und entschuldigten sich, daß sie keine Zitrone mehr hatten. Sie reichten mir auch ein halbes Stückchen Zucker, durch das ich den Tee auf russische Art schlückchenweise saugte, wie es mir mein galizischer Großvater beigebracht hatte. Außerdem flößten sie mir Hoffnung ein, denn sie sagten, sie würden mir am nächsten Tag helfen, ein dauerhaftes Quartier zu finden.

Hin und wieder taucht in einer heiklen, schwierigen Situation jemand auf, irgendein unwirkliches Wesen wie unser Bulgare, kaum von dem augenblicklichen unangenehmen Hintergrund zu unterscheiden, jemand, der Mitgefühl und Verständnis für deine Notlage zeigt und alles tut, um dir unter die Arme zu greifen. Manchmal besteht die Gefälligkeit aus ein paar Worten des Mitleids mit deiner Zwangslage oder aus einem nützlichen Rat aus Erfahrung, die der Betreffende dir zuteil werden läßt. Ein andermal wird mehr Großzügigkeit an den Tag gelegt: man leiht dir einen Löffel oder einen Bleistift oder ein Stück

Seife, oder man bringt sich fast um, damit du dich heimisch fühlst, und nimmt so der Not der ersten paar Tage in einer fremden, wenig einladenden Umgebung die Schärfe. Viele zeigen einem jedoch nur die kalte Schulter, wenn sie sich davon überzeugt haben, daß du nichts für ihr Überleben Brauchbares besitzt.

»Für mich hat auch noch nie einer was getan!«

Am Morgen nach Ausgabe des unvermeidlichen schwarzen Safts sieht alles immer etwas rosiger aus, und mir wurde ein Platz bei einem Italiener besorgt, der in der Küche arbeitete. Er war schon einige Jahre interniert, und seinem Mitbewohner hatte man kürzlich zur Freiheit eines Zwangsaufenthalts in Barcelona verholfen. Mario, der Italiener, bewohnte nun ein Abteil allein und brauchte jemanden, der auf sein »Zimmer« aufpaßte, wenn er weg war zur Arbeit. Dafür war ich geeignet. Sein Job bestand darin, die Feuer unter den Kesseln am Brennen zu halten. Einige Monate später sollte ich diesen Job erben, zusammen mit der Bezeichnung *fogonero*, als Mario unter Aufsicht des Internationalen Roten Kreuzes entlassen wurde, so wie wir im Herbst und Winter 1943 schließlich alle in überwachte Wohnsitze freigelassen werden sollten.

Singt ein Loblied auf die Organisatoren, Spendensammler und die große Menge von Menschen der ganzen Welt, die uns unterstützten, indem sie in ihre oft halbleeren Taschen griffen. Leute, die kaum ihren Lebensunterhalt zusammenkratzen konnten, spendeten emsig ihre schwerverdienten Pfennige, damit wir nicht in Vergessenheit gerieten. Gepriesen seien das Jüdische Hilfskomitee, das Rote Kreuz, die Quäker mit all den unermüdlichen Mitarbeitern, deren vereinter Anstrengung es zu verdanken war, daß wir aus dem Lager befreit und in die Lage versetzt wurden, in Madrid und Barcelona ein würdevolles Leben zu führen. Gepriesen sei der Christliche Verein Junger Männer von Genf, der mir auf meine Bitte hin Bücher schickte.

Ich zum Beispiel verspürte damals nicht die Dankbarkeit, die ich heute empfinde. Sie kam mir damals nicht in den Sinn, da ich es bestenfalls mit unpersönlichen Mitarbeitern verschiedener Wohlfahrtsverbände zu tun hatte. Vom Tage meines Übertritts in die Schweiz an, wo ich zum erstenmal was zu essen und ein Bett erhielt, vermutlich auf Kosten der Schweizer Behörden, bis zu der Zeit in Zürich, Paris und Barcelona, wo ich jede Woche meine Unterstützung abholte, hat man sich auf die eine oder andere Weise um mich gekümmert. Man hat mich nie vergessen.

Und wo ich schon mal dabei bin, sage ich Dank den einfachen Menschen in dem vom Kriege zerrissenen Frankreich, die meine Moral hoben, indem sie mir ihre Freundlichkeit bewiesen und mir ungeachtet ihrer eigenen Not beistanden und mir ihre Gastlichkeit zu einer Zeit gewährten, in der es geraten war, Türen und Fenster gegen alle verschlossen zu halten, die da anklopften. Dank all jenen, die mir und zahllosen anderen angesichts der Gleichgültigkeit und Feindseligkeit während der ganzen Naziherrschaft die notwendige Courage für unseren Überlebenskampf verliehen. Der knauserige Müller, der mich zum Abendbrot einlud und mir ein Bett bereitete, wo ich um nichts weiter gebeten hatte als um die Erlaubnis, auf seinem Heuboden zu übernachten, behandelte mich mit dem Respekt, der Wanderern und Landstreichern gebührt, der ihnen aber nur selten zuteil wird. Ohne die Hilfsbereitschaft von Menschen wie ihm wären für uns Not und Gefahren viel größer gewesen, gelinde gesagt.

In meiner Sammlung von Orten meiner Gefangenschaft kam Miranda an achter Stelle. Maisons-Laffitte, Athis-de-l'Orne, Mesley du Maine, Brive-la-Gaillarde, Montauban, Izeste und das Gefängnis von Saragossa. Es war nicht das beste, es war nicht das schlechteste, aber es war interessant. Verglichen mit Athis, besaß Miranda einen Beigeschmack von ehrwürdigem Alter. Über die Jahre hatte das Lager den Charakter einer Stadt angenommen mit Handwerkern und Dienstleistungen: Blechschmiede, Zimmerleute, Schneider, Schuhflicker, Uhrenreparateure, Barbiere und Prostituierte.

Gefängnisse und Haftlager sind zu Heterosexuellen unfair.

Wir hatten da Reiche und Arme. Es gab Glücksspielecken, Schutzbanden, Gold- und Devisenhändler und Betrüger. Auf dem ganzen Gelände herrschte ein geldgeschäftiges Treiben; eine vollständige Baracke diente dem Handel. Miranda glich der sprichwörtlichen Insel, deren Bewohner davon lebten, das jeder für jeden anderen die Wäsche wusch. Als sich das Wetter besserte, verwandelte sich die marokkanische Abteilung in einen Flohmarkt. Deren Bewohner hockten dann am Rande des Lagers vor ihrem Quartier und kauften und verkauften alles, von rostigen Nägeln bis zu Feuerholz.

In dem Winter gingen eine Menge Möbel über den Jordan, auch Holzpantinen und alles Brennbare. Was nicht gerade aus Beton war, war nicht sicher. Die Lagerleitung stellte bei der Unterhaltungsbaracke hastig eine Dauerwache auf und war froh, daß sie nicht irgendwelche Stühle oder vielleicht gar das Podium einbüßte. Aber die letzte Vorkehrung traf unser pragmatischer Lagerkommandant. Er löste das Problem durch erhöhte Wachsamkeit und dadurch, daß er gleichzeitig in der Stadt Brennholz kaufte und es zu einem subventionierten Preis weiterverkaufte, womit er die Händler unterbot und ihr Monopol auslöschte.

Es war Mitte Februar 1943, da ergaben sich in Stalingrad die Reste der 6. deutschen Armee, und die sowjetischen Streitkräfte stießen nach Westen vor. In Miranda wurde ein Komitee für Unterhaltung gegründet, und es begannen die Proben für einen Abend mit »Großem Varieté«. Das strenge Komitee erlaubte nur Mitwirkenden und Helfern den Zutritt zu der Baracke, behielt das Inventar ständig im Auge und paßte auf, daß nichts beschädigt wurde. Das Programm wurde unter Verschluß gehalten und sollte erst zur Premiere bekanntgegeben werden, am dritten Sonntag im März, zu der der Lagerkommandant und einige V.I.P.s eingeladen werden sollten.

Die folgenden Wochen hindurch schwirrte alles auf dem Gelände rum wie in einem Bienenstock. Handwerkszeug, Bauholz und Farbe wurden besorgt und Requisiten und Kulissen hergestellt.

Drei Tage vor dem großen Ereignis kratzte sich einer der vor dem Gebäude Wachhabenden den Kopf. Die ganze Zeit seit zwei Uhr nachmittags hatte er Leute in die Baracke reingehen sehen, aber niemand kam raus. Er kratzte sich weiter. In der Baracke war es still.

»¿Que pasa?« erkundigte er sich. »Eine Menge Leute gehen rein. Niemand kommt raus.« Sie gingen nachsehen, aber die Tür war von innen abgeschlossen. Die Fenster hatte man mit Bildern und Ornamenten dekoriert, was die Erwartung erhöhte und den Einblick verwehrte.

Sie schickten nach dem Korporal. Als der den Schlüssel nicht ins Schloß kriegte, improvisierte er das Öffnen der Tür mit seinem rechten Stiefel. Die Soldaten brauchten nicht lange, um die fünfunddreißig Mitwirkenden und ihre Helfer in dem fast fertigen Tunnel unter der Bühne zu entdecken.

Ausbrüche wurden regelmäßig versucht. Sie zeichneten sich durch Halbherzigkeit aus, weil die meisten nur als Übung in Großmannssucht unternommen wurden. Die erwischten Ausbrecher wurden ins *calabozo* abgeführt und dort ein oder zwei Wochen eingesperrt. Man betrachtete alles als einen großen Jux.

Die denkwürdigste Flucht gelang einem jungen Südamerikaner aus Lima oder La Paz. Der hatte sich heimlich eine Militäruniform geschneidert und war anscheinend eines schönen Tages, ausstaffiert als Leutnant, aus dem Lager spaziert, ohne mit der Wimper zu zucken. Am Tor salutierten sie, dann war er für immer verschwunden.

Das Lager verwaltete sich praktisch von selbst. Was immer es an obrigkeitlicher Aufsicht gab, hielt sich in Grenzen und blieb unauffällig; sie wurde durch die Barackenführer ausgeübt.

Wir bekamen ausreichend zu essen, und die Unterbringung war passabel für ein Lager. Aber die Hygiene war lausig, und wenn ich lausig sage, meine ich das wörtlich: es wimmelte nur so von Läusen und Wanzen: Doch die medizinische Betreuung war gut, und es kam zu keinem ernsthaften Krankheitsausbruch. Die Lagerverwaltung tat ihr Bestes; sie führte einen ständigen Kampf dagegen, räucherte und wischte andauernd, um Seuchen zu verhindern.

Eine Dusche war vorhanden, aber mit Ausnahme einiger Gesundheitsfanatiker benutzte sie niemand, denn es gab kein heißes Wasser. Im Winter wuschen wir uns kaum. Ein Freund von mir, ein brillanter junger Mathematiker aus dem Prager Ghetto, trug einen Mantel, dessen Kragen von einer Sicherheitsnadel dicht um den Hals zusammengehalten wurde. Für den Rest der kalten Jahreszeit blieb die Sicherheitsnadel unberührt. Die Schuhe zog er aber jeden Abend regelmäßig aus, bevor er sich schlafen legte.

In Wien sagt man: Im Wasser kann man ertrinken, aber Dreck bringt einen nicht um. Das bestätigte sich hier, denn wir hatten keine Todesfälle auf Grund der laxen Hygiene.

Man traf auf Kameradschaft und Zwietracht, auf Freundlichkeit und Gewalt und auf Beweise von Großherzigkeit. Man traf auch auf Arroganz, bescheidene Liebenswürdigkeit und Gleichgültigkeit.

Ich war der einzige »Engländer« im Lager. Aber die Idee, die Identität zu wechseln, stellte sich keineswegs als originell raus. Und es erwies sich auch als unnötige Vorsichtsmaßnahme, und zwar aus folgendem Grund: Francos Spanien schickte niemanden weg. Soweit ich weiß, wurde kein Flüchtling an die Deutschen oder an Vichy-Frankreich ausgeliefert, ganz gleich welchen Glaubens und welcher Nationalität.

Im Sommer 1943 kamen die ersten deutschen Deserteure tröpfchenweise rein. In jenem Sommer zählte das Lager ungefähr zweitausend Franzosen und achthundert Polen, die beiden größten Gruppen. Die übrigen etwa fünfhundert waren Belgier, Holländer, Jugoslawen, Tschechen und mitteleuropäische Juden. Hinzu kamen etwa fünfzig Südamerikaner, hauptsächlich aus Argentinien und Mexiko, aber auch aus Bolivien, Costa Rica und Kuba.

Viele der Franzosen, Polen und Belgier hatten sich als Kanadier registrieren lassen. Ein paar Brocken Französisch, selbst mit polnischem Akzent, genügten ihnen als Grund, auf diese Masche zu verfallen. Für die internen Verwaltungsbelange bildeten jene mit den Franzosen und Polen insgesamt sechs Gruppen. Diejenigen, die ihre wirkliche Identität angegeben hatten, und diejenigen, die das nicht getan hatten, so daß man also zu einer Zusammenkunft einladen konnte, um die Anliegen der *Belges-Belges* zu diskutieren oder die der *Belges-Canadiens* oder der *Polonais-Canadiens* oder der *Français-Français*. Eine Sorte, die es in Miranda nicht gab, waren die echten Kanadier. Die *Canadiens-Canadiens*.

Die Polen gehörten der sogenannten Armee General Anders' an, die sich den Franzosen angeschlossen hatten, um weiter gegen die Deutschen zu kämpfen. Diese Soldaten waren meist über Rumänien und Jugoslawien nach Frankreich geflohen. Sie befanden sich nun schon zum zweiten Mal auf der Verliererseite. Als politisch Rechte waren sie von den Erfolgen der Sowjetarmee im Sommer 1943 erheblich beunruhigt.

Die meisten Internierten wohnten bei ihrem Haufen. Spanisch war die Verkehrssprache, dicht gefolgt von Französisch.

Lyon

Während ich in Miranda rumtollte, ging es meiner armen alten Mutter in Frankreich nicht besonders gut. Jahre später erzählte sie mir, wie sie auf Felix' Anraten Riupeyrous verlassen hatte und nach Lyon gefahren war. Felix hatte es schließlich fertiggebracht, in die Schweiz zu gelangen. Er war der Auffassung, daß sie den Weg über die Grenze mit dem Kleinkind schon schaffen würde.

Nachdem Felix festgenommen worden war, hatte man ihn nach Rivesaltes gebracht, ein Lager an der Mittelmeerseite der Pyrenäen. Sowohl Gurs als auch Rivesaltes waren schon vor einigen Jahren errichtet worden, um den sich übers Gebirge ergießenden Flüchtlingsstrom aufzunehmen. Die Leute flohen, weil das spanische Establishment entschieden hatte, daß sie für die Demokratie noch nicht reif waren. (Freiheit und Demokratie sind für jene, die Verantwortungsbewußtsein zeigen, der Selbstbeherrschung fähig und in ihrem Wahlverhalten verläßlich sind. Verlassen Sie sich nicht auf mich, fragen Sie jeden beliebigen Politiker.)

Mit seiner angeborenen Behendigkeit war Felix Mitte November aus dem Lager geflohen und hatte sich über den Col de Balme nach Valais in der französisch sprechenden Schweiz durchgeschlagen, wo er prompt gefaßt und interniert wurde. Selbst in der Schweiz kein angenehmes Schicksal, aber dieses Land war zu jener Zeit relativ sicher. Relativ heißt, mit einem gewissen Unsicherheitsfaktor. Wo nun ganz Frankreich unter Besatzung stand, war die Schweiz ringsum von deutschen und italienischen Streitkräften eingeschlossen und gab unterwürfige Töne von sich.

Am Donnerstag, dem 14. Januar 1943, wollte sich Mutter gerade in dem kleinen Zimmer in der Rue Saint Bernard schlafen legen, in dem sie die ersten Nächte in Lyon verbrachte. »Zimmer« war übertrieben. Es war ein Raum mit vier Wänden und einem Fenster, das auf einen dunklen Luftschacht rausging. Da drin befanden sich ein schmales Bett und ein Stuhl, und es blieb gerade noch genug Platz, daß sie irgendwie in ihr Nachthemd reinkam.

Dort saß sie verwirrt und verdattert auf dem eisernen Bett. Sie versuchte, sich über die Ereignisse der letzten Tage und Wochen klarzuwerden. Sie wollte ihre Gedanken sammeln und Bestandsaufnahme machen; Gedanken und Bilder schwirrten ihr unzusammenhängend durch den Kopf.

Felix hatte ihr geschrieben und ihr dringend geraten, nach Lyon zu fahren, wobei er zwischen den Zeilen andeutete, daß er ihnen über die Grenze in die Schweiz helfen wolle. Als sie und die zwanzig Monate alte Monique in Lyon eintrafen, mußten sie jedoch wegen des früh einsetzenden Winters das Vorhaben fallenlassen. Also steckten sie dort fest, mitten im tiefsten Barbie-Land.

Mit ihren letzten Ersparnissen besorgte sich Mutter falsche Papiere, in denen als Geburtsort Straßburg angegeben wurde. Sie hatte Vorkehrungen getroffen, Monique irgendwo anders unterzubringen, damit sie sich besser mit dem Überleben befassen konnte. Getrennt hatten beide bessere Chancen durchzukommen.

Trotz des Traumas der letzten paar Monate, die in den Ereignissen jenes Nachmittags gipfelten, mußte Mutter alle Möglichkeiten genau abwägen und daran denken, irgendeine Art von Job anzunehmen.

An jenem Nachmittag hatte ein Mitarbeiter des Hilfskomitees in der Rue Catherine, das jüdische Kinder an sichere Orte brachte, die kleine Monique abgeholt. Das geschah im geheimen in der Rue d'Auberge, wo Mutter sich mit der Vertreterin des Komitees treffen sollte. Eine hochgewachsene Dame trat auf sie zu und murmelte das vereinbarte Losungswort. Ohne viel Aufhebens nahm sie das Kind, machte auf dem Absatz kehrt und ging davon. Mutter holte sie bei der Brücke ein und wimmerte: »Wo kommt sie hin? Wann kann ich sie besuchen?« Zweifellos vor Angst halb von Sinnen, zischte die Frau, sie soll abhauen. »Fragen Sie in vierzehn Tagen beim Komitee nach«, fügte sie hinzu, als sie mit dem Kind verschwand.

Was würde mit Monique geschehen? Wie lange sollte die Trennung dauern? Würden sie jemals wieder zusammenfinden? Das Komitee verfolgte die Taktik, keinen Besuch der Kinder zu gestatten und ihren Aufenthaltsort niemandem preiszugeben, weil das nicht nur das Leben der Kinder und der Pflegeeltern, sondern das ganze Unternehmen gefährdet hätte. Mutter hatte nichts weiter in den Händen als die Zusicherung, daß sie von Zeit zu Zeit über Moniques Befinden unterrichtet würde. In der Zwischenzeit sollte sie sich fernhalten und nicht unnötig nachfragen, weil das Komitee mit Arbeit völlig überlastet sei und in einem gefährlichen Klima operieren müsse.

Mutter ist nie ein sehr frommer Mensch gewesen. Mit zwölf Jahren fragte ich sie mal, ob sie an Gott glaube. Ihre Antwort lautete: »Das werde ich dir nicht auf die Nase binden.« Als sie nun so dasaß auf dem Ding, das als Bett diente, suchte sie sich *Krischma Lainen* raus und sprach die Abendgebete. Als sie geendet hatte, schlug sie einen Handel vor. »Rette meine Kinder«, flehte sie, »und fortan lasse ich dir regelmäßig alle dir zustehende Verehrung zuteil werden. Mich brauchst du nicht zu verschonen, wenn ich mich als unwürdig erwiesen haben soll, aber bitte rette meine Kinder.«

Die Unterhaltung mit demjenigen, an den die Gebete gerichtet waren, wäre ungefähr so verlaufen:

Mutter: Ich weiß, ich habe gesündigt. Ich habe meine Gebete nicht regelmäßig gesprochen. Ich habe meiner Lizzi und meinem Fred gekochten Schinken zu essen gegeben. Die Aufzucht von Schweinen hat sich ja seit den Tagen von Sinai ganz schön verändert.
Gott: Das zu beurteilen steht dir nicht zu. Die Auslegung des Gesetzes mußt du schon dem Rabbi überlassen.
Mutter: Vergib mir. Ich bitte nur um eins. Rette meine Kinder. Lizzi ist in England den Bombenangriffen der Deutschen ausgesetzt. Fred … ich weiß nicht, wo er ist. Er ging los Richtung Grenze. Hat er es geschafft, rüberzukommen? Ich weiß es nicht. Hat man ihn festgenommen? Ich weiß es nicht. Geht's ihm gut? Hat er genug zu essen? Ist er nachts warm zugedeckt? Ich habe keine Ahnung, wie ich das jemals erfahren kann. Und das Baby? Werde ich es jemals wiedersehen? Rette die drei! Ich werde jeden Freitagabend Kerzen anzünden und morgens und abends regelmäßig meine Gebete sprechen. Ich will in die Synagoge gehen, wenn ich Gelegenheit dazu habe. Bestrafe mich, wenn du mußt, aber rette meine Kinder.
Gott: Woher soll ich wissen, daß du das nicht bloß sagst? Du hast vorher schon meine Gebote nicht befolgt. Woher soll ich wissen, daß ich dir trauen kann?
Mutter: (Mit Nachdruck) Vertraue mir!
Gott: Ich will sehen, was ich tun kann.

Gott hielt Wort, und Mutter hat, wie es sich gehört, ihr Versprechen nie gebrochen. Sie erreichte das hohe Alter von achtundachtzig Jahren und hat noch erlebt, wie ihre Kinder, Enkel und Urenkel blühten und gediehen. Und sie war dankbar und lobte den Herrn.

Mutter wollte sich bei den Leuten in der Rue Catherine erkundigen, drei Tage, nachdem die Gestapo dort eine überfallartige Durchsuchung vorgenommen hatte. Um Haaresbreite wäre sie festgenommen worden. Barbies Polizei lag mehrere Tage auf der Lauer und wartete auf weitere Besucher. Im letzten Moment bemerkte sie, daß die Mesusa vom Türpfosten abgenommen worden war und einen hellen Fleck hinterlassen hatte. Sie kriegte es fertig, ruhig und ohne sichtbare Erregung an dem Haus vorbeizugehen. Alle dort Beschäftigten und alle Besucher waren inhaftiert worden, und man hat sie nie mehr gesehen.

Mutter hat viel durchgemacht in ihrem Leben. Noch dazu mußte sie in den beiden Jahren von September 1942 bis zur Befreiung 1944 mit der Not und den Qualen allein fertig werden, und sie hatte niemanden, an dessen Schulter sie sich ausweinen konnte.

Bescheiden, schmächtig, zurückhaltend ... Mutter ließ sich nicht anmerken, was sie wußte und wessen sie fähig war. Zuvorkommend und freundlich bot sie das trügerische Bild von Hilflosigkeit und Einfalt. Sie wurde am 14. Juli 1894 im Wiener Bezirk Hernals geboren, einhundertfünf Jahre nach der Befreiung der Gefangenen des Pariser Hauptgefängnisses durch die Stadtbewohner. Mutter erfüllte Stolz, am Tage der Erstürmung der Bastille geboren zu sein, obwohl sie nie irgendwelches politische Bewußtsein verriet.

Ihr Bruder, ihre Schwestern und sie selbst legten großen Stolz an den Tag, in einem fortschrittlichen, liberalen und emanzipierten bürgerlichen Klima aufgewachsen zu sein. Es war eine seichte Art von »moderner« Kultur, die kaum jene des abgegrenzten Viertels mit seinem östlichen Sittenkodex überwunden hatte. Ihre Mutter war als junge Frau aus dem heimatlichen Lemberg (Lwow), der Hauptstadt von Galizien, nach Wien gekommen. Sich auf ihrem quäkenden Detektorradio Verdis *Aida* anzuhören war für meine Großmutter der Gipfel kultureller Erfahrung. Meinen Großeltern wurde ein würdevoller Ausklang ihrer wenigen verbleibenden Jahre allerdings von den Mächten des Bösen verwehrt.

Was meine gute Mutter rettete, weiß ich nicht. Wenn sie schlau und arglistig gewesen sein sollte, so hat sie es nie offenbart. Sie war bescheiden, zäh und maß im Stehen einsfünfundvierzig. Sie besaß Ausdauer und konnte hart arbeiten, ohne die niedrigsten Verrichtungen im Haus zu scheuen. Aber vor allem konnte sie lachen. Ich vermute folgendes: Was immer sie alle Geschehnisse durchstehen ließ, was immer sie an Schlauheit, Instinkt und Intuition besaß, sie war sich dessen nicht bewußt. Mut? Dieses Wort ist über die Jahre so strapaziert worden, daß es nun ganz entstellt und unpassend ist.

In den Wochen nach der Befreiung Frankreichs wurde Monique ausfindig gemacht und wieder mit Mutter vereint. Das war ein untypisches Happy-End. 1945 zog Mutter, nun zweiundfünfzigjährig, nach London, wo sie als Haushaltshilfe reichlich schuftete und dabei genug sparte, um sich zehn Jahre später ein eigenes Haus zu kaufen. In jener Zeit durchlief Monique die Grund- und Oberschule und nahm eine Bürotätigkeit auf. Sie heiratete Len, einen gescheiten jungen Handwerker, schickte Sohn und Tocher auf die Universität und ist heute drauf und dran, Großmutter zu werden.

Haifa

Ohne sein Verschulden fiel mir Barcelona auf den Wecker. Dort brachten zwei frühere Insassen von Miranda und ich die Tage damit zu, in unserem besten Staat die *ramblas* und *avenidas* langzuspazieren, die Gabardinemäntel hübsch über den Unterarm gelegt. Wir spazierten da in würdevollem Müßiggang rum und taxierten kritisch die vorüberstolzierenden Damen. Und wir spazierten wohlabgemessenen Schritts, um nicht schon vor dem Mittag an der Plaza de Cataluña anzukommen. Am Abend genehmigten wir uns einen Importfilm und eine Tüte getrocknete Pflaumen vom Stand an der Straße. Einmal in der Woche holten wir sowohl unsere durchaus zureichende Zuwendung als auch unsere spärliche Post vom Hotel Bristol ab, wo die beiden Brüder Sequera – portugiesische Geschäftsleute – für die Verteilung verantwortlich waren.

Immer die *ramblas* im Kreise rum ging's, bis mir eines Tages schwindlig wurde und ich hinlief und mich für einen Platz auf dem Dampfer nach Palästina eintrug. Meine beiden Gefährten aus Miranda brachten mich zum Zug nach Cadiz.

Hier in Cadiz, dem größeren Hafen Spaniens an der Atlantikküste, warteten ein paar hundert mitteleuropäische Flüchtlinge auf den portugiesischen Passagierdampfer *Nyassa*. Er war vom Roten Kreuz gechartert worden, um die Glücklichen unter den Flüchtlingen in die USA zu verschiffen, und jetzt machte er die erste Reise mit Leuten, die ins Gelobte Land einwandern wollten.

Cadiz war der erste phönizische Posten außerhalb des Mittelmeers gewesen. Durch seine Geschichte winden sich die unabwendbaren Gastspiele der Herrschaft von Karthagern, Griechen, Römern, Moslemen und Christen. Nachdem die Christenheit Spanien wieder in Besitz genommen hatte, blühte Cadiz als Versorgungshafen für Königin Isabellas um sich greifenden, unerbittlichen Völkermord.

Im Jahre 1936 diente Cadiz als Sprungbrett für das militante Christentum, das mit Hilfe von Francos islamischen Truppen und Fremdenlegionären erneut in Spanien eingeführt wurde.

Unser Haufen junger Leute vertrieb sich die Zeit vor der Einschiffung damit, die Murillos im örtlichen Museum zu bewundern und, wenn es nicht regnete, zum Strand zu gehen und in die Ferne zu starren. An den Abenden hingen wir in den Bordellen rum und spielten den Mann von Welt.

Als wir dann ins Mittelmeer abdampften, ging die Sonne über dem Atlantik unter, und es war niemand neben mir, mit dem ich die Begeisterung hätte teilen können, zum erstenmal das vertraute Wahrzeichen zu unserer Linken leibhaftig vor mir zu sehen. Am Fuße des beherrschenden Felsens war die Stadt in die letzten Sonnenstrahlen getaucht, während in Algeciras auf der gegenüberliegenden Seite der Bucht die Lichter angingen, eins nach dem anderen. Auf der Fahrt passierte nicht viel; es gab Seekranke, zwei Schlägereien, zwei Raubüberfälle und zwei Hochzeiten. In der vierten Nacht glitt das Schiff an der von den Deutschen besetzten Insel Kreta vorbei, immer schön eng an die Küste der libyschen Wüste geschmiegt.

Es war am Sonntag, dem 2. Januar, da betrat ich zum erstenmal seit 1933 ein Land sozusagen durch die Vordertür, dank der Besatzungsmacht. Man bot uns Apfelsinen an, als wir an Land gingen, und drei Stunden später befanden wir uns wieder mal hinter Stacheldraht. Junge englische Soldaten hatten uns zu den wartenden Bussen geführt und uns in das Lager von Atlit südlich von Haifa gebracht. Es war ein Aufnahme- und Abfertigungslager, das von Anwerbern verschiedener Kibuzze wie auch von Funktionären politischer Parteien und religiöser Organisationen nur so wimmelte. Zahlenmäßig übertrafen sie die palästinensischen Regierungsbeamten, von denen die meisten jüdisch waren. Wir erhielten was zu essen, Vorträge und eine Strohmatratze.

In den nächsten drei Tagen wurde der Papierkram erledigt, und die medizinischen Untersuchungen fanden statt. Gleichzeitig sprachen Rabbis, Professoren und Vertreter aller nur vorstellbaren »akzeptablen« jüdischen politischen Überzeugungen zu uns und versorgten uns mit historischen Tatsachen und moralischen Rechtfertigungen. Alle nur vorstellbaren Gewissensbedenken betreffs unseres exklusiven Anrechts auf dieses Land wurden behandelt.

Vor nahezu neunzehnhundert Jahren war unser Tempel von römischen Soldaten zerstört worden. Das Leben war unerträglich geworden, und schweren Herzens entschlossen wir uns, Abschied zu nehmen und uns den Vettern anzuschließen, deren Vorfahren den strahlenden Lichtern gefolgt waren und sich in Alexandria, Rom und in entlegenen Ecken des Römischen Imperiums niedergelassen hatten. Zu der Zeit lebten zwei Drittel der Kinder Israels in so weit voneinander entfernten Orten wie Ephesus, Saloniki, Kertsch, im Rheinland und noch weiter weg. Auch in Babylon gab es eine stattliche, blühende Gemeinde, die Nachkommen derjenigen, die sich dortzubleiben entschieden hatten, als man ihnen die Rückkehr anheimstellte.

Die im Ausland Lebenden frischten ihre Lebensweise und ihren Menschenschlag mit der Kultur und dem Blut von Griechen, Römern und Assyrern auf. Sie hatten florierende jüdische Zentren gegründet, doch nie ihre Urspünge und nie das jedes Jahr über dem Passahmahl gesprochenene Gelöbnis vergessen: »Nächstes Jahr in Jerusalem.«

Die Briten (»Männer des Bundes«) waren 1917 in die militärische Auseinandersetzung eingestiegen, als General Allenby die Türken aus Jerusalem vertrieb. Bei der Aufteilung des Osmanischen Reiches nahmen sie Irak und Arabien unter ihren Schutzmantel und verteilten weitere rosa Gebiete über die Mercator-Projektion. Und wieder mal wurde den Kurden das Recht vorenthalten, ihre eigenen Angelegenheiten in ihrem eigenen Land selbst zu regeln.

Im Februar 1917 hatte der britische Außenminister Lord Balfour an Baron Rothschild geschrieben und folgendes erklärt: »Die Regierung Seiner Majestät betrachtet die Schaffung einer nationalen Heimstätte für das jüdische Volk in Palästina mit Wohlwollen ...« Doch gegenüber den Briten entwickelte dieses Volk ein Verhältnis der Haßliebe. Einserseits hatte die Balfour-Deklaration den zionistischen Traum »legalisiert«; andererseits war die Klausel hinzugefügt worden: »... wohlverstanden darf nichts unternommen werden, um die politischen und religiösen Rechte der bestehenden nichtjüdischen Gemeindschaften in Palästina zu beeinträchtigen.« Es ist eben alles nicht so leicht.

Dann appellierte 1922 der Völkerbund an die Briten, ihre koloniale Sachkenntnis und Erfahrung einzusetzen, um Palästina und Transjordanien als »Mandat« zu übernehmen.

Die Bürde des weißen Mannes!

Ich ließ mich wieder treiben.

Dem Kibbuz trat ich aus keinem anderen Grund als dem bei, daß mir in Atlit der Bursche gefiel, der für die linke Kibbuz-Bewegung werben kam.

Das war mir schon mal passiert und würde mir wieder passieren. In meiner Schwachheit machte ich mir was vor und glaubte, ich könnte mich wie eine kletternde Weinranke entfalten und im Schatten wachsen oder mit Unterstützung eines »Gurus«.

In Wien war ich aus ähnlichen Gründen etlichen politischen Strömungen beigetreten und wieder ausgetreten, hatte mich sogar der Beitar angeschlossen, der Jugendbewegung der revisionistischen Partei. Diese rechtsstehenden Zionisten unter Führung von Wladimir Jabotinsky zogen dafür ins Feld, nicht nur aus ganz Palästina einen jüdischen Staat zu machen, sondern aus Transjordanien noch dazu. Wir sangen feurige, aufrüttelnde militaristische Lieder und trugen britisch anmutende Uniformen.

Mitte der dreißiger Jahre tolerierte Österreich, ein totalitärer Einparteienstaat, genau wie Nazi-Deutschland die Aktivitäten zionistischer Parteien. Diese hielten regelmäßig Wahlen ab und propagierten offen ihre jeweiligen Ziele. Die Häuserwände in Wien, wo man der Bevölkerung insgesamt die Demokratie verwehrte, waren vollgepflastert mit Plakaten und Slogans für zionistische Kandidaten aller politischen Schattierungen, von der Linken bis zur extremen Rechten.

Als Mitglied der Beitar mußte ich in Wahllokalen aushelfen und Flugblätter verteilen, die den rechten Zionismus priesen. Wenige Monate später schob ich als Mitglied der linken Haschomer Hazair – der Jungen Wächter – Propagandamaterial, das die Vorteile des zionistischen Sozialismus hervorkehrte, in jüdische Briefkästen.

Der Kibbuz He'amal (»Arbeit« oder »Mühe«) war der linken sozialistischen Partei Mapam angegliedert. In Übereinstimmung mit allen jüdischen Parteien und Splittergruppen nahm Mapam ebenfalls keine Palästinenser in ihren Reihen auf, obgleich ihr Manifest einen Staat mit zwei gleichberechtigten nationalen Bevölkerungsgruppen forderte. Bei uns herrschte eine ethnische Trennung, lange bevor der holländische Begriff »Apartheid« geprägt wurde. Selbst die Kommunisten als einzige gegen den Rassismus eingestellte und nicht dem Zionistischen Kongreß angehörende Partei befanden sich in einem Dilemma. Sie hatten sich wegen abweichender Meinungen in der Rassenfrage und wegen der unterschiedlichen Anwendung des dialektischen Materialismus während der Rebellion der Araber in den dreißiger Jahren gespalten.

Da für die Gründer des Kibbuz kein Wohnsitz zur Verfügung stand, ließen sie sich auf Gemeindegelände nieder, das für eine Straße zum Strand von Kiriat Motzkin in der Bucht von Akko vorgesehen war. Dort hatten sie Hütten als Unterkünfte errichtet, eine Wäscherei, eine Küche und Werkstätten. Einige Mitglieder schickten sie in die nahe gelegene Ziegelei und in die örtliche Bäckerei als Leiharbeiter. Beide Firmen gehörten der Histadrut, dem größten Unternehmen und Arbeitgeber im Lande. Ihr gehörten Steinbrüche, sie engagierte sich im Bauwesen und im Tiefbau und besaß Aufträge für Projekte auf den iranischen Ölfeldern von Abadan. Die Histadrut ist die allumfassende jüdische Arbeitnehmerorganisation. Nichtjuden waren ausgeschlossen. Soweit ich weiß, war es die einzige Gewerkschaft mit Rassentrennung, außer der in Südafrika.

Kurz bevor ich eintraf, war dem Kibbuz etwa ein Hektar Land zugeteilt worden, am südlichsten Ende des jüdisch besiedelten Gebiets. Ruhama liegt zwanzig Kilometer östlich von Gaza. Schon kurze Zeit, nachdem unsere schrittweise Übersiedlung dorthin eingesetzt hatte, ergab es sich, daß uns verzweifelt wenige Arbeitskräfte zur Verfügung standen und Leute gebraucht wurden, das Korn zu ernten – unsere Vorausgruppe hatte Weizen ausgesät. Was war zu tun? Die Sache wurde auf die Tagesordnung einer Dringlichkeitsversammlung gesetzt, und nachdem kurze Zeit um den heißen Brei rumgeredet worden war, wurde vorgeschlagen, Einheimische aus dem Dorf zu beschäftigen. Bloß dieses eine Mal. Die Theoretikerin Zahavah ging in die Luft. Sie versuchte die Diskussion zu unterbinden, indem sie erklärte, daß über die Frage nicht debattiert werden könne, weil sie fundamentale Prinzipien berührt. Wie kann eine sozialistische Einrichtung ...? Ferner, wie wollen wir das mit unserer Liebe zum eigenen Volk vereinbaren, zu einer Zeit weitverbreiteter Arbeitslosigkeit von Juden?

Wie so oft in solchen Situationen, wenn einschränkende idealistische Skrupel geäußert werden, trugen jedoch die Pragmatiker den Sieg davon. Mit dem üblichen Ausbruch seines großen Widerhall findenden gesunden Menschenverstands erinnerte uns Simha daran, daß viele Zitrushaine in Flammen aufgegangen waren, als die Araber ihrem Widerstand gegen die ständig zunehmende Einwanderung von Europäern in ihr Land Luft machten. Lachend fügte er hinzu: »Gebt ihnen nun Gelegenheit, das wiedergutzumachen. Das ist alles, was ich verlange. Nur jetzt in dieser Saison.«

Zehn Tage später hatte sich die sozialistische Genossenschaft mit der Überzeugung, wer arbeitet, soll auch die Früchte ernten, nicht nur in einen Ausbeuter verwandelt, sondern kriegte es auch mit einem Streik zu tun. Die von uns angeworbenen Palästinenser hatten erkannt, wie dringlich wir sie brauchten und welche wichtige Rolle sie spielten, und verlangten nun mehr Geld, wie es die geldgierigen Arbeiter auf der ganzen Welt zu tun pflegen. Sie hatten uns in der Hand, und wir mußten der Erpressung nachgeben. Von da an arbeiteten sie frohgemut die ganze Saison hindurch, hatten sie doch eine Lohnerhöhung von ursprünglich 20 Prozent auf fast 35 Prozent des üblichen Lohns für jüdische Arbeiter erzwungen.

Ich wanderte das Wadi lang nach Dorot. Dorot ist ein seit zwei Jahren bestehender benachbarter Kibbuz. Auch sozialistisch, aber mehr zur Mitte tendierend, Ben Gurions Partei angegliedert. Ben Gurion war in erster Linie nationalistisch eingestellt, erst in zweiter sozialistisch. Aber nun ja, der Nationalismus geht eben über Parteipolitik.

Von zehn Uhr morgens bis vier Uhr nachmittags steht die Sonne von April bis Oktober auf Mittag, und so gesehen, wäre es höchst banal, von einem heißen Tag zu reden. Eine Feige erregt meine Aufmerksamkeit, und wie ich hingehe, um der Frucht teilhaftig zu werden, bemerke ich den Feind in Gestalt eines jungen Dorfbewohners, der dadrunter sitzt und eingenickt ist. Ich sause ziemlich schnell zur Seite und tu so, als hätte ich ihn nicht bemerkt. Nach zwei, drei eiligen Schritten höre ich ihn rufen. Er lächelt und bietet mir eine Traube Wein an, ein Luxus, den ich schon lange nicht mehr genossen habe.

Zu Hause beim Essen sagt man mir, ich soll mir nichts vormachen lassen.

»Wenn sie freundlich sind, beweist das nur ihre Falschheit«, sagt Simha, der mich mit Nachsicht und Verzweiflung anschaut. »Ihre Freundlichkeit erfordert von uns erhöhte Wachsamkeit und Bereitschaft. Sobald du ihnen den Rücken zudrehst, stechen sie zu.« Dann erzählt er fröhlich, wie er einem jungen Burschen aus dem Nachbardorf mit dessen eigenem Stock eine gehörige Tracht Prügel verpaßt hat.

»Aus welchem Grund?« fragt Rouga bestürzt.

»Das wird die Bastarde lehren, unsere Bäume in Ruhe zu lassen.«

Im voraufgegangenen Jahr hat unsere Vorausgruppe Eukalyptusschößlinge gepflanzt, die nun vier bis fünf Meter hoch sind. Der australische Eukalyptus, der höchste Laubbaum, den es gibt, gelangte um die Jahrhundertwende nach Palästina und hat sich dem Klima und dem sandigen Boden gut angepaßt.

Wo hatte er den Stock her ... von welchem Baum? Rouga verrät Besorgnis. Sie gehört zu denen, die sich von Anfang an um die Bäume gekümmert haben, damit sie die anfänglichen Schwierigkeiten überstehen.

Simha hat keine beschädigten Bäume gesehen. Jedenfalls bis jetzt noch nicht.

»Du nimmst also an, daß der Junge sich den Stecken von einem unserer Bäume abgemacht hat, aber du kannst es nicht beweisen. Hat er es zugegeben?«

»Natürlich nicht. Haben die jemals was zugegeben? Gibt es hier in der Gegend irgendwelche Bäume, die nicht uns gehören?«

Einfache Gerechtigkeit. Beweisführung durch Ausschließen.

Zu der Zeit war Rouga immer noch in der Lage, mit den Anforderungen, die die rassische Feindseligkeit an ihr Gerechtigkeitsgefühl stellte, durch Selbsttäuschung und Verdrängung fertig zu werden. Zwei Jahre später sollte sie den Kibbuz verlassen und der Kommunistischen Partei beitreten. Sie wurde 1948 bei einem Scharmützel bei Bab El Wad getötet; dazu war es bei den Unruhen nach der Entscheidung der Vereinten Nationen gekommen, Palästina zu teilen.

»Bloß weil sie in diesem Lande geboren wurden, haben sie noch lange kein Anrecht, Bürger eines künftigen jüdischen Staates zu werden«, argumentierte Simha immer. »Wenn wir sie als Mitmenschen behandeln würden ... ich stimme ja zu, das wäre schön ... schön, aber überhaupt nicht praktisch, denn dann würde es ihnen hier bestimmt gefallen, und sie würden nicht mehr weggehen.«

»Weshalb sollten sie denn weggehen?« wäre nun die übliche Frage gewesen. Darauf würde Simha stilgerecht mit einer großen Gegenfrage antworten, die den Opponenten zwingt, sich zu offenbaren und sich ohne weitere Überlegung zu einer festen Position zu bekennen.

»Sag mir eins, Herr Allwissend – oder Frau Allwissend –, haben wir nicht schon genügend Überbevölkerung? Was passiert, wenn alle Juden hierherkommen wollen? He? Willst du derjenige sein, der sie dann wegschickt? Dein eigen Blut? Beantworte mir das mal! In Zukunft brauchen wir mehr Raum. Dessen muß man sich nicht schämen. Uns muß ganz Palästina gehören.«

»Und wieso nicht auch Transjordanien und vielleicht Damaskus?«

»Das liegt noch in weiter Ferne«, würde Simha ganz nüchtern antworten. »Da mach dir mal keine Sorgen.«

Simha war seiner Zeit voraus. Er war ein Seher. Lange bevor der jüdische Staat existierte, vermochte er sich künftige Haltungen und Erfordernisse vorzustellen. Das letzte, was ich von ihm hörte, war, daß er in die Vereinigten Staaten ausgewandert war und ein elegantes Restaurant in der Innenstadt von Baltimore besaß.

Wir hatten nun Mitte November 1944. Fast das ganze Jahr über waren die Alliierten an allen Fronten weiter vorgestoßen. Im Sommer war die zweite Front errichtet worden; sie breitete sich von der Küste der Normandie fächerförmig nach Nordfrankreich und Belgien aus. In wenigen Wochen sollten die Deutschen mit allen Anstrengungen zu einem einzigen großen Schlag ausholen. Sie nutzten eine Schwäche in der Aufstellung der westlichen Armeen in den Ardennen aus und konnten einen begrenzten, verlustreichen Erfolg erzielen – in der Ardennenoffensive. Aber zu der Zeit war der Krieg schon unwiderruflich auf deutschen Boden vorgedrungen. Im Pazifik hatte man die Japaner gezwungen, die meisten Eroberungen wieder aufzugeben, Insel für Insel.

Während der letzten beiden Jahre waren die überwiegende Mehrheit der europäischen Juden und der Roma und Sinti wie auch Millionen anderer nicht am Kampf beteiligter Europäer von Hand der Nazis systematisch ermordet worden. Und Millionen unschuldiger Zivilisten kamen bei den von den US-amerikanischen und britschen Luftstreitkräften verübten Bombenangriffen um und sollten noch bei weiteren sterben.

Ich war nun fast ein Jahr im Kibbuz und wurde mit Fragen bedrängt, warum ich noch nicht förmlich die Mitgliedschaft beantragt habe. Die Begeisterung der Leute, ihre Zielstrebigkeit und Motivation hatten mich jedoch nicht angesteckt. Meine angeborene Ruhelosigkeit war nicht gewichen. Ich bin noch nie gut mit Leuten ausgekommen und war zu wenige Freundschaften eingegangen, um mich aufrechtzuerhalten. Auch vermißte ich den Geruch von Stahl und Kühlöl in der Werkstatt. Ich vermißte die strahlenden Lichter, die Eisdielen und den festen Asphalt unter meinen Füßen. Ich vermißte die kalte, unpersönliche, einen untertauchen lassende Umarmung der Stadt.

Nach längerer Gewissenserforschung verabschiedete ich mich mit geringem Bedauern. Ich zog nach Jerusalem, wo ich mich, aller Zwänge ledig und nach einer geistigen Heimat verlangend, auf die Suche nach der Kommunistischen Partei begab. Politisch und ideologisch war ich Analphabet. Ich war naiv, voller

Eifer und Ressentiment. Diese Mischung brauchte man zur Zeit Stalins, um sich an den dialektischen Purzelbäumen beteiligen und dabei nach außen hin den Schein von Normalität bewahren zu können.

Schließlich fand ich alle drei Mitglieder der Jerusalemer Parteigruppe im Café Sichel, wo ich prompt um zehn Piaster erleichtert wurde, als Spende für den Fonds »Stimme des Volkes«. Sie hatten wieder den alten Namen Kommunistische Partei angenommen, nachdem sie einige Zeit lang die Bündnis anregende Bezeichnung Antifa vorgezogen hatten.

Ich brauchte eine politische Orientierung, die meinen von sozialer Ungerechtigkeit ausgelösten Zorn besänftigte. Und wieder mal nahmen mich die Persönlichkeiten gefangen, denen ich begegnete.

Jerusalem

> »Hüte dich, mein Sohn, hüte dich vor jenen, die in Frieden kommen und eine Botschaft tragen.«
>
> *A. F. Pljuschkin, Kwadratnikow*

»Schalom, Baruch!«

Deborah winkt wild und überquert die King George Street, um mich abzufangen. »Wo hast du dich versteckt? Du bist letzten Mittwoch nicht auf der Gewerkschaftsversammlung gewesen.« Sie schaut mich vorwurfsvoll an, neigt ihren hübschen Kopf und erklärt, ohne zu lächeln: »Du läßt dich treiben. Wenn jemand nicht zur Versammlung kommt, weißt schon ... da verliert er das Interesse, weißt schon ... und treibt weg ... weg von der Partei ...«

Sie stellt was Offensichtliches fest und gestikuliert wild rum. Sicher, wenn die Teilnahme nachläßt, da treibt man so dahin. Weg oder sonstwie. Unabsichtlich verrät sie einen mangelnden Glauben ans Dogma und gibt zu, daß er ständig ideologisch neu aufgeladen und wieder aufgemöbelt werden muß. Ich war dabei, mich zurückzuziehen, da ich schrittweise den Glauben an diese Weltauffassung verlor, habe aber noch nicht den Mut aufgebracht, mir selbst die Wahrheit einzugestehen, geschweige denn anderen.

Ich beteure meine Unschuld. Natürlich treibe ich nicht weg. Ich und mich treiben lassen? Wie kommt sie denn auf die Idee? Ich hatte bloß viel zu tun, studieren und so was.

»Du weißt doch, wie das ist.«

Mit ihren Engelsaugen blickt sie mich kalt an. Ja, sie weiß schon, wie das ist. Ihre Sanftmut überwältigt mich. Sie streckt mir die offene Hand entgegen.

»Du schuldest fünfunddreißig Piaster«, sagt sie ernst in ihrer Eigenschaft als Kassiererin. Ich gehörte immer noch zur »Peripherie«, war noch weit entfernt von der »Kandidatur« zur Mitgliedschaft, aber was den Beitrag betrifft, gab es da keinen Unterschied.

Bei meinen Schuldgefühlen verschaffte mir die Übergabe des Geldes einige Erleichterung.

»Hast du heute abend was vor, Deborah?«

»Eine Versammlung in Tel Aviv«, versicherte sie kurz angebunden, ohne eine Alternative vorzuschlagen.

»Okay. Schalom dann«, gab ich niedergeschlagen von mir.

Von der anderen Straßenseite ruft sie: »Ruf mich mal im Büro an.« Das Luder! – Bloß weil ich nicht dabeigeblieben bin. Ich rufe nicht an. Drei Tage später ruft sie mich an.

»Was ist mit Donnerstagabend?« fragt sie.

Verstehen Sie, was ich meine?

Ich schwöre beim Allmächtigen, daß ich niemals Mitglied der Kommunistischen Partei gewesen bin.

Schlimmer noch!

Ich bin immer Nonkonformist gewesen, ein Fragender, ein Rebell, der alle Beziehungsstrukturen in Zweifel zieht. Einer, der genau untersucht und sich quält, einer, der sondiert, erforscht. Einer, der nichts für selbstverständlich hält, ein Skeptiker, ein Brütender. Ich habe Anfälle von Zugehörigkeit zu Ideologien und politischen Gruppierungen erlitten, aber ausnahmslos habe ich Ausschlag gekriegt, und ich wurde von der aktuellen Bewegung als unsauber und ansteckend wieder ausgespuckt. Trotzdem folgte ich der Parteilinie eine Weile und verfütterte ungeprüfte Annahmen an Leute, die nicht zuhörten, und an Freunde, die sich langweilten oder amüsierten.

Doch in der Kommunistischen Partei war kein

Platz für unabhängige Denker. Objektivität wurde auch nicht geduldet.

»Wie kann es sich jemand leisten, objektiv zu sein, während da ein blutiger Klassenkampf tobt? Kannst du mir das verraten?«

Diesen Söhnen und Töchtern der Revolution hatte man den letzten Tropfen Radikalismus aus den Adern gesogen; jenen Radikalismus und Widerspruchsgeist, wegen dem sie überhaupt der Partei beigetreten waren. Wie schon in meiner Kindheit wurde mir wieder gesagt, woran ich glauben soll, was oder wen ich anbeten soll. Stalin hatte die Partei von Radikalen und Idealisten gesäubert, nicht nur in der Sowjetunion, sondern jede Partei rund um die Welt. Und hier stand ich, ewig testend und sondierend. Wieso sollten die Schriften von Kierkegaard und Heidegger verworfen werden, aber die von Sartre nicht? Wenn Kubismus und Surrealismus reaktionär waren, wieso breitete man Picasso den roten Teppich aus? Warum? Warum kleideten sich sowjetische Diplomaten in »respektable« westliche bürgerliche Klamotten, wie sie sie gerade kriegen können? Warum trägt Molotow einen Schlips? War Stalin wirklich ein Superheiliger? War nicht sein zügelloses Inhalieren von Nikotin eine dekadente bürgerliche Schwäche? Bildete der Oktober 1917 das Ende der Geschichte?

Es ist den Kommunisten als Verdienst anzurechnen, daß sie mich auf meine nachmaligen Lieblingsschriftsteller, -komponisten und -maler brachten. Sie verspritzten Gift über die Namen Franz Kafka und James Joyce, Béla Bartok und Alexander Skrjabin, Giorgio de Chirico, Edward Hopper, Marino Marini ... und beschuldigten sie, die arbeitenden Klassen vom revolutionären Kampf abzulenken. Solche scharfe Kritik erweckte mein Interesse. Sie machte mir Appetit und förderte meine Bildung.

Mein revolutionärer Konformismus oder genauer

mein konformistischer revolutionärer Eifer schliff sich ab. Ich trieb von der Partei weg, nicht so sehr desillusioniert, eher zu wenig angeregt und dabei verwirrt. Wieder mal mußte ich unter Schmerzen die Nabelschnur durchtrennen. Die Kommunistische Partei war nichts für meinesgleichen, für Radikale und Rebellen. Bestimmt kein Ort für Revolutionäre.

Was meine Trennung beschleunigte, war die Zeitschrift *New Statesman and Nation*. Sie wurde von Kingsley Martin herausgegeben – dem am meisten unterschätzten Journalisten der Nachkriegsjahre – und übte Toleranz und Mäßigung. Im Hause eines Freundes fand ich Gelegenheit, sie mir etwas genauer anzuschauen, und mir eröffnete sich eine neue Welt. Elf Jahre lang habe ich sie Woche für Woche gelesen. Durch sie wurde ich allmählich zwanghaft gemäßigt.

Immer wieder kehrten aus Osteuropa stammende Parteimitglieder und Sympathisanten in ihre Heimatländer hinter dem Eisernen Vorhang zurück. Dazu hatte die Partei nie ermutigt, weil die Leute in Palästina gebraucht wurden, wo der Kampf weiterging. Dennoch entboten wir ihnen ein heldenwürdiges Lebewohl und wünschten ihnen glückliche Reise. Von ihnen hat man nie mehr was gehört. Was von ihnen blieb, waren Gerüchte, die besagten, daß sie am Leben waren, daß es ihnen gut ging und sie inhaftiert waren. Aber darüber wurde nie offen diskutiert.

Hier gab es in der Partei ebenso viele starrköpfige Fanatiker wie Intellektuelle. Aber die Literaten und Intellektuellen fühlten sich wegen ihrer akademischen Bildung schuldig und wetzten die Scharte dadurch aus, daß sie gegenüber den hartnäckigen Berichten aus der Sowjetunion über den gegen das Volk gerichteten Terror und über den Personenkult um Nummer eins die Augen verschlossen und ihre Vernunft schweigen ließen.

Ihr alle, die ihr in dieses Haus eintretet, lasset freundlicherweise eure Zweifel und Vorbehalte auf der Hutablage neben der Tür und zeiget euch dankbar für deren Beseitigung durch die Spende eines Wochenlohns!

Erlahmende Mitläufer wie ich wurden manchmal rausgegriffen, beiseite genommen, und ihnen wurden konspirative Anweisungen ins Ohr geflüstert. Meistens handelte es sich um ein Scheinunternehmen, aber es diente dazu, unser Vertrauen und unseren Stolz wieder aufzubauen. Eifrig holten wir das geworfene Stöckchen, legten es dem Herrchen brav vor die Füße und wedelten mit dem Schwanz, womit wir um mehr baten.

Sympathisanten pflegten zu unseren Freitagabendversammlungen zu kommen. Sie trugen demütig ihre sanften Vorbehalte vor und achteten darauf, nicht zu sehr auf ihnen zu beharren. Andere aufrichtige Suchende mit klarem Kopf, die mit aufgeschlossenen Herzen kamen, nahmen weniger Rücksicht und waren mit der Taktik unserer Jungen unzufrieden, weil die andauernd die Torpfosten verschoben. Sie beharrten energischer auf ihrer Ansicht und verursachten einige Verlegenheit, bis man ihnen vorwarf, sie seien Agenten des britischen Geheimdienstes, trotzkistische Kriegstreiber, Lakaien Trumans, Saboteure der Demokratie und des Fortschritts. Wer lästige Fragen stellte, wurde vom Versammlungsleiter zurechtgewiesen, und endete damit, daß er rausgeworfen wurde.

Die Praxis, Opponenten zu diskreditieren, statt sich mit ihren Argumenten auseinanderzusetzen, durch vernünftige Gedanken zu überzeugen oder die vorgebrachten Fakten und Schlußfolgerungen in Frage zu stellen, ist nicht auf Stalinisten begrenzt. Man trifft sie generell bei Fanatikern und Extremisten aller politischen Bewegungen und Anschauungen an.

Hier folgt eine kurze Pause, in der eine Liste pittoresker Bezeichnungen über den Bildschirm flimmert, die von Extremisten und Chauvinisten und all jenen, die Schwierigkeiten mit dem Denken haben, gebraucht werden:

Faschisten, Niggerfreunde, Zionisten, Lakaien des US-amerikanischen Imperialismus, Flammende Herzen, Liberale, Hohlköpfe, Judenfreunde, Antisemiten, Intellektuelle, Handlanger der Kommunisten, Pazifisten, Papisten, Emanzen, chauvinistische Schweine, Satansjünger, Wichser und naive Weltverbesserer.

Meine Vernarrtheit hielt einen Sommer an. Aber die ganze Zeit über fühlte ich mich eingeengt. Mein Unvermögen, diszipliniert zu denken, holte mich ein, und man traktierte mich mit erhobenem Zeigefinger und wohlmeinenden Umarmungen. Man nahm mich beiseite und erzählte mir, was ich für ein guter Mensch sei und wieviel ich beitragen könnte, wenn ich mich nur gegen Einflüsse von außen abschotten würde.

Vom Randbereich der »peripheren Unterstützer« habe ich es nie weiter nach oben gebracht, und mein Bruch mit der Partei vollzog sich allmählich und quälend. Mir war klar, daß ich gescheitert war und meine Freunde im Stich gelassen hatte.

Wie ein Magnet zog Jerusalem Propheten, Hellseher und Mystiker an. Sie boten einen vertrauten Anblick, wurden respektiert und in Ruhe gelassen. Da war ein junger Mann, der an Straßenecken sprach und was von sich gab, das wie ein mit Zahlen durchsetztes Kauderwelsch klang. Er trug ein Stück Schnur bei sich, auf »bedeutsame« Weise mit Knoten versehen. Manche Leute erschreckte er zu Tode. Mich nicht. Ich lachte ihm ins Gesicht. Eines Tages kam ich wieder bei ihm vorbei, und als ich ihn nachmachte und entsprechend gestikulierte, rannte ich gegen einen Laternenpfahl, der da plötzlich aus dem Nichts vor mir aufgetaucht war.

Ein anderer junger Bursche fuchtelte immer mit den Armen rum, machte Zeichen, die an einen Signalmast erinnerten, und hielt zwischenzeitlich minutenlang regungslos inne. An einem Regentag erlebte ich, wie er mitten auf der Straße eine hellrote Tischtenniskelle schwang und den Verkehr in eine Sackgasse dirigierte. An dem Nachmittag konnte man in der Gegend um die Russische Kirche ein ziemliches Hup- und Schreikonzert vernehmen. Diese Leute trugen Namen, die ihre jeweiligen Eigentümlichkeiten charakterisierten. Eine Frau hieß »Kescher le Achad«. Sie lief die Jaffa-Straße runter und die Ben Yehuda rauf und verteilte mit schwerem deutschem Akzent Flugblätter. Sie verkündete die »Bindung mit dem Einen«. Verärgert über die magere Resonanz, die sie hervorrief, beleidigte sie die Leute auf Teufel komm raus und geißelte sie wegen ihrer Dummheit. Per Zufall stellte sich eines Tages diese Dame mit den an Rosa Luxemburg erinnernden markanten Zügen bei einem Regenguß im Eingang zu dem Wohnblock unter, wo ich Zuflucht gesucht hatte. Sie sprach mich auf deutsch an, und wir begannen so was Ähnliches wie eine Unterhaltung. Warum ich nicht heirate, fragte sie. Woher wußte sie das?

»Oh, ich halte die Augen offen«, meinte sie. Sie sah mich ja immer in Begleitung einer Horde hartgesottener Junggesellen.

Sie fuhr fort und erzählte mir von Biarritz, wo sie ihre Jugendzeit verbracht hatte, und von der Gegend um Pau. Als sie an dem Tag auf den Stufen saß und mit mir redete, war das eine ganz andere Person als die, die ich kannte. Die harten Gesichtszüge wurden weicher, sie sprach ruhig und klar, ohne die theatralischen Gesten und die Inbrunst, die man sonst an ihr gewahr wurde. Entlastet von den zwingenden Anforderungen, die ihr die dringliche Mission auferlegte, schien sie entspannt zu sein. Doch beinahe mitten im Satz brach sie plötzlich den Plausch ab. Der Regen ließ nach, sie mußte sich wieder in den Kampf stürzen und das Wort verkünden. Als sich das nächste Mal unsere Wege kreuzten, weigerte sie sich, meinen Blick des Erkennens zu erwidern. Ich beließ es dabei.

Schon während meiner ersten Tage in Haifa war mir die ungeheure soziale Ungleichheit und Ungerechtigkeit bewußt geworden, die unter der palästinensischen Bevölkerung herrschte. Ein kleiner zerlumpter Junge beschwerte sich über die ungenügende Vergütung, die ihm der stämmige Mann mittleren Alters dafür anbot, daß er ihm die Taschen zur Bushaltestelle geschleppt hatte. Als der Knirps den Mann am Ärmel zupfte, bekam er eine Ohrfeige. Der hartnäckige Junge ließ nicht locker; jammernd und schreiend stieg er seinem Kunden in den Bus nach, nur um vom Fahrer rausgeworfen zu werden. Solche Szenen gab es nicht selten. Doch ich erlebte auch rührende Beispiele des Mitgefühls. Eine Gruppe gutangezogener junger Araber, vermutlich auf dem Nachhauseweg von einem unterhaltsamen Abend, kam an einem der vielen obdachlosen Kinder vorbei, das in einem Hauseingang schlief. Die Leute blieben stehen, bedauerten den Jungen und steckten etwas Geld in die Falten seiner Lumpen, ohne ihn aufzuwecken. Zugegeben, es war eine bloße Geste, aber sie geschah spontan und aufrichtigen Herzens. »W'Allah charam!« war ihr Ausruf, der ihre Gewissensbisse ausdrückte. Andererseits würden diese jungen Leute bis aufs Messer darum kämpfen, ihre Privilegien zu behalten.

Ich sah, wie ein Mann einer Schar junger Leute, offenbar Analphabeten, was vorlas. Immer um die Mittagszeit setzten sie sich um ihn rum und hörten aufmerksam zu; er hielt in einer Hand ein Buch und gestikulierte mit der anderen, womit er die wichtigen Punkte unterstrich. Er war sorgfältig gekleidet und trug stolz einen Fes. Es war alles ganz zwanglos, und der Mann verriet keine Anzeichen von Selbstüberhebung. Bei den Zuhörern, den Aufnehmenden, handelte es sich um Jungen vom Lande, *fallahin*, die nach Wissen dursteten. Sie waren in die Stadt arbeiten gekommen und schliefen in Hauseingängen.

Bildung war was für Reiche, es sei denn, man fand einen Platz in einer Klosterschule oder einer anderen freiwilligen Bildungseinrichtung. Aber selbst dann mußte deine Familie so »gut gestellt« sein, daß sie dich als Hilfe im Kampf ums Überleben entbehren konnte. Die meisten Jungen mußten helfen, die terrassenartigen Gemüsegärten zu pflegen, oder wenn sie in der Stadt wohnten, mußten sie Zeitungen frisch aus der Druckerpresse verkaufen, als Schuhputzer arbeiten oder als Gemüseträger. Was Mädchen betrifft, benötigten sie keine Bildung. In vielen Fällen betrachtete man eine Frau, die die geringsten Anzeichen von Belesenheit verriet und sich für was anderes interessierte als Hausarbeit, Feldarbeit und Kinderaufsicht, als eine Schlampe. Wenn man es sich genau überlegt, waren die am weitestgehenden befreiten Frauen die Prostituierten. Im Gegensatz zu ihren Schwestern in Frankreich arbeiteten sie für sich selbst.

Auf diese Sachlage blickten wir mit der Genugtuung der Tugendhaften und Rechtschaffenen, wenn wir beobachteten, daß es die Frauen waren, die den Garten besorgten und beim ersten Morgengrauen mit riesigen Körben auf dem Kopf die steilen Pfade aus dem Tal raufstiegen. Es waren die Frauen, die die Kinder aufzogen, kochten, sauber machten, die Wäsche wuschen und oft noch irgendeinem Handwerk nachgingen wie dem Spinnen und Weben. Zugegeben, man sah auch

Männer auf den kleinen Feldern und um das Haus rum arbeiten, doch man sah sie eben auch im Kaffeeausschank, außer Reichweite ihrer Ehefrauen.

Die Juden entstammten verschiedenen ethnischen Gruppierungen. Die Aschkenasim, grob gesagt die Mittel- und Osteuropäer, stellten nicht nur die größte Gruppe, sondern auch die Elite, den Verwaltungsapparat und die politische Führung. Die Sephardim waren die Nachkommen jener Menschen, die Ende des 15. Jahrhunderts aus Spanien vertrieben wurden. Ganz unten auf der sozialen Leiter standen verschiedene asiatische und afrikanische Gruppen, die Jemeniten, Kurden, Iraker, Bucharen, Perser, Syrer, die Juden aus Bombay und ein ansehnliches Kontingent aus Nordafrika, meist Marokkaner.

Alle besaßen ihre eigene Sprache und Kultur und ihre Sitten. Sie wohnten in voneinander abgegrenzten Vierteln, die nach Regionen und Familien weiter unterteilt waren. Sie beteten in ihren eigenen Synagogen. Heirat mit anderen wurden nicht gern gesehen.

Für die Nicht-Aschkenasim gab es einen allgemeinen Beinamen. Sie wurden als Frenks oder Schwarze bezeichnet und manchmal etwas freundlicher als Levantiner oder Orientalen, obgleich Casablanca westlicher liegt als das Herkunftsgebiet der Aschkenasim.

Diese »ethnischen« Juden stellten die Straßenkehrer und Bauarbeiter und die unteren Chargen der Polizei. Ihre Kinder waren es, die um fünf Uhr nachmittags die jüdischen Straßen rauf und runter jagten und die erste Ausgabe der Abendzeitungen verkauften – Zeitungen, die viele von ihnen nie lesen können würden. Das Analphabetentum war unter den östlichen Juden ebenso verbreitet wie unter den Arabern, und ihre Frauen erfuhren eine Behandlung, die der ihrer arabischen Schwestern glich.

Mama: Wo gehst du hin, mein Sohn?
Sohn: Ich geh spielen.
Mama: Nicht auf die Straße, kommt nicht in Frage. Nicht mit diesen Frenks, kommt nicht in Frage. Ich verbiete …
Sohn: Oh, Mama! Warum nicht, Mama? Mosche überläßt mir sein Hunde-Ausführen, und er bringt mir eine Menge Tricks bei.
Mama: Geh mit dem jungen Salman vom Manoon-Haus spielen. Das ist ein gut erzogener Junge. Der spielt nie auf der Straße, und sein Vater ist ein hochangesehener schocket.

Altstadt

> Nach Abimelech stand auf, Israel zu retten, Tola, ein Mann aus Isaschar, ein Sohn Puas, des Sohnes Dodos.
>
> *Buch der Richter X,1*

Als Metallwerker, der mit Hammer und Stemmeisen umgehen konnte, mit Feile und Bügelsäge, mit Schaber und Schleifmitteln, brauchte ich nicht lange, um selbst in einer Zeit, wo Arbeitsstellen dünn gesät waren wie in Palästina im Winter 1944, einen Job zu finden. Der große Arbeitgeber der lokalen Industrie, die Achte Armee, war weiter nach Westen vorgerückt, und als die Deutschen schließlich aus Nordafrika verjagt wurden, verlor Palästina seine Bedeutung als Versorgungs- und Zwischenstation.

Als im Sommer 1942 die deutschen El Alamein vor den Toren Alexandrias erreichten und den Sueskanal bedrohten sowie das ölgetränkte Gebiet jenseits davon, da griff Furcht über auf die Juden, das Geschäft blühte auf, und es gab reichlich Arbeit. Als die deutsche Bedrohung wich, da herrschte Freude, der Handel stagnierte, und Jobs waren nicht so leicht zu bekommen. Der Krieg, für viele der große Ernährer, war nun nach Italien gezogen, wo er der Bevölkerung Hunger brachte und dem organisierten Verbrechen den Wohlstand. Beim Feldzug auf Sizilien hatte das organisierte Verbrechen den US-amerikanischen Streitkräften geholfen, und ihm wurden dafür Zugeständnisse gemacht, von denen sich die Bevölkerung der USA und Italiens erst noch erholen muß. Die ausgefahrenen Fangarme der Großmacht USA sind nie abgeneigt gewesen, mit korrupten Elementen zusammenzuarbeiten, mit kriminellen Staatsoberhäuptern, mit Syndikaten und Verletzern der Menschenrechte. Ob Regen oder Sonne, die politische Zweckdienlichkeit ist stärker als das Schwert.

Die Royal Engineers (die Königlichen Pioniere), die mich einstellten, hatten einen unersättlichen Appetit auf gelernte Handwerker aller Art. In der Jerusalemer Vorstadt Talpiyot besaßen sie eine Reihe von Werkstätten, in denen Zimmerleute, Schmiede, Elektriker und Stahlblechwerker nützlich beschäftigt wurden.

Die Schlosserei war gut ausgestattet, und wenn wir nicht gerade so rumhingen, stellten wir alles mögliche Zeug für Offiziere her, auch für jene der niedrigeren Ränge, die in den Büros saßen, wenn sie auch irgendeinen Einfluß ausübten.

Die Maschinenhalle fabrizierte alles Mögliche, von Aschenbechern, Türklopfern, Zierschildern aus Messing bis zu Modellschiffen und Stehlampen. Die Schmiede fertigten individuell entworfene, schmiedeeiserne Tore, dekorative Kaminroste, Schürhaken und Stehlampen an. Zur gleichen Zeit stellten die Zimmerleute und Möbeltischler sowohl geschmackvolle Möbel im Stile der Zeit King Edwards her, schöne Intarsientablette, gedrechselte Salatschüsseln wie auch Stehlampen. Diese Schmuckstücke schickten die Offiziere zu äußerst geringen Frachtgebühren auf Schiffen nach Hause, die halb leer zurückfuhren.

Die Engländer äußerten ständig Dankbarkeit und Bewunderung für die gute Arbeit, die wir lieferten. Im Gegensatz zu anderen Arbeitgebern, mit denen ich es zu tun hatte, verliehen sie uns das Gefühl, wichtig zu sein. Sie gaben nie Befehle, wenn es auch mit Andeutungen und Fragen ging. Anstatt zu sagen: »Sie werden diesen Spannriegel so biegen und hier einen Haken anschweißen«, würden sie das in eine unschuldige Frage kleiden: »Würde es Ihnen was ausmachen ...?« Statt zu schreien: »Was zum Teufel machen Sie da?« sagen sie: »Ich würde ja den Bohrer rumdrehen und den Schaft einspannen, da geht es doch viel besser.«

Ich würde ... Sie könnten doch ... nicht wahr? Es war schon erstaunlich mit ihnen.

Sie besaßen eine entwaffnende Indirektheit, eine Quelle ewigen Wunderns.

»Ich würde ja erst mal den kupfernen Aschenbecher abschmirgeln ...«, oder: »Würde es Ihnen was ausmachen, diese Stemmeisen vor dem Mittag zu schärfen« – das waren unmißverständliche Befehle.

»Mir scheint ... es sieht so aus ...« Daran muß man sich erst gewöhnen.

Der Personalchef hieß Sahawi. *Sahaw* bedeutet Gold, und daheim in Litauen hätte er Goldmann geheißen. Die Ghettonamen wurden abgelegt und hebräisiert. So wurden aus den Pomeranzes die Tapusis, aus den Grünbergs die Jarockys und aus den Sternbergs die Kochawis.

Sahawi war ein hübscher, unangenehmer Mann. Wenn er lächelte, sah es aus, als täte ihm alles weh. Seinen Kopf bedeckte ein vom linken Ohr geliehener Haarschopf; wenn den der Wind unversehens packte, dann flatterte er unsinnig zur Seite wie eine Flagge, die um Hilfe ruft. Den Managerposten hatte er als langjähriges treues Mitglied der herrschenden Arbeiterpartei Mapai erhalten.

»Können Sie Feuerzeuge machen?« fragte Sahawi, um meine Eignung für die Royal Engineers zu begutachten.

»Aber natürlich«, antwortete ich.

»Und wann können Sie damit beginnen?«

»Zur sofortigen Zeit« antwortete ich in meinem bemühten Hebräisch.

Er nahm mich mit zu Mordechai, dem Zeitnehmer,

und zum Werkzeuglager. Samt meiner Kiste mit Feilen, Hammer, Körner, Reißnadel, Lineal und Richtscheit brachte er mich in die Schlosserei. Sobald wir eintraten, verstummte das Singen und Lachen. Sahawi teilte mir eine Werkbank und einen leeren Spind zu und zwitscherte ab.

Ich sagte: »*Schalom!*« und die anderen erwiderten den Gruß mürrisch, ohne aufzublicken. Die Vorfahren einiger dieser Männer lebten in Palästina seit der Verfolgung durch Königin Isabella, die Columbus' Reise nach Indien finanziert hatte. Noch vierhundertfünfzig Jahre nach ihrer Vertreibung unterhielten sie sich auf spanisch. Fremden gegenüber waren sie argwöhnisch, besonders gegen Aschkenasim. Den ganzen ersten Tag lang verfolgten sie jeden meiner Schritte mit Mißtrauen. Mosche rügte seinen Vetter Raphael, den jüngsten in der Gruppe, weil er versucht hatte, mir zu zeigen, wo die Toilette war. »*Deja lo estar!*« hatte er befohlen. Ich sollte mir selbst überlassen bleiben. Den ganzen ersten Tag über steckten ihre Bemerkungen voller Feindseligkeit, Argwohn, Mutmaßungen und Befürchtungen. Sie hatten mich als einen von *denen* eingeschätzt.

»*Die*, die uns Schwarze nennen! *Die*, die die Oberschicht bilden! *Die*, die die ruhigen Jobs kriegen!«

Die Tatsache, daß ich der schlimmsten vorstellbaren Katastrophe entronnen war, konnte sie nicht erweichen. He, wartet mal eine Minute! Das kenne ich doch. Das war doch vertrautes Gelände. Sie schnitten mich. Auf meine Fragen bekam ich nur einsilbige Antworten. Plötzlich verschwand mein Schemel. Der Strom wurde abgeschaltet, als ich gerade einen Schaber schliff. Sie behandelten mich wie Luft, ihnen stand die Genugtuung über meinen Verdruß ins Gesicht geschrieben, aus jeder Faser schlug mir Mißtrauen entgegen.

Hier fühlte ich mich zu Hause. Das hatte ich schon

daheim in Wien in der Fabrik für Gasboiler mitgemacht, wo ich der einzige Jude war: die kalte Schulter, kleine Dinge laufen schief, Signale im Wind, Feindschaft, die man riechen kann. Wie in Wien war ich hier ein Außenstehender, der die feste Ordnung bedrohte. An solchen Orten wie hier gibt es ganz gemütliche Absprachen, zu denen Vertrauen und Vertraulichkeit als wesentliche Bestandteile dazugehören. Ich bildete eine unbekannte Größe.

Da ich den Druck nicht länger aushielt, spielte ich am nächsten Morgen eine Trumpfkarte aus. Ehe Mosche zuschlagen konnte, sprach ich Raphael an und fragte ihn auf spanisch, wo ich *un martillo de leña* finden könne. Einen Moment stand der junge Raphael da, wie vom Blitz getroffen. Endlich brachte er die Feststellung raus: »*El habla espagnol!*« Natürlich hatten das alle gehört, denn wann immer ich den Mund aufmachte, hörte alles auf, und alle spitzten die Ohren. Jetzt umringten sie mich und bepflasterten mich mit Fragen, kichernd klopften sie mir auf die Schulter. Die Feindschaft war wie weggeblasen. Sie drängten sich um mich und erstickten mich mit Aufmerksamkeiten. Einer, der Spanisch spricht, kann nicht ganz so schlecht sein, selbst wenn es nicht ihr Dialekt war. Nun war ich als einer von ihnen akzeptiert, samt Warze und allem.

An dem Vormittag wurde noch viel gelacht. Ohne in Verlegenheit zu geraten, anerkannten sie die Art, wie ich am Tag davor ihre Mutmaßungen und Überlegungen mit angehört hatte und verstanden haben mußte. Die Situation war für sie genauso belastend gewesen wie für mich. Sie hatten mehr zu verlieren als ich.

Alle sieben waren miteinander verwandt und wohnten in der Altstadt. Und da ich noch eine Bleibe suchte, bestanden sie darauf, daß ich so lange bei Raphaels Familie wohnen sollte, bis man ein Zimmer für mich in derselben Straße gefunden hätte.

»Halte deinen Mund«, sagte Mosche mit zusammengebissenen Zähnen. Er war der selbsternannte, unbestrittene Vorarbeiter in der Schlosserei der Royal Engineers. »Du hast den Esel nicht gesehen ... du hast überhaupt keine Ahnung.«

»Welchen Esel? Wovon redest du denn?« Ich benötigte eine Erklärung.

»Hör auf meinen Rat, laß dich da nicht reinziehen.« Mosche wedelte mit den Armen. »Welchen Esel, habt ihr das gehört? Welchen Esel, will er wissen.«

Zu diesem Ausbruch kam es nach einer Unterhaltung, die zu einem Streit zwischen mir und dem Oberfeldwebel der Royal Electrical and Mechanical Engineers geführt hatte, die neben uns lagen. Der wollte untersuchen, warum an einem unter seinem Kommando stehenden Wagen beim Entladen in unserem Hof ein Scheinwerfer zu Bruch gegangen war.

Das ist die Geschichte vom Esel

Ein ziemlich dicker Mann schlendert gemächlich die Straße lang. Da wechselt sein Esel unvermittelt die Gangart und fällt in Trab. Esel sind geheimnisvoll und unberechenbar. Es sind Individualisten.

Der Esel biegt nach links, wie Esel das eben so an sich haben, und schlägt den Weg durch den Torbogen der Annähernden Vollendung zum fast gedrängt vollen Souk ein. Der stattliche Mann im besten Alter ist ganz aus dem Training und zu langsam; er erstickt fast an seiner Zigarette und verliert das kostbare Tier aus den Augen. Er knöpft sich ein paar Wasserträger vor, die da im Schatten hocken und eine Pause machen.

»Ihr da«, keucht er sie an, »... Esel fortgerannt ... habt ihr 'n gesehn?« Er zeigt die Straße rauf. »... lief da lang.«

Völlig ungerührt, gleichgültig und kaum wahrnehmbar schütteln die Angesprochenen den Kopf und behandeln unseren Mann wie Luft. Das befriedigt den Eselbe-

sitzer nicht, denn er steht sozial viel höher als die Wasserträger. Er wirft einen Blick zum Himmel und packt dann einen bei den Schultern. Immer noch keuchend und außer Atem, wiederholt er die Frage mit allem Nachdruck.

»Hau ab, mach schon«, antwortet der Blinde, »wir haben keinen Esel gesehn.«

Unser Mann kommt dem Ersuchen würdevoll nach und setzt die Verfolgung seines kostbaren Esels fort, den Pfad des Halben Gebets lang zum Platz Faktischer Erfüllung, wobei er die Rumstehenden und Touristen anspricht.

»Hast du einen Esel gesehn?« fragte er nun einen Standbesitzer, der dabei ist, seine aus Olivenholz geschnitzte Kamelherde zu verkleinern.

»Esel?« wiederholt der Standbesitzer. »Ja, ich hab einen Esel gesehn … mit einem Schlitzohr …«

»Schlitzohr … wo lang, wo lang?«

»Der lief da lang«, sagt der Verkäufer und zeigt mit seinem riesigen Zeigefinger, mit dem er Johannes dem Täufer auf dem Grünewaldschen Isenheimer Altar *unheimlich ähnlich sieht. Er weist rechts rum in die nahezu überfüllte Gasse des Teilweisen Überflusses.*

»Schlitzohr. Das ist er«, wiederholt unser Eseltreiber, und er legt alles in den letzten Sprint und biegt in die Gasse, die zum Berg Relativer Andacht führt.

Eine halbe Stunde später ist er wieder da und brüllt den Kerl an, der seinen Lebensunterhalt damit verdient, Andenken herzustellen; er schimpft ihn aus, weil der Esel, wie er behauptet, nirgends zu finden ist.

»Das ist schade«, sagt der Standbesitzer und bietet ihm ein ländliches Bild an mit einem Mann, einer Frau, einem kleinen Kind und einem Esel, geschnitzt aus dem Holz eines Olivenbaums.

»Ist das alles, was du dazu zu sagen hast?« keift unser Mann los und keucht und schnauft mit Schaum vor dem Mund. »WO IST ER?«

»Was meinst'n du damit, wo ist er?« sagt der Souvenirhändler und grinst ängstlich.

»Was meinst'n du, was meinst'n du? ICH WILL MEINEN ESEL WIEDERHABEN!«

»Ich hab deinen Esel nicht. Laß meinen Ärmel gehn.«

»Du hast ihn gesehn. Du hast zugegeben, daß du 'n gesehn hast, und jetzt ... jetzt erzählst du mir ...«

Nun wird die üble Szene langsam häßlich, als der örtliche Polizist auf der Bildfläche erscheint.

»Nanu, nanu, worum geht's denn überhaupt bei dem Krach hier?« Und: »Nicht alle auf einmal«, ruft er, als ihn die beiden Streithähne gleichzeitig anschreien. »Welches ist die geschädigte Partei?«

»Ich!«

»Ich!«

Nachdem sich der Polizist beide Versionen angehört hat, liest er sich noch mal seine Notizen durch und wendet sich an den Standbesitzer.

»Also du erzählst uns, daß du den flüchtigen Esel gesehn hast, und trotz der Tatsache, daß du den rechtmäßigen Eigentümer nicht auf dem Esel hast reiten sehn, hast du aus erwähnter Böswilligkeit dem besagten flüchtigen Esel aktiv und indirekt bei seiner Flucht geholfen und ihn dabei ermuntert. Was bist du 'n für einer? Eine Art Tierbefreier?«

»Ich hab nicht gewußt, wem der Esel gehört, und ...«

»Was haast 'n duu noch außerdem niicht gewuußt?« Der Polizist bläht die Silben auf, und er bläht seine mittelgroße Gestalt auf, und dank seines riesigen Kalpaks macht er einen fast furchteinflößenden Eindruck. Durch die geweiteten Nasenflügel tut er einen tiefen Atemzug.

»Es scheint, duu hast 'ne Menge nicht gewuußt, und ich bin bald am Ende mit meiner Geduld«, und: »ich werde gleich noch ganz ärgerlich«, fügt er mit der angelernten Autorität hinzu, die man ihm vor Jahren bei der Grundausbildung beigebracht hat. Der Polizist beleckt seinen Stift und fährt fort.

»Als du den Esel sahst, war da dieser Herr dabei?«

»Nein, der kam fünf Minuten später.«

»Also, obwohl du den Eigentümer fünf Minuten später gesehn hast, hast du vorsätzlich nichts getan, um die Flucht des Esels zu verhindern!«

»Aber ich ... ich ... wie ...«

Unten auf der Wache richten sie dem Andenkenverkäufer Scheinwerfer ins Gesicht, damit er gesteht, sich alles von der Seele redet und die ganze Sache erzählt. Wem hatte er den Esel verkauft? Wieviel hatte er dafür bekommen, und was hatte er sonst noch gestohlen? Hatte er aufgehört, keine Rundfunkgebühren mehr zu bezahlen, und warum nicht? Zu dem Zeitpunkt war der arme Idiot nur noch ein sabberndes Häufchen Unglück.

»Schon gut, ich will ja bezahlen, aber ich habe nur achtzig Kropleken bei mir ...«

»Das reicht nicht, er verlangt dreißig Stogits. Wenn du nicht zahlst, bleibst du im Knast.«

»Okay. Ich renne nach Hause weg, Geld holen.«

»Duu wirst niicht nach Hause wegrennen, wie du das nennst, weil du hier bleibst, bis du bezahlt hast ... natürlich trauen wir dir, darum geht's nicht. Es geht darum, daß das Vorschrift ist.«

»Also kann ich nicht weg, bevor ich nicht bezahlt hab, und ich kann nicht bezahlen, bevor ich nicht von zu Hause Geld holen kann ... ich meine ... das ist schon ein übler Trick.«

Chart al Jahud, das Jüdische Viertel, war eine eng zusammengewachsene Gemeinde, ein mittelalterliches Dorf mit Läden und Handwerkern: Silberschmieden, Besenbindern, Schustern, Schneidern, Matratzenmachern, Metallarbeitern und dem unvermeidlichen Barbier. Alle wohnten und arbeiteten in ihrem Haus. Türen wurden kaum verschlossen. Der lokale Einbrecher gehörte mit zur Gemeinschaft und pflegte seinem Gewerbe in der neuen Stadt nachzugehen. Jederzeit fühlte man sich willkommen, und man wurde immer gedrängt, zum Abendbrot zu bleiben. Obwohl die Juden je nach ihrem Herkunftsland in *aïdot* unterteilt waren, funktionierten sie dennoch als eine geschlossene Einheit innerhalb der Einwohnerschaft dieses historischen Ortes.

Die Leute begegneten einem offen und waren zugänglich, und ich habe in kurzer Zeit viele Freunde gewonnen. Obgleich ich der einzige »Europäer« innerhalb der Stadtmauer war und als solcher als Außenseiter und Eindringling gekennzeichnet war, wurde ich wie jemand behandelt, den sie schon immer gekannt hatten, wie ein Familienangehöriger. Sie liebten mich, weil ich gekommen war, mit ihnen zusammenzuleben.

Ihre Kinder wuchsen mit ihrer jeweiligen Sprache auf: Spanisch, Kurdisch, Bucharisch, Persisch oder mit nordafrikanischen Dialekten, wobei Hebräisch die alle verbindende Sprache war. Sie unterhielten sich auch auf arabisch mit all den nichtjüdischen Gemeinden wie den Palästinensern, Armeniern, Griechen, Abessiniern und einigen chinesischen Händlern, die alle diese von einer Mauer umschlossene Stadt bevölkerten. Es gab keine Schulpflicht. Wer Glück hatte, konnte auf eine englische Klosterschule gehen oder auf eine der französischen Schulen außerhalb der Stadtmauer, die ihn dann mit einer weiteren Sprache bekannt machte. Mit drei oder vier Sprachen aufzuwachsen war keine Seltenheit.

Wie in so einer dicht zusammengedrängten Menge nicht anders zu erwarten, gab es Streit, enge Bindungen und Konflikte. Aber die Fehde der beiden Familien in der Karajim-Straße ging schon über viele Jahre, und soviel ich weiß, hatte man den Anlaß längst vergessen. Diese beiden jüdisch-spanischen Familien trugen römische Namen, Antebi und Kapeta, und wohnten nahe beinander. Mit den jungen Leuten stand ich mich gut, und ich fand, daß in beiden Häusern die Gastfreundschaft groß geschrieben wurde, womit man in so einer angespannten Situation rechnen konnte.

Am Sonnabend, dem Sabbat, herrschte immer große Geselligkeit. Da liefen die Männer im Pyjama rum, saßen im Café, spielten Karten, besuchten sich gegenseitig und nahmen vom *hamin* des anderen zu sich. Sie tranken immer Arrak und Kognak, wurden sehr laut, und mit fortschreitender Morgenstunde büßten sie die Fähigkeit ein, klar zu denken.

Hamin gehörte zum Sabbat. Da der jüdische Glaube Arbeit am siebenten Tag verbietet und das Kochen eine Arbeit ist, hat sich der Samstageintopf rausgebildet. Die Bewohner des Jüdischen Viertels haben daraus eine Kunst gemacht. Am Freitagnachmittag füllten die Hausfrauen ihre Tongefäße mit Fleisch, Bohnen, Kartoffeln, Eiern, Zwiebeln, Knödel, Perlgraupen, Gewürzen und Wasser. Das wurde zum nächsten Bäkker gebracht, der die Töpfe in den immer noch heißen Backofen stellte. Die Nacht über kochte der Eintopf bei geringer Hitze.

Hamin oder *tscholnt* wird von elf Uhr, wenn die Männer vom Gebet oder Pokern heimkehren, bis weit in den Nachmittag hinein aufgetragen. Die jungen Leute ziehen von einem Haus zum anderen, essen hier ein gekochtes Ei, nehmen da einen kräftigen Schluck Arrak und haben den Mund noch voll, wenn sie im nächsten Haus eintreffen. Dort werden sie überschwenglich begrüßt, über die Unterhaltung kurz informiert und einbezogen.

Am Nachmittag wurde der offene Platz am Zion-Tor zum örtlichen Korso.

Der Korso, dieses Freilufttheater, Schlachtfeld der Geschlechter und Grand Canyon für den Beobachter und Erforscher der sich entfaltenden Geselligkeit, war der Ort, wo der zuschauende Kenner Entwicklungen erraten und vorausahnen konnte. Hierhin pflegte das begierige Publikum Woche für Woche zu pilgern, jeder an seinen angestammten Platz, um sich die nächste Folge anzusehen. So war es jedenfalls, bevor das sterile, vorgefertigte, vorgewärmte, vorverdaute und mit dem schweren Holzhammer bearbeitete elektronisch übertragene Schauspiel aufkam. Vor den Tagen der uns berieselnden Bilder spazierten die Leute nach dem Abendbrot durch die Straßen ihrer Gegend oder standen an Straßenecken oder vor einem Fenster, alle zugleich Mitwirkende und Zuschauer.

Oh, wo ist der Schnee von gestern abgeblieben?

Die Jungen stolzierten immer gruppenweise rum und hielten Ausschau. Die Mädchen gingen nur hin, um kichernd Neuigkeiten auszutauschen, und taten so, als existierte das männliche Geschlecht überhaupt nicht.

Der Korso war ein lebendiger Garten. Alle Wachstumsphasen waren in den verschiedenen Stadien der Beziehungen und Zuneigungen vertreten. Mit fortschreitender Zeit bildeten sich allmählich unter den Älteren Paare, und sie verschwanden dann immer, um als Verlobte oder frisch Verheiratete wiederzukommen, mit den ersten Anzeichen von Falten auf der Stirn.

Das Kaffeehaus fungierte als Haupttribüne für die Männer, die beim geräuschvollen Kartenspiel oder Backgammon von dort ein wachsames Auge auf ihre Töchter und Schwestern warfen. Die Frauen saßen auf der niedrigen Mauer auf der anderen Platzseite und gluckten und klagten. Sie jammerten und bemitleideteten einander wegen der Mattheit und der hohen Ansprüche ihrer jeweiligen Ehemänner.

An einem solchen Tag löste sich ein Kapeta-Junge von seiner Schar und begann mit einem der beiden Antebi-Mädchen zu plaudern, die noch ungebunden waren.

Niemand von den verfeindeten Familien runzelte die Stirn, als aus der Freundschaft eine echte Bindung wurde. Im Gegensatz zu ihren Ebenbildern aus Verona wurde das Paar wechselseitig in beiden Elternhäusern willkommen geheißen. Bei der Vorbereitung der Hochzeit wurde Burgfrieden zwischen den verfeindeten Familien geschlossen. Die Feindschaft verlor an Boden und wurde nie mehr neu entfacht.

Sarafant

Sarafant war ein riesiges Munitionsdepot, das mal der Achten Armee bei ihrem Vorstoß nach Westen gedient hatte, bei dem die Deutschen aus Nordafrika – El Alamein, Tobruk, Tripolis, Tunis – vertrieben worden waren. Jetzt lief Sarafant im Leerlauf, behielt aber seine Bedeutung wegen seiner zentralen Lage und der Nähe zu den Ölvorräten des Britischen Empires bei. Auf dem Gelände befanden sich fünfundzwanzig Meilen Asphaltstraßen, und es gab getrennte Toiletten für Palästinenser und Europäer. Es wurde von den Royal Engineers geleitet und von einem nordrhodesischen Regiment bewacht. Hundertfünfzig Zivilisten wurden zum Unterhalt und für Bauvorhaben wie auch für die Arbeit in den Werkstätten beschäftigt. Ich bekam da im Januar 1945 einen Job. Dort schwappte eine ganze Menge Geld rum, und wo es für zwei Leute Platz gab, wurde einer als zu wenig betrachtet. Wir Schlosser, Elektriker und Klempner saßen in unserem Büro rum, tranken Tee, lasen, spielten Schach, starrten ins Leere und summten oder starrten bloß. Wir saßen da auf Abruf, falls was kommt. Zu der Zeit bestand mein Arbeitspensum hauptsächlich darin, den Royal Enfield aus dem Fahrzeugpark nebenan zu holen, zu einer der Baustellen zu fahren und den Betonmischer einzuschalten. Zur Mittagszeit mußte ich wieder hin, um die Benzinzufuhr abzudrehen, wodurch die Maschine stoppte. Das Ganze wiederholte sich am Nachmittag.

Um die ungelernten Arbeiter im dunkeln tappen zu lassen, führten wir uns wie die Schamanen auf, als besäßen wir ein geheimes Wissen. Einfache Aufgaben wie das In-Gang-setzen und Anhalten der Maschine, das Auswechseln eines Filters oder das Nachstellen der Kupplung wurden als höchst komplizierte und umständliche Arbeitsvorgänge präsentiert und ausgeführt, die eine genau einzuhaltende Abfolge von Tätigkeiten erforderten, so das Lösen und Anziehen von Schraubbolzen und verschiedene Handgriffe, die nichts mit der Sache zu tun hatten und die, einer schöpferischen Eingebung des Augenblicks folgend, frei erfunden wurden. Was ich zu tun hatte, könnte ein durchschnittlich begabter Zwölfjähriger in zehn Minuten lernen. Eine einfache Sache wie eine geheime Tätigkeit aussehen zu lassen, das ist eine Masche, deren sich Fachleute und Experten jeglicher Lebensbereiche allenthalben bedienen.

Die körperlich Arbeitenden wurden lastautoweise aus den umliegenden Dörfern herbeigeschafft. Sie besaßen wenig, kriegten einen kümmerlichen Lohn und wurden vom Kassenführer regelmäßig übers Ohr gehauen. Aber sie hatten eine angeborene Gastfreundlichkeit, die für sie selbstverständlich war. Du brauchtest bloß dort vorbeizukommen, wo sie in der Mittagspause hockten, da winkten sie dir schon.

»T'faddal«, riefen sie und beharrten darauf, daß du hingingst und an ihrem Mahl teilnahmst. *T'faddal!* Egal, wer du warst, Freund oder Feind. Einige von ihnen verbargen ihre Feindseligkeit gegenüber einem Eindringling wie mir nicht, aber wenn sie mich beim Essen erblickten oder ich am Abend zufällig an ihren bescheidenen Hütten vorbeikam, bestanden sie darauf, daß ich ihre Gastfreundschaft annehme. *T'faddal* war für die Ureinwohner dieses Landes nicht nur ein Wort. Diese *fallahin* bezahlten einem Grundbesitzer Pacht, der in Damaskus, Paris oder Rio de Ja-

neiro saß und der nicht abgeneigt war, über die Köpfe der Dorfbewohner hinweg Land an Juden zu verkaufen. Diese Grundbesitzer wußten sehr wohl, was die neuen Besitzer, meist linke Sozialisten, tun würden: die Pächter gewaltsam vertreiben.

> Wilde Gesellen vom Sturmwind durchweht,
> Fürsten in Lumpen und Loden ...

Mir fielen diese Zeilen aus einem deutschen Wanderlied ein, als ich eine Gruppe in Lumpen gekleideter Arbeiter beobachtete, die sich an einem nassen, windigen Tag im Zementlager zusammenkauerten. Aus winzigen Tassen nippten sie Kaffee, sie unterhielten sich oder sangen leise, rund um ein kleines Feuer kauernd. Ihre Arbeit bestand darin, die angelieferten Säcke mit Portlandzement abzuladen und zu stapeln oder dieses staubige Handelsgut auf Lastautos zu packen. Mit diesen wurden die Säcke zu anderern Einrichtungen der Armee verfrachtet, wobei unterwegs einige Portionen auf dem Gelände arabischer und jüdischer Unternehmer runtergeworfen wurden, mit denen es gewisse Abmachungen gab. Die Säcke zeigten deutlich das Logo des Kriegsministeriums, aber in den Fundamenten von Gebäuden oder den Türstürzen ließ sich die Herkunft des Zements nicht nachweisen.

Tote reden nicht!

Mit den Einkünften pflegten die Offiziere arabische und jüdische Souvenirs zu kaufen oder Möbel und Stehlampen von denen, die die Tischlerei unter sich hatten.

Eines Tages traf ein mobiles Arbeitskommando ein, das zu einem benachbarten Armeestützpunkt gebracht werden sollte, wo zweifellos irgendwelche Gräben auszuheben oder aufzufüllen waren. Wie sie so im Nieselregen warteten, ging einer der Zementträger zu ihnen hin, um sich zu erkundigen, und bat sie rein, raus aus dem Regen. Nun lief ein Ritual ab, bei dem die Sprecher beider Gruppen die Mitglieder formell vorstellten. Jeder einzelne der jeweiligen Mannschaft erhob sich dann und legte nach dem Handschlag die offene Hand auf seine Brust als Zeichen der Ehrerbietung, wie es der Brauch vorschrieb. Den Neuankömmlingen wurde ein Platz angeboten und Kaffee. Die poetische Schönheit jener Szene ist mir erst nach vielen Jahren aufgegangen.

Ehrbarkeit ist an den Schein gebunden. Deshalb trug ich in mein geistiges Tagebuch die Worte ein: »Wenn ich mal achtbar werden sollte, werde ich meine ganze Selbstachtung verloren haben.«

Auf den Straßen Jerusalems wurde genau wie in den meisten europäischen und nordamerikanischen Städten getanzt, als der Krieg in Europa schließlich ein Ende fand. Unterdessen krochen in Deutschland zehn Minuten nach dem plötzlichen Schweigen der Haubitzen und Stalinorgeln die Frauen von Berlin, Hamburg, Frankfurt, Dresden und Mannheim aus den Kellern, krempelten die Ärmel hoch, banden sich Kopftücher und Schürzen um und machten sich daran, die Scherben aufzuräumen. Die Scherben, Mauersteine, Dachziegeln und Dachsparren. Wo die Männer nun ihr Tagwerk erledigt hatten, kamen die Frauen mit der Arbeit an die Reihe. Sie räumten die Straßen frei, sortierten den Schutt, putzten die Ziegel und stapelten sie, so daß man die Stadt wieder zusammensetzen und in einen lebenden Organismus verwandeln konnte.

Und in Nürnberg traf man Vorbereitungen dafür, daß den Kriegsverbrechern der Verliererseite von jenen der Siegerseite der Prozeß gemacht wurde. Und während die Justiz ermittelte und Spezialagenten die deutschen Lande durchkämmten, um Kandidaten für die Vergeltung aufzuspüren, durchstöberten andere speziell ausgebildete Teams heimlich das Land nach geeigneten Nazis, die im nächsten Konfliktstadium den Vereinigten Staaten dienstbar sein könnten: im Kreuzzug gegen den Kommunismus. Man organisierte einen Fluchtweg, und Mörder erhielten eine neue Identität.

Ein Freund von einem Freund von mir war näher an die Geschäftsgegend auf der Bet Hakerem gezogen und überließ mir sein Zimmer in der Stadt für eine zumutbare Miete. Ich wohnte nun also genau im Zentrum Jerusalems. Neben mir hauste eine Prostituierte, die ihrem Gewerbe unauffällig nachging. Sie war freundlich und hielt Treppe und Korridor sauber. Wir hatten Toilette und Waschbecken gemeinsam, sonst nicht viel. Warum hatte ich die Altstadt verlassen? Ich weiß es nicht; das ist die Wahrheit. Ich war siebenundzwanzig Jahre alt und wußte nicht, wie es mit mir weitergehen sollte. Meine neue Bleibe befand sich um die Ecke vom Zion-Platz und fünf Minuten von meiner neuen Arbeitsstelle in der Rehov Hanewi'im, der Straße der Propheten. Ich war von den Royal Engineers weggegangen, hatte einen Job als Schlosser beim Palästinensischen Amt für Öffentliche Arbeiten angenommen und bediente und überholte stationäre Dieselmotoren. Das war zwei Monate, bevor der Ärger begann.

Genau gesagt, hatte der Ärger 1897 beim ersten Zionistenkongreß begonnen. Dort war beschlossen worden, daß für das jüdische Volk die Zeit gekommen war, Palästina zurückzufordern, das derzeit zum Osmanischen Reich gehörte. Aber das ist eine andere Geschichte.

Im Jahre 1947 hatte sich die britische Regierung entschieden, ihr Mandat über Palästina aufzugeben und die Angelegenheit der Zukunft Palästinas in den

Schoß der Vereinten Nationen zu legen. Die derzeitige Unruhe, von der ich rede, lag in dem von den Palästinensern an den Tag gelegten explosiven Zorn über die Entscheidung der Generalversammlung der Vereinten Nationen, ihnen die reichliche Hälfte ihres Landes wegzunehmen. In den ersten Stadien ihrer Einmischung luden die Vereinten Nationen die Juden wie auch die Regierungen der benachbarten arabischen Staaten ein, Verbindungsoffiziere zur Begleitung der Untersuchungskommission zu benennen, der dritten im Laufe von zehn Jahren. Sie trug den Namen United Special Committee on Palestine, UNSCOP. Zu deren elf Mitgliedern gehörten neun Europäer und zwei Asiaten. Sie bestand nur aus Männern.

Die Palästinenser wurden nicht gefragt. Offiziell existierten sie überhaupt nicht. Jahre davor hatte man den Slogan geprägt: »Palästina, ein Land ohne Volk, für ein Volk ohne Land.« Statt dessen wandte sich UNSCOP an die Arabische Liga und bot ihr an, zwei ihrer Leute als Vertreter der nichtzionistischen Seite zu benennen. Die Arabische Liga, ein geistiges Kind Anthony Edens, lehnte ab, weil sie erkannte, daß niemand außer den Zionisten von der Untersuchung profitieren würde. Wären die Palästinenser eingeladen worden, hätten sie auch ablehnen müssen, denn wer könnte sich im Angesicht der Geschichte da mit hinsetzen und sich an der Zerstückelung seines Landes und der Entwurzelung des eigenen Volkes beteiligen? Das frage ich Sie.

Als Begleitung für die UNSCOP-Burschen auf deren Reisen und zu ihrer Beeinflussung im zionistischen Sinn berief die jüdische Seite David Horowitz, einen Volkswirtschaftler, und den aufstrebenden jungen Abba Eban, einen in Cambridge ausgebildeten Orientalisten und zukünftigen Außenminister der jüdischen Labour-Regierung. Bei mehreren Gelegenheiten prahlte Abba Eban mit der Schlauheit und geschickten Verhandlungsführung der zionistischen Unterhändler.

Am 29. November 1947 stimmte die Generalversammlung der Vereinten Nationen für den von UNSCOP vorgelegten Plan. Als die notwendige Mehrheit zustande kam, jubelten die Juden. Das Ergebnis war, daß 52 Prozent des palästinensischen Territoriums an die Juden ging, ein Gebiet um Jerusalem und Bethlehem (ungefährt 1 Prozent) von einer internationalen Kommission verwaltet werden und der Rest des Landes den ursprünglichen Bewohnern zur Verfügung stehen sollte.

Die Palästinenser traf es wie ein Donnerschlag. Es sah so aus, als seien sie dazu ausersehen, den Preis für die Katastrophe zu bezahlen, der Millionen europäischer Juden zum Opfer gefallen waren.

Auf Arbeit am nächsten Tag standen sie niedergeschlagen rum und diskutierten darüber, was das bedeutete. Sie sollten Haifa verlieren, die Negev, halb Galiläa und vor allem ganz Jerusalem und Bethlehem. Hunderttausende von Angehörigen ihres Volkes sollten unter jüdische Herrschaft stranden. Tatsächlich sollten die Palästinenser all ihren Landbesitz verlieren.

Zu beiden Seiten der Jaffa-Straße stellten sich halbwüchsige Juden bei der Barclays Bank and Colonial auf und warteten auf den arabischen Bus, der hier vorbeikommen mußte auf dem Weg zum Nablus-Tor der Altstadt. Als die ihre Wurfgeschosse auf das nun beschleunigende Fahrzeug schleuderten, trafen die zu hoch oder zu spät geworfenen Steine und Flaschen unweigerlich die Ziegelwerfer und unschuldigen Passanten auf der gegenüberliegenden Straßenseite. Ohne Zweifel füllten die Hooligans, die sich im palästinensischen Teil der Stadt dafür revanchierten, auf gleiche Weise die Krankenhäuser. Es ist schon ernüchternd, wie Gangster und Straffällige einander bekämpfender Lager die Situation anheizen und das Tempo dazu angeben. Das tun sie nicht, um ihre Seite zu verteidigen; diese Leute lassen sich nicht blicken, wenn sie sich bei anderer Gelegenheit beweisen müßten.

Ich habe einen Traum. Eines Tages erreichen wir vielleicht das Unerreichbare: all die Gangster, Bandenführer, die großmäuligen Extremisten und dickschwänzigen Machos auf eine unbewohnte Insel zu schaffen, sie mit Kalaschnikows und Handgranaten und genug zu essen zu versorgen, um sie am Leben zu erhalten, da können sie ihre patriotischen und männlichen Gefühle abreagieren.

Nein, nein, nein! Das kann man nicht tun. Es wäre den Pflanzen und Tieren gegenüber unfair. Vielleicht zum Nordpol. Oder wie wär's mit dem Mond? Die Zurückgebliebenen würden im Schlaf lächeln.

WAS? UND UNSEREN PLANETEN DEN PAZIFISTEN UND WELTVERBESSERERN ÜBERLASSEN? NIEMALS! HÖREN SIE, NIEMALS!

Frieden zu schließen ist sehr oft ein langwieriger, beschwerlicher Prozeß. Um einen Streit vom Zaun zu brechen, gehören nur ein paar scheele Schurken dazu. Ein Streichholz genügt, um einen Wald niederzubrennen.

Es dauerte nicht lange, da verwandelten sich die Geplänkel in ausgewachsene Feindseligkeiten, bei denen die britische Armee und Polizei nur zuschauten. Die jüdische Armee übernahm am Tage des Rückzugs der Briten unsere Werkstätten, und wir arbeiteten unter der neuen Verwaltung weiter wie bisher. Von der Regierung Palästinas waren wir per 14. Mai 1948 förmlich entlassen worden wegen »Beendigung des Mandats«.

Es war die Nacht, in der die Juden Katamon einnahmen, einen palästinensischen Vorort Jerusalems. In der Nacht hatte ich keinen Dienst, aber ich konnte wegen der unaufhörlichen Schießerei nicht schlafen. Ich trat auf die Veranda und schaute mir das Feuerwerk an. Phosphorstriche zeichneten kurzlebige Muster an den schwarzen Himmel, zufällige Formen wie die eines Dreijährigen, dem man, ausgerüstet mit Kreide, uneingeschränkt die Wandtafel überläßt. Der Krieg wurde mit Leuchtspurmunition geführt. Hin und wieder funkten Granaten dazwischen, dann erleuchtete immer ein Funkenregen das Ziel. Ein Geschoß schlug im Turm der deutschen Dormitio-Kirche ein. In dem Aufblitzen konnte ich die Uhr erkennen; sie stand auf fünf nach zwei.

Eine Feuersbrunst schien in unseren Werkstätten in der Straße der Propheten ausgebrochen zu sein. Ich stand auf und hetzte über den Zion-Platz die Haravkook-Straße rauf zur Feuerwehr und sagte ihnen, daß das Amt für Öffentliche Arbeiten in Brand stehe.

»Was ist los?« rief einer der beiden diensthabenden Feuerwehrleute.

Er konnte mich wegen des Krachs nicht verstehen. Ich ging hin und drehte das Radio leiser, das Rimski-Korsakows Capriccio Espagnol *geplärrt hatte.*

»Wollen Sie nichts dagegen unternehmen?« fragte ich so naiv wie immer.

Er zog den Bauern auf B6 und bedrohte den Turm.

»Meine Frau meint, ich sollte etwas Wasser zum Waschen der Kinder nach Hause mitbringen, und Sie reden davon, ein Feuer zu löschen!«

»... und Benzin?« fragte der andere Kerl, wedelte mit seinem Turm und betonte damit das Wort Benzin. Er hatte einen britischen Stahlhelm auf. »Wir sind unbeweglich. Haben Sie Benzin?«

Ich hätte ihn fragen können, was sie auf der Feuerwehrwache machen, wenn sie nicht einsatzfähig sind, aber ich weiß schon, was er geantwortet hätte. Sie waren mit Nachtdienst dran, hätte er erwidert, und er setzte seinen Turm auf ein Feld, wo er vor der Belästigung durch die weißen Bauern sicher war, die auf der Suche nach der großen Beute gnadenlos nach Norden marschierten.

Kein Schaden war zu erkennen, als ich am nächsten Morgen rüber zum Turm der deutschen Dormitio-Kirche blickte. Nach meiner Schätzung ging die Uhr zwei Minuten nach. Der Angriff der letzten Nacht hatte nur einen großen tintenklecksartigen Fleck auf den rosafarbenen Steinen hinterlassen. Das erinnerte mich an den Tintenfleck in Martin Luthers Studierstube auf der Wartburg. Er entstand, als der leicht aufbrausende Reformator sein Tintenfaß nach Satan warf, der ihn behelligt hatte. Aber Satan duckte sich und sorgte so für die berühmte Touristenattraktion.

Beim Amt für Öffentliche Arbeiten war das Generatorenhaus niedergebrannt, ebenso der Busbahnhof in der nahe gelegenen Jaffa-Straße.

Von den Stellungen der Arabischen Legion aus, der Armee Transjordaniens, wurden wir von Granatwerfern beschossen. Die regneten in unregelmäßigen Abständen zweiminütige Salven auf uns runter, drei- oder viermal am Tag. Einige Leute bewunderten mich wegen meiner Dummheit, nicht in Deckung zu rennen. Sie hielten mich für kaltblütig.

Ein junger USianer hielt mich an und wollte wissen, was los sei.

»He, Kumpel«, rief er beunruhigt, »sind das Mörser oder Granatwerfer?«

»Granatwerfer«, erwiderte ich, »das ist die Arabische Legion, die ...«

»Mörserfeuer ist mir lieber«, brüllte er aufgeregt, als er weiterjagte, sich die Aktentasche über den Kopf haltend.

Ungefähr zu der Zeit hatte Mao Tse-tung Mukden eingenommen, und er befand sich auf dem Wege südwärts Richtung Nanking, der frisch mit Geschützen der amerikanischen Armee ausgerüsteten Hauptstadt, Tschiang Kai-schecks Jungen abgekauft. Die waren allen zu Schleuderpreisen angeboten worden, auch den Kommunisten, und hatten ihre Bankkonten in Zürich und Lausanne anschwellen lassen, mit freundlicher Zustimmung der amerikanischen Steuerzahler. Während des Krieges hatten die von Tschiang Kai-scheck unterstützten chinesischen Nationalisten und Mao Tse-tungs Volksarmee Seite an Seite gegen denselben Feind gekämpft. Nach der Kapitulation der Japaner im August 1945 kämpften sie wieder gegeneinander. Ende 1949 zog sich Tschiang Kai-schecks Regierung auf die Insel Taiwan zurück. Deren Bewohner haben seit dem 16. Jahrhundert Besetzungen durch unterschiedliche fremde Mächte erlitten, aber hauptsächlich durch die Chinesen. Seit sich die Japaner von ihrer Insel verzogen hatten, leben sie erneut unter chinesischer Unterdrückung. Keinen Menschen stört das. Es geschieht immer wieder.

Abdullah al Tal ist nie in den Rang eines Gerechten Nichtjuden erhoben worden. Gerechter Nichtjude ist der Titel für jene Nichtjuden, die das Leben von Juden gerettet haben. Am Tage der Übergabe des Jüdischen Viertels der Altstadt an die Arabische Legion rettete er das Leben von sechzehn jungen jüdischen Kämpfern.

Die jüdischen Bewohner der Altstadt, ungefähr zweitausend an der Zahl, wurden auf dem freien Platz innerhalb des Zion-Tors versammelt. Die Frauen und Kinder sollten der UN-Friedensmission übergeben und die kampffähigen Männer nach Amman in Gefangenschaft gebracht werden. Während des Aussortierens pickten einige Hooligans vom Souk einige junge Gefangene raus, winkten den Wachen und waren dabei, sie abzuführen. So was hatte es schon früher auf beiden Seiten gegeben. Das geschieht eben im Krieg und bei anderen Konflikten und wird mit einem Achselzucken seitens der Diplomaten und Politiker als »bedauerlicher Zwischenfall« abgetan.

Abdullah gehörte zu den namenlosen Helden in einer Machtposition. Als General der Arabischen Legion leitete er die Operation in Jerusalem. Danach war er Mitglied der Waffenstillstandskommission, die mit den Juden und Graf Bernadotte verhandelten, dem Vertreter der Vereinten Nationen; später fiel er in Jerusalem einem Attentat von Mitgliedern der Irgun zum Opfer.

An jenem Vormittag erkannte Abdullah al Tal, was da im Gange war. Er schritt ein und gab den strikten Befehl, daß alle Gefangenen in Übereinstimmung mit den geltenden Konventionen behandelt werden sollen. Keiner der jüdischen Gefangenen kam zu Schaden, und diejenigen, die in Gefangenschaft geführt wurden, kehrten nach mehreren Monaten wohlbehalten nach Hause.

Dieselschlosser

Unser kürzlich aus Rumänien eingetroffener Sergeant war zu einem Ausbildungslehrgang geschickt worden, wo man lernte, wie man Teilnehmer am Krieg von 1948 auf Trab bringt. Nach vorn gebeugt mit runterbaumelnden Armen, die wie verrückt gewordene Pendel kaum den Boden berührten, schritt er auf und ab und spielte seine Rolle voller Verachtung, arroganter Sachkenntnis und Gehässigkeit.

Als der Kampf vorüber war, wurde ich zur Reservearmee eingezogen und mußte jedes Jahr einen Monat lang Dienst tun. Auf dem Exerzierplatz kam ich mir wie ein blöder Hund vor.

»Ich habe zwei Hände«, rief der ehrgeizige Feldmarschall mit ausdruckslosem Ausdruck. Er blieb stehen und zeigte uns die Handflächen. »Eine Rechte und eine Linke.« Er hob die Hände abwechselnd. »Ich kann gut sein, und ich kann gemein sein.« Er holte das Taschentuch raus, wischte sich den Mund ab und hüpfte weiter rum. »Ich kann euer bester Freund sein, und ich kann euer schlimmster Feind sein. Die Entscheidung liegt bei euch.«

Aus der Brusttasche zog er seine Uhr und hielt sie allen sichtbar hoch.

»Euer lahmer Haufen hat drei Minuten zum Antreten gebraucht.« An dem Punkt hatte er sein Näseln à la John Wayne abgelegt und redetet nun wie James Cagney. »Dreieinhalb Minuten.« Er hob die Uhr über seinen Kopf und erstach sie mit seinem rechten Zeigefinger.

»Ihr – nennt – euch – selbst – SOLLDATTN?«

Und so ging's weiter. Die Ausgabe der Ausgangserlaubnis fürs Wochenende war sein Vorrecht, und wir sollten uns das gut in unsere Schädel einhämmern. Er konnte sanft sein, und er konnte grob sein.

Das einzige Mal, daß ich diesen Mann je lächeln gesehen habe, war, als er einen entzündeten Weisheitszahn hatte und seine Backe gehörig geschwollen war. Einige Tage lang lächelte der Sergeant pausenlos.

Sie hatten ihm Redegewandtheit beigebracht. Stehende Wendungen kamen ihm reichlich über die feuchten Lippen.

»Das wollen wir mal klarstellen.«

»Täuscht euch mal ja nicht ...«

»Ihr braucht's nur zu versuchen, da werdet ihr schon sehen, was passiert!«

»Ich kann euch die Suppe versalzen oder versüßen!«

Das gab er mit einer gekünstelten Betonung von sich, dem ein geräuschvoll zischendes Einatmen durch aufgeblähte Nüstern folgte. Als er sich schließlich ganz verausgabt hatte, überließ es der Sergeant seinen ehrgeizigen Obergefreiten, uns in Gruppen einzuteilen.

»Autoschlosser hier rüber«, rief einer von ihnen und zeigte auf seine Ecke des Appellplatzes. »Zimmerleute hier lang«, ließ ein anderer vernehmen. Stahlblechverarbeiter, Kraftfahrer, Elektriker, alle wurden untergebracht und fanden ihren entsprechenden Platz auf dem Exerziergelände. Als sich der Staub legte, hatte sich der lästige Klausner nicht von der Stelle gerührt. Man hatte ihn nicht in eine dieser Gruppen befördert. Auf dem Schachbrett war er nicht ein einziges Feld vorangekommen, bildlich gesehen.

Drohend näherte sich der befehlshabende Korporal und feuerte Fragen auf mich ab, denen traurigerweise der Zunder fehlte. Was zum Teufel stehe ich da rum? Wieso bin ich nicht bei meinem Haufen?

»Welcher Haufen?«

»Was machst du denn ... ich meine, was arbeitest ... was hast du gelernt?«

»Dieselschlosser.«

»Dieselschlosser?«

»Dieselschlosser.«

»Warte hier«, brachte er raus, als er loszog, um sich Klarheit zu verschaffen. Kurz vor der Baracke drehte er sich um.

»Warte dort«, rief er aufgeregt und wies auf die Stelle, wo ich stand. Er zeigte sich langsam der Situation gewachsen.

Ich griff mir eine Schaufel, um nicht aufzufallen, wanderte auf dem Kasernengelände rum und überwachte den Fortgang der ganzen Aktion, als sich die verschiedenen Gruppen mit ihren ihnen zugewiesenen Arbeiten zu beschäftigen begannen. Die Lastwagenfahrer erhielten den Auftrag, um die Hauptbaracke rum, in der das Oberkommando saß, das Gras samt Wurzeln auszureißen und den Boden zu harken. Die Zimmerleute wurden mit der Aufgabe betraut, einen Steinhaufen vom Rande des Geländes wegzutransportieren; Steine, die ohne Zweifel von einer früheren Gruppe dort hingeschafft worden waren und die nachfolgende Generationen von Reservistenzimmerleuten an eine andere Stelle werden schleppen müssen. Die Autoschlosser schälten Kartoffeln und schrubbten die Kessel, während die Elektriker Eukalyptusschößlinge pflanzten.

Wieder mal wußten sie nicht, was sie mit Klausner anfangen sollten.

Am Nachmittag holte mich der Korporal schließlich ein.

»Wo haben Sie denn gesteckt?« wollte er wissen.

»Ich habe dich hinten und vorne gesucht. Ich dachte, ich hatte dir doch gesagt ...«

»Ich habe den ...«

»Egal, komm mit.«

Er brachte mich in die Schreibstube vor den Leutnant; dort zeigte er auf eine Stelle auf dem Fußboden und schärfte mir ein, mich »dort drüben« hinzustellen. Wir drei bildeten nun ein gleichschenkliges Dreieck, in dem der Leutnant an der Spitze saß.

»Versteht er was von Autos oder Lastautos?« fragte der tapfere Offizier voller Hoffnung. Auf die Art hätte er mich zu den Strapazen in der Küche mit all den anderen Autoschlossern verdonnern können. Der Korporal leitete die Frage an mich weiter.

»Nur stationäre Diesel«, antwortete ich. »Jede Bosch-Ölpumpe nehme ich mit verbundenen Augen auseinander und setze sie ebenso wieder zusammen.«

»Nur stationäre Diesel«, sagte der Korporal. »Er kann sie ...«

»Hab schon gehört«, sagte der Leutnant, während er auf einem Streichholz rumkaute. Seiner mürrischen Miene war die Qual angestrengten Nachdenkens anzusehen.

»Wo arbeitet er?«

»Wo arbeitest du?«

»Ich bediene die Generatoranlage in Sataw.«

»Er bedient ...«

»Schon gut. Sagen Sie ihm, er soll draußen warten.«

Wieder zog ich mit der Schaufel los, überwachte den Fortgang der Arbeiten und erteilte unaufgefordert Ratschläge.

Am nächsten Morgen reiste ich erneut auf die Schaufelmasche, bloß schleppte ich diesmal ein Holzbrett. Aber heute fanden sie schnell raus, wo ich steckte.

»Bist du Baruch Klosanar?« Ein Gefreiter mit einem Zettel in den Klauen kam auf mich zu gekrochen.

»Nein!« entgegnete ich, und um seine Enttäuschung zu mildern, fügte ich hinzu: »Der Name ist Klausner. Kuf, Lamed, Aleph, Vav, Samech, Nun, Resch. Nummer 107146.«

»Pack deine Klamotten. Du fährst nach Akko.«

Ich sollte mich bei Kapitän David Jasdah von der Marinebasis Haifa melden. Dort war was an einem Marine-Diesel zu machen, der außerhalb von Akko stand, der Hafenstadt und Festung, die viele Jahre von den Kreuzfahrern gehalten worden war. Ob ich was von Paxman-Ricardos verstehe. Ob ich was ... mein Gott, Paxman! Was für eine Frage. Paxman-Ricardo, der mit der Wirbelkammer im Zylinderkopf. Diesel mit Wirbelkammer vor der Verbrennung waren meine große Leidenschaft.

Was darin geschieht, ist folgendes: Die in den Zylinder gesaugte Luft wird in der Kugelkammer auf ein Sechzehntel ihres ursprünglichen Volumens komprimiert. Das erhöht die Temperatur über den Flammpunkt des Kraftstoffs, der in dem Moment tangential eingespritzt wird und dabei eine effiziente Verbrennung erfährt, die den Kolben zurückstößt.

Faszinierend, nicht?

Unsere Anlage stand südlich vor Beer Sheva, und Akko war ungefähr der entfernteste Punkt von dort, wohin sie mich versetzen konnten. Zehn Meilen weiter, und ich wäre an der Grenze zum Libanon gelandet. Man gab mir ein Bündel Gutscheine für die Fahrt, für die Verpflegung und für die Übernachtung. Dann brachten sie mich zum Bahnhof und hauten ab, ohne sich umzudrehen.

Ich war auf Achse.

In Haifa traf ich spät ein und ging schnurstracks in eine Pension, um mich mal richtig aufs Ohr zu hauen. Einen Paxman-Ricardo läßt man aber nicht gern warten, nicht wahr? Am Morgen – es war ein Vierbettzimmer – entdeckte einer der Kerle beim Anziehen, daß seine neuen Stiefel weg waren und an ihrer Stelle ein Paar alte dastanden.

Ich hatte schon genug in Wohnheimen und Landstreicherherbergen genächtigt, die vom Stamme der Heute-hier-und-morgen-da bevölkert wurden, und hatte immer Vorsichtsmaßnahmen getroffen: die Beine meines Betts stellte ich in meine Schuhe, auch wenn sie wie meistens das Stehlen nicht lohnten. Diesen Trick habe ich aus Egon Erwin Kischs Berichten über seine ausgedehnten Reisen aufgeschnappt, und wie es meine Pflicht ist, möchte ich ihn an alle Mitglieder der Tippelbrüderzunft weiterreichen, die vielleicht gerade zuhören.

Kisch, der kommunistische Intellektuelle aus Prag, nannte sich »der rasende Reporter«, eine passende Bezeichnung, denn »rasen« heißt auch wüten und toben. Man findet ihn nicht in der *Encyclopaedia Britannica*, aber das macht nichts. Schließlich beweist die *Britannica* ihr Verhältnis von Hirn zu Muskel schon dadurch, daß sie dem Schachspiel eine Seite einräumt und dem Baseball zehn Seiten. Kisch ist fast vergessen, doch wie sein Zeitgenosse Karl Kraus, der Polemiker, Dichter und Herausgeber, wird er ohne Zweifel wieder zum Leben erwachen.

Den ganzen Vormittag brauchte ich, um den Kapitän zu finden. Niemand schien ihn zu kennen. Schließlich riet man mir, ich soll mal den Barbier über die Straße in Kingsway fragen, der kann bestimmt helfen. Der wies mir dann den Weg zur Kabine eines ausgedienten Krans am entfernten Ende des Hafens. Das war das Büro des Kapitäns. Von dort hatte er einen großartigen Blick auf den Handelshafen und auf seine eigene Flottille, die an einer Seite festgemacht hatte. Wo ich gewesen war, wollte er wissen. Wieso hatte ich mich nicht schon gestern bei ihm gemeldet? Es war ein freundlicher Kerl, immer ein Lächeln im Gesicht, die Art von Leuten, die nichts aus der Ruhe bringt. Mir gefiel er sofort, und das ging wohl, kann ich mir vorstellen, jedem so. Er hätte gut einen Hochstapler abgeben können. Wir stiegen in seinen Jeep und fuhren die Bucht lang über Kiriat Motzkin, wo ich vor sieben oder acht Jahren einige Zeit im Kibbuz verbracht hatte. Nicht weit von Akko hielten wir an einem einsamen Pier an, an dem zwei Boote lagen. Dort setzte er mich ab, und ohne den Motor abzustellen, nickte er mit dem Kopf zu dem größeren von den beiden. Kapitän Jasdah hatte es eilig zurückzufahren.

»Man wird sich gleich um Sie kümmern«, rief er, als er davonjagte.

Ich war mit meinem Paxman-Ricardo allein.

»Wie geht's«, sagte ich.

»Paxman, Colchester«, besagte das Messingschild auf der Zylinderkopfhaube. Es führte alle Patente an. Weltweit.

Eine halbe Stunde später traf Davids Konkubine ein und wollte wissen, was ich auf dem Boot zu suchen habe. Zwischen uns herrschte sofort Kontakt – einer der Antipathie und der Abneigung. An der Art, wie sie die Finger an ihrer Seite beim Sprechen spreizte, konnte ich erkennen, wie wenig sie mich leiden konnte. Vom Temperament her war sie das ganze Gegenteil von ihm. Warum hatte ich den Zylinderkopf abgenommen, stöhnte sie. Ich hatte den Kopf eines Zylinders abgeschraubt, um einen Blick in die Wirbelkammer zu werfen, aber das konnte ich doch ihr nicht sagen. Jedenfalls, was verstand sie schon groß davon?

»Ich dachte, der Einlaßkanal könnte verstopft sein«, beteuerte ich.

»Wie kommen Sie denn dadrauf … Sie brauchen sich doch bloß die Düse anzugucken … schauen Sie hin … so sauber wie eine Kehle …« Zitternd vor Wut, hielt sie mir die Einspritzdüse vor die Nase. »Die Kipphebel … die Kipphebel …«, sie fand keine Worte.

Das muß ich dem Major lassen, der liebte heiße Nutten.

»Der Kapitän meinte, mir wird jemand sagen kommen, was zu tun ist«, brachte ich kleinlaut vor.

»So?«

»Ich dachte ...«

»Wieso hat es David so eilig gehabt. Wieso? ... Sagen Sie mir ... woher soll ich ...« Sie gab mir die Schuld dafür, daß sie der Major vernachlässigte. »Wieso ist er nicht dageblieben und hat nichts gesagt, daß er da war?«

Ich fing an, ihr Problem zu begreifen.

»Schrauben Sie den Zylinderkopf wieder drauf«, befahl sie, »und sorgen Sie dafür, daß die Dichtungsmanschette ... feuchten Sie sie an, bevor Sie sie wieder anbringen ... und passen Sie auf, daß Sie sie richtig rum anbringen ... mit dem Falz nach unten ... Sie wissen schon ... den überstehenden Falz ... äh ... nach unten. Die Kipphebel brauchen neue Buchsen, das haben Sie zu tun, und der Einspritzdruck muß überprüft werden.«

Sie packte ihren Zwergpudel und ging. Vom äußersten Ende des Piers rief sie mir was zu; jetzt war sie ruhiger.

»Sie müssen ... wie heißen Sie überhaupt? ... Sie müssen den Einspritzdruck nachstellen ... eine der Pleuelstangen ... ich habe alle notwendigen Angaben zu Hause. Haben Sie schon was gegessen?« Hatte ich nicht. »In dem Falle mache ich was zum Lunch. Waschen Sie sich die Hände, und kommen Sie zu Nummer drei.« Sie zeigte auf ein paar Häuser. »Danach bringe ich Sie in die Werkstatt von Kiriat Motzkin, wo Sie deren Testpumpe benutzen können ... oh, und eins von den Antitropfventilen muß ersetzt werden, glaube ich.«

Es ist nie so schlimm, wie es zuerst aussieht.

Nachdem ich die Zeit dort gestreckt hatte, solange

es ging, traf ich nach acht Tagen wieder bei meiner Einheit ein. Das war der Höhepunkt eines ansonsten ereignislosen Monats.

Freitags ließen sie uns immer auf dem Appellplatz antreten. Dort verwandelten sie die Ausgabe der Wochenendausgangsscheine in eine Zeremonie wie bei einer Ordensverleihung. Nach einigen Pirouetten und Luftsprüngen mußte jeder von uns, wenn er aufgerufen wurde, Haltung annehmen, forsch zum Sergeanten vortreten, salutieren, das hingehaltene Papier in Empfang nehmen, das unsere Abwesenheit von der Einheit legalisierte, wieder salutieren, eine forsche Kehrtwendung machen und zu seinem Platz in der Formation zurückkehren. Das dauerte eine Dreiviertelstunde. Noch einen Quickstep und einen Paso doble, und wir waren frei und konnten nach Hause abhauen.

Bei einem seiner Inspektionsanfälle erspähte der Leutnant einen kleinen Ölfleck auf dem Fußboden der Werkstatt. Ohne viel Federlesens und ohne weitere Untersuchung nagelte er fünf von uns fest, und wir mußten das ganze folgende Wochenende in der Kaserne schmoren.

Kein Urlaub!

Bei der Freitagszeremonie erhielten wir jedoch unsere Ausgangsscheine, ohne weitere Erklärung. Wir stellten keine Fragen und gingen an dem Tag los, als wäre nichts geschehen. Bei unserer Rückkehr wurden wir in die Schreibstube beordert. Wir hatten uns Befehlen widersetzt, obwohl die Ausgangsscheine von derselben Person unterschrieben und uns ausgehändigt worden waren, die entschieden hatte, daß wir nicht raus durften. Wir wurden verunglimpft und als »diese Leute« bezeichnet. Die, die auf ihren dikken, fetten Ärschen sitzen und die ganze harte Arbeit den Karrieristen überlassen. Man beschimpfte uns als Abschaum, behandelte uns, als seien wir keine Menschen. Die Hierarchie übte Druck auf sie aus, und die einzige Genugtuung, die ihnen das Leben bot, war die, den Ärger nach unten weiterzuleiten. Ihre Frustration, zu nichts anderem fähig zu sein als zum Soldat spielen, stand ihnen in die Stirnfalten geschrieben. Auch die Sekretärin an der Schreibmaschine wollte, was die scharfe Beschimpfung betraf, nicht zurückstehen. Ohne uns direkt anzureden, trug sie konstruktiv zu der Strafpredigt bei, machte aber ab und zu Pausen, um mit ihrer Maniküre fortzufahren. Der glühende Haß, das unerläßliche Schmiermittel, ohne das eine stehende Armee nicht funktionieren kann, beseelte diese Leute.

He, wartet mal eine Minute. Das kennen wir doch. Wie unterscheidet sich das vom Antisemitismus? Mitteleuropäische Beamte könnten ein, zwei Tricks von diesen Burschen lernen, die schwer daran arbeiten, einen Haufen Kriegsteilnehmer der Hagana in eine durchorganisierte Einheit Kommandos ausführender Affen zu verwandeln.

Wie Lehrer und Polizisten sind Berufssoldaten nicht in der Lage, sich in einem anderen Job als dem zu halten, der zum begrenzten Gebiet ihrer Fähigkeiten gehört. Ganz folgerichtig müssen sie Menschen außerhalb ihres Begriffsvermögens Verachtung entgegenbringen. Das gleiche gilt für Rassisten und andere Anstifter zu Groll und Hader. Die Verwandtschaft, die zwischen diesen Gruppen herrscht, kann einem die Augen öffnen.

Es war Zeit aufzubrechen!

Im August 1953, fast vierunddreißig Jahre alt, packte ich meine Siebensachen und ließ den diensttuenden Sergeanten hinter mir, den ich von Zeit zu Zeit ertragen mußte; und ich ließ die Fanatiker hinter mir und die nationalen Sozialisten und die Moskau-orientierten Sozialisten; und ich ließ die in diesem Land verbrachten zehn Jahre hinter mir und legte alles unter Erfahrung ab.

Ich hatte versagt, wie ich schon in Barcelona versagt hatte. Mit dreiunddreißig hatte ich überhaupt noch nicht angefangen. Ich wußte nicht, wohin ich ging, und auch nicht, wonach ich strebte. Im Mittelpunkt meines verworrenen Wunschbildes befanden sich kleinbürgerliche Vorstellungen, »seßhaft zu werden«, eine meinen Fähigkeiten entsprechende verantwortliche, gut bezahlte Position zu bekommen, eine Familie zu gründen und meinen Garten zu bestellen.

In Jerusalem war ich ein Außenstehender gewesen. Der Nationalismus hatte meinen Geist nicht entflammt. Der war schon lange davor entflohen, als ich vierzehn war, und ist nie mehr wieder aufgetaucht. In diesem Land bedeutete bloßer Nationalismus Mäßigung. Wenn man nicht gleich Chauvinist war, galt man als Liberaler.

»Objektivität? Wie können wir bei allem, was geschehen ist, objektiv sein, erklär mir das mal. Die Palästinenser sind doch die Eindringlinge. Sind sie es nicht, die sich weigern, unser Land zu verlassen? Wohin können wir gehen? Beantworte mir das mal! Denen gehört der Libanon, Syrien, Irak, Saudi-Arabien, Ägypten. Soll ich weitermachen? Lybien, Marokko …«

»Was ist mit Jordanien, du hast Jordanien vergessen.«

»Mit Jordanien ist das was anderes. In künftigen Jahren werden wir uns ausdehnen müssen. Da wird es nicht mehr genügend Raum für unsere Brüder geben. Außerdem, schau dir die Bibel an, und du wirst sehen, daß sich das Königreich zu beiden Seiten des Flusses Jordan erstreckte.«

Österreich

Als Metternich auf der Bildfläche erschien, hatte Wien Ludwig XIV. schon selbst ausgeludwigt.

A. F. Pljuschkin, Erkenntnisse für die Industriearbeiterschaft

Voller Bitterkeit im Herzen kehrte ich an den Ort meiner Kindheit zurück, an den Ort, von dem meine Freunde geflohen oder wo sie umgekommen waren. Nach fünfzehn Jahren Abwesenheit war ich zurückgekehrt. Zurück an den Ort, wo ich es wieder mal nicht schaffen sollte.

Die Merkzeichen meiner Kindheit und Jugend waren alle da. Die Nepomuk-Kirche in der Praterstraße, wohin Marie, ohne daß unsere Eltern was davon wußten, uns Kleinkinder Lizzi und mich mit zur Sonntagsmesse genommen hatte. Das Carls-Theater, das jetzt geschlossen war und finster, verärgert auf das Nestroy-Kino auf der anderen Straßenseite blickte. Im Nestroy-Kino war's, wo ich meine ersten vom Klavier begleiteten Stummfilme sah; Tabaksrauch drehte sich im stroboskopischen Licht.

Die Merkzeichen waren alle da, doch eine andere Seele bewohnte den Körper. In diesem Teil des 2. Bezirks, wo vor 1938 70 Prozent der Bevölkerung Juden waren, wo fast jeder Laden einem Juden gehörte, wo sich die Eigenschaften einer Kleinstadt mit ihren eigentümlichen Gerüchen und Geräuschen offenbart hatten, herrschte nun eine unheimliche Stille. Ich war in Wien, dem Ort meiner Kindheit, in vertrauter Umgebung wieder aufgekreuzt, doch ich kannte niemanden. Ich ging die Straßen lang, wo ich aufgewachsen war, und niemand kannte mich. Dermaßen traurig war das! Ich war verbittert und von Unmut erfüllt, und ich meinte, die Welt schulde mir was. Wer waren diese Leute, die die leergefegten Räume mit Beschlag belegt hatten und mich als einen Fremden betrachteten? Wer sie auch gewesen sein mochten und was man einigen von ihnen auch vorwerfen konnte, sie waren nun – 1953 – gerade erst dabei, sich zusammenzufinden und mit dem Trauma der letzten zwanzig Jahre fertig zu werden. Die Einwohner Wiens standen noch unter der Besatzung durch vier fremde Mächte und trugen Personalausweise in russischer, französischer und englischer Ausfertigung bei sich.

Die äußeren Veränderungen Wiens seit meiner Abreise 1938 rührten mehr vom allgemeinen Verfall her als von den letzten Kriegshandlungen. Von unguten Gefühlen verzehrt, freute ich mich schadenfroh über die Schäden und den sichtbaren Niedergang und sagte mich von den Problemen mit *denen* los. Ich nahm ihnen übel, daß sie so beiläufig auf meine Verfolgung reagierten und daß sie so taten, als hätte das mit ihnen nichts zu tun und als seien auch sie Opfer gewesen. Ich nahm ihnen übel, daß ihnen alles Mitgefühl mir gegenüber abging. Ich nahm ihnen übel, daß sie mich nicht besonders rücksichtsvoll behandelten, daß sie ihre Schuldgefühle nicht im Knopfloch trugen.

Technisch gesehen, war ich Ausländer, als ich wieder an meinem Geburtsort erschien. Das wurde mir deutlich gemacht, als mein Antrag auf eine Lesekarte der öffentlichen Bibliothek abgelehnt wurde. Aber ich kam aus der Bibliothek nicht allzu verletzt raus – eher zufrieden und ziemlich froh über die Bestätigung, daß *die* mich zurückgewiesen hatten. Ich war froh, weil damit meine Bitterkeit und mein Haß neue Nahrung erhalten hatten. Mein Groll und meine Wut gehörten zu dieser Übung in masochistischer Geißelung dazu. Ich schwelgte darin.

In der Vergangenheit habe ich auf Mißgeschicke

und Bedrängnisse mit Haßgefühlen und Feindseligkeit reagiert. Verständlich vielleicht, aber unklug. Keineswegs ein Rezept zum Überleben, nicht mal in Zeiten relativer Sicherheit, denn überleben bedeutet leben, und man lebt nicht, wenn man von Haß und Zorn zerfressen wird. Ich hätte es besser wissen sollen, wo ich doch zwei Jahre im Lande der Engländer verbracht hatte, die freigebig solche Sprüche wie diese verteilten: »Mach das Beste aus einer schlechten Geschichte!« – »Grinse und ertrag es!« – »Versuch's noch mal!« – »Gewinne allem was Gutes ab!«

Das habe ich jedenfalls gelernt: Haß ist eine anstekkende, verzehrende Krankheit, die sich von ihrem eigenen Abfall ernährt und bei Gegenseitigkeit gedeiht. Wie alle Gefühle leugnet Haß die Vernunft. Er wird den jungen Menschen eingeflößt und als Tugend hingestellt. Er unterscheidet sich von körperlichen Erkrankungen dadurch, daß der Überträger und der Infizierte seiner nicht gewahr werden. Der Antisemitismus – eine irreführende Bezeichnung – ist eine der vielen bösartigen Abarten dieses Zustands. Ebenso die Verabscheuung des Kommunismus und des Kapitalismus. Ebenso der rassische oder religiöse Alleinvertretungsanspruch. Ebenso jede Form von Fremdenfeindlichkeit und Bigotterie. Ebenso die Arroganz und das Ressentiment, die zu unserem hierarchischen Gebäude gehören.

Mit zunehmendem Alter ist es mir gelungen, das Verlangen nach Feindseligkeit, Frustration und Ressentiment abzulegen. Ich habe deren Sinnlosigkeit erkannt; die Sinnlosigkeit dieser negativen Leidenschaften.

Unsere leidenschaftlichen Negationen.

Haß ramponiert unseren Geist; Haß und Stolz. Haß ist das Feuer, in dem der Fackelträger verbrennt. Er verdunkelt das, worum's geht. Er verletzt den, der mit Haß um sich wirft. Haß dient keinem Ziel. Wie der Savoyarde sagte, als man ihn fragte, ob er für den von der Gestapo getöteten Bruder Rache üben wolle: *»A quoi bon?«*

A quoi bon?

Ich hasse die Deutschen nicht, weil sie Millionen von Europäern umgebracht haben. Ich hasse auch die Bewohner der USA nicht, weil sie zur Unterdrükkung, Zerstörung und zur Verletzung der Menschenrechte beigetragen haben. Das ist sinnlos! Ich hasse die Franzosen nicht wegen ihrer Ausschreitungen in Nordafrika, Indochina, Madagaskar ... und ich trage auch keinen Haß gegen die Briten, weil sie den Völkermord an den Bewohnern der Insel Tasmanien erlaubten sowie die gewaltsame Einfuhr von harten Drogen nach China, was das Leben von Millionen zerstörte, die in Fixer verwandelt wurden. Ich hege keine Feindseligkeit gegen die Belgier wegen des Holocausts im Kongo. Was hätte das für einen Sinn?

A quoi bon?

Was hat ein schwelender Haß für einen Zweck, was leidenschaftliche Rachsucht ... und wer braucht schon Stolz? Was ist los mit euch, Leute?

Ich hasse weder die Spanier noch die Portugiesen wegen ihres historischen Anteils am mutwilligen Töten und Zerstören. Ich hasse die Nazis nicht, weder die früheren noch die jetzigen oder künftigen. Oder besser, ich muß mich beherrschen, um nicht auf ihr Niveau abzusinken und um meine Pflicht nicht zu versäumen, die darin besteht, all meine Kampfkraft gegen diesen Zustand des Hasses aufzubieten, gegen die uns alle heimsuchende Verirrung.

Das habe ich gelernt. Es gibt viel wirksamere Methoden, einen Ertrinkenden zu retten, als die Tugenden des Lebens an Land zu preisen und aufzurufen, man solle das Wasser mit Verachtung strafen. Es gibt wirksamere und billigere Methoden, ein Feuer zu bekämpfen, als Flammenwerfer einzusetzen. Als ich mal bei der Feuerwehr aushalf, sind wir ohne Aufregung und Leidenschaft dem Feuer zu Leibe gerückt. Ich habe gelernt, daß Stolz, Haß, Loyalität und Untertanentreue keine Flammen löschen. Wir nahmen Wasser und Schaum, das ging sehr gut. Feuer muß bekämpft werden, und zwar wirksam. Feindseligkeit gegenüber dem Feuer leistet nichts zur Rettung von Leben und Besitz. Überhaupt nichts! Und obendrein tun gute Feuerbekämpfer und -bekämpferinnen ihr Bestes, um die Feuerbekämpfung überflüssig zu machen.

Der Patriotismus kann Friedhöfe für junge Männer einrichten, aber er kann die Herzpumpen nicht ersetzen und die Probleme nicht lösen. Auch ist Rachsucht kein Ersatz für eine Drehleiter. Und auch das Fahnenschwenken hilft nicht; ganz im Gegenteil entfacht es tatsächlich die Flammen. Nationalisten sind Maden, die damit prahlen, Abkömmlinge des edlen Rosses zu sein, von dem sie sich ernähren. Genau das sind sie!

Das habe ich gelernt: Haß ist ein Bumerang. Er trifft den Werfer. Und wenn mir jemand erzählt, daß wir nicht vergessen dürfen, da stimme ich zu, und ich möchte ihn beim Wort nehmen. Laßt uns niemals Auschwitz und Kambodscha vergesssen und den Völkermord, der auf Erdteilen mit den Namen Amerika und Australien während der letzten vierhundert Jahre verübt wurde, und es soll keine Gruppe oder Nation das Monopol auf die Begriffe Katastrophe oder Verheerung oder Großbrand beanspruchen, um sie für ihre politischen Ziele zu verwenden.

Laßt uns niemals vergessen!

Laßt uns niemals die Millionen vergessen, denen kein Denkmal gesetzt wurde und die oder deren Nachkommen als Opfer keine Entschädigung erhalten, nicht mal ein tröstendes Wort, wie im Falle der Inkas, der Kurden, Armenier, Apachen, Maori, Azteken, Mayas, Sinti und Roma, Iren, Algerier, Sioux, die Inselbewohner von Diego Garcia … wollen Sie, daß ich weitermache ... die Palästinenser, Irokesen, Hawaiianer, Eriträer, die Bewohner der Insel Timor, die Tibetaner, Nagas, Navajos, die Bewohner des Amazonas-Beckens ... die Liste nimmt kein Ende.

Laßt uns niemals vergessen!

Im Jahre 1876 starb die letzte Bewohnerin der Insel, die die Europäer Tasmanien getauft haben, in Hobart. Während ihrer Lebenszeit waren alle dort Ansässigen von den Einwanderern und Missionaren ausgerottet worden. Der Name der Insel ist vergessen, oder vielleicht hatte sie nie einen Namen gehabt, weil sie für die Bewohner so groß war, daß sie für sie das Universum darstellte. Von den verschiedenen Stämmen der Eingeborenen ist nur eine vage Erinnerung geblieben. Nichts ist von ihrer Sprache, ihrer Kultur und ihrer Geschichte überliefert. Nichts blieb, außer wenigen Geräten und gebleichten Gebeinen.

Laßt uns niemals vergessen!

Aber wie können wir vergessen? Das geschieht die ganze Zeit, jeden Tag, genau in diesem Augenblick. Genau in diesem Augenblick streifen auf der ganzen Welt gutbezahlte Bewaffnete durch das Land und terrorisieren landlose Bauern. Genau in diesem Augenblick werden in den Städten der dritten Welt Kinder durch bewaffnete Kommandos im Namen von Gesetz und Ordnung getötet. Genau in diesem Augenblick. Maya-Bauern werden aus ihren Heimstätten gezerrt, um nie wiederzukehren. Überall auf der Welt bezahlen Menschen mit ihrem Leben, weil sie verdächtigt werden, wegen ihrer Armut unzufrieden zu sein. Nichts hat sich geändert. Nichts hat sich geändert.

Also laßt uns niemals vergessen, und während wir das tun, laßt uns dort sein, wo Menschenrechte verletzt werden. Dieser Planet ist vom Blut Unschuldiger getränkt und mit der Gleichgültigkeit der Unbetroffenen geplagt. Und wo wir schon dabei sind, laßt uns mit der Vorstellung Schluß machen, daß die Verletzung der Menschenrechte eine interne Angelegenheit derjenigen ist, die sie begehen. Schafft die Nichteinmischung ab, wo es sich um Verbrechen eines Staats handelt. Warum können wir keine Institution etablieren, die den Willen der Menschheit vertritt; eine Institution mit der Vollmacht, die Freiheit und Würde des einzelnen zu bewachen und zu beschützen, die ihm den rechtmäßigen Anteil am Reichtum dieser Welt sichert?

DU BIST EIN BISSCHEN NAIV, FREDDI, ABER MACH WEITER. FAHR NUR FORT.

Die Merkzeichen waren alle da.

Die Bank im Augarten, auf der ich mit Jenny Drimmer gesessen habe. Die Karmeliter Kirche, hinter der der Faustkampf stattgefunden hatte. Das Kellergeschoß in der Kleinen Pfarrgasse, wo wir uns versammelten und aufrüttelnde zionistische Lieder sangen. Kalafatti gab es nicht mehr, den sechs Meter großen Chinesen mit dem hängenden Schnurrbart und dem enorm langen Zopf; er bildete die Mittelsäule des denkwürdigsten Karussells im Vergnügungspark Prater. Sein Kopf reichte an die Decke, die Arme baumelten an den Seiten, der riesige Zeigefinger richtete sich auf seine polierten schwarzen Schuhe, und er drehte sich zu den Klängen von Smetanas *Verkaufter Braut*. Woher hatte dieser Mandarin seinen italienischen Namen? Mit Ehrfurcht gebietendem Wohlwollen starrte er runter auf seine Kundschaft, gebändigte Kinder, die sechs Umdrehungen lang auf den rudimentären Bänken der sich drehenden Scheibe saßen. Bei dem die mechanische Orgel begleitenden Tschingderassassa erfuhren Generationen feierlicher Wiener Kinder, daß Abreise und Ankunft auf gleicher Ebene stattfanden.

Wien fiel auseinander. Wien verfiel. Und doch war für den außenstehenden Beobachter der Glanz geblieben. Die fürstliche Vornehmheit und die katholische Aura haben die kitschige Protzerei immer überstrahlt. In Wien gingen Protzerei und Vornehmheit allzeit Hand in Hand.

Dennoch konnte mir die historische Herrlichkeit nichts anhaben. Für mich hatten sich die Hoffnungen nicht erfüllt. Ich war voller unbestimmter Erwartungen und falscher Traumbilder zurückgekehrt. Österreich hatte für mich keinen roten Teppich ausgerollt, und ich hatte beim anderen Geschlecht auch keinen Erfolg. Meine Psyche setzte mir ziemlich zu, und meiner Unvernunft ließ ich die Zügel schießen. Das war eine Phase, in der ich den Koller kriegte und mich unmöglich benahm, so daß meine wenigen Freunde und Bekannten zu der Auffassung gelangten, bei mir sei eine Sicherung durchgebrannt.

Von Senator Joe McCarthy war keine Antwort eingetroffen. Zusammen mit seinen Dienstmägden Cohn und Shine sollte er noch ein Jahr lang die Maßstäbe der politischen Moral und der Gewissensmoral sowie der Zweckdienlichkeit bestimmen. Ich hatte dem Senator geschrieben und mich über ein Buch von Lancelot Hogben beschwert.

Im Jahr 1950, als Harry (»Die letzte Verantwortung endet hier.«) Truman im Weißen Haus amtierte, war der Senator nach Wheeling, West Virginia, gefahren und und hielt dort vor mehr als 275 Damen in den besten Jahren und Pressevertretern eine Rede. Er enthüllte folgendes: »Ich halte in der Hand eine Liste von 205 ... eine Liste mit Namen von Leuten, die dem Secretary of State als Mitglieder der Kommunistischen Partei genannt wurden und die nichtsdestoweniger im State Department arbeiten und die Politik mitgestalten.« Das State Department ist das, was anderswo Außenministerium heißt.

Nachdem 1949 die Vereinigten Staaten den »Verlust« Chinas an Mao Tse-tungs Kommunisten zu beklagen hatten, ging die Suche nach einem Bock, der gesündigt haben sollte, los. Bei Gott, irgend jemand mußte dafür bezahlen. Man beachte, China hatte ja überhaupt nicht den Vereinigten Staaten gehört, es hat immer den Chinesen gehört. Aber das soll mal einer der Sippschaft klarmachen!

Tschiang Kai-scheck, einer von gestern, wie korrupt auch immer, war »unser Mann« gewesen, wohingegen Mao, welche Verdienste er auch besaß, sein eigener Mann war, und das war schlecht fürs Geschäft. Auf Geschäfte und Handel hatten die Vereinigten Staaten einen gottgegebenen Anspruch.

Untersuchungen von »unamerikanischer Tätigkeit« kamen auf die Tagesordnung, und man mußte jederzeit seine Treue zur Fahne verkünden. Wenn man eine Fahrkarte brauchte, um von, sagen wir mal, Kirkville, Missouri, nach, sagen wir mal, Winona, Minnesota, zu fahren, wenn man im Restaurant das Essen bestellen wollte, dann war es erforderlich, daß man eine Loyalitätserklärung für den Ku-Klux-Klan unterschrieb und *My country 'tis of thee ...* sang und dabei mit dem Sternenbanner wedelte, von dem man eins im Westentaschenformat immer mit sich rumschleppte. Das war zu jener Zeit, als man in den Vereinigten Staaten, wenn man seinen Job behalten wollte, vor dem Untersuchungsausschuß für unamerikanische Tätigkeit erscheinen und erklären mußte: »Ich schwöre bei Gott dem Allmächtigen, daß ich kein Mitglied der Kommunistischen Partei bin und auch nie gewesen bin.« Zu jener Zeit mußte man für sein Frühstück singen und ständig seine Unschuld beteuern, wenn man sich seiner nächsten Mahlzeit sicher sein wollte. Jedermann mußte in jenen Tagen seine Unschuld an diesem oder jenem nachweisen. So war's zu jener Zeit!

Jedoch um der geographischen Genauigkeit willen wollen wir uns daran erinnern, daß sich dieser Geisteszustand nicht auf Valparaiso, Vera Cruz oder Vancouver erstreckte. Die Bezeichnung »amerikanisch« wird hier falsch verwendet; statt »unamerikanische Tätigkeit« muß es »un-Vereinigte-Staaten Tätigkeit« heißen.

Das ist besser!

In dem Brief an den Senator hatte ich mich über ein Buch von Lancelot Hogben beschwert, der über naturwissenschaftliche Dinge schrieb. In seinem Buch *Mathematik für Millionen* hatte cr als Beispiel in einer Aufgabe die Entfernung von London nach Moskau benutzt. Dieses Buch konnte man sich vom Informationsdienst der Vereinigten Staaten ausleihen, der in ganz Österreich Zweigstellen besaß und darüber hinaus auf der ganzen Welt. Die Hauptpunkte meines Briefes waren die: Ein Mann, der Moskau erwähnt, ohne mit der Wimper zu zucken, ohne den Kommunismus schlechtzumachen, ohne sich danach sozusagen den Mund auszuspülen und zu gurgeln, war ein Mann, dessen Bücher ungeeignet sind, öffentlich ausgestellt zu werden, weil sie meine Kinder einer unerwünschten Doktrin aussetzen. Ich verlangte, daß seine Bücher aus den Regalen beseitigt werden und daß gegen die Verantwortlichen streng ermittelt wird.

Um 1954 begann der Senator an Macht einzubüßen, während sein Komplize Milhous (»Ich bin kein Schwindler«) Nixon sich noch weiterer sechs Jahre als Eisenhowers Vizepräsident erfreuen durfte. Nixon gewann die republikanische Kandidatur für die Präsidentschaftswahl, verlor dann aber um Haaresbreite gegen J. F. Kennedy. Als er 1962 bei den Gouverneurswahlen in Kalifornien kandidierte und verlor, äußerte er Reportern gegenüber, von nun an »werden Sie Nixon nicht länger rumstoßen können«. Er ging in die Wüste und gründete eine privates Anwaltsbüro, und das war das Ende von ihm.

Nein, war's nicht!

Richard Milhous (ich gebe nicht auf) Nixon sollte 1968 wieder auftauchen und wurde der erste Präsident der Vereinigten Staaten von Amerika, dem man seine Lügen nicht abnahm. Er hatte sich in meilenlange Tonbänder über ein kleines Verbrechen verwickelt und legte das Amt nieder, fünf Minuten bevor er unter Amtsanklage gestellt wurde; auf die Weise rettete er sich das Gehalt, das allen Ex-Präsidenten auf Lebenszeit gezahlt wird. Sein Nachfolger, der nie gewählt, sondern zum Vizepräsidenten ernannt worden war, begnadigte ihn und sprach ihn von allen Verbrechen frei. Diesen Nachfolger hatte sich Nixon geholt, nachdem der Vizepräsident Spiro T. (kein Wettstreit) Agnew es vorgezogen hatte, sein Amt niederzulegen, um nicht versuchen zu müssen, Beschuldigungen der Korruption auszuräumen.

Wiens Türen waren verschlossen. Kein Vorwurf. Mir fiel es schwer anzuklopfen, und mir fiel es nicht leicht, mich zu akklimatisieren. Die »Gemütlichkeit«, die noch vorhanden war – und das gilt auch für die *gentillesse* der Franzosen und die Bonhomie der Briten –, gründete sich auf den Alkohol und blieb deshalb auf die Ghettos der künstlich erzeugten Jovialität beschränkt.

Ich betrachte mich als glücklich, insofern mich Alkohol eiskalt läßt. Gelegentlich trinke ich gern ein Bier oder ein Glas Wein, um ein gutes Essen abzurunden, aber ich *brauche* das nicht. Und wenn morgen der ganze Nachschub berauschender Flüssigkeiten ausbliebe, würde ich mich nicht den Massendemonstrationen anschließen, und ich wäre nicht krank vor Kummer. Ich meine, ich würde nicht zusammenbrechen. Es würde mich auch nicht in Rage versetzen, wenn kein Cannabis und kein Koks mehr diese Gestade erreichten. Wer braucht das?

Das gleiche gilt für Nikotin.

Nikotin? Jemand behauptete mal, er könnte Leute dazu bringen, daß sie ihre Gesundheit ruinieren und obendrein dafür ihr schwerverdientes Geld hergeben. Wetten wurden abgeschlossen, und er gewann spielend! So hat's angefangen.

Was hat angefangen?

Die Nikotinsucht.

Er wurde Millionär, indem er die Leute für mit schädlichem Kraut gefüllte Papierröllchen bezahlen ließ, die sie anzündeten, deren Rauch sie inhalierten und damit einen klebrigen schwarzen Leim an den Wänden ihrer Atmungswege ablagerten und sich auf die Weise Lungenkrebs und Bronchitis auf den Hals zogen. Sie bezahlen schwerverdientes Geld für das Vorrecht, ihre Gesundheit zu zerstören. Verstehen Sie, was ich sage?

Ich selbst habe mal die Tabakindustrie unterstützt. Ich muß es ja wissen.

In der Zwischenzeit war die französische Armee, die 1941 in Südostasien auf der Flucht vor den Japanern getürmt war, im Jahre 1945 als Sieger zurückgekommen. Aber nach langem Kampf waren sie nun, 1954, von den Vietnamesen wieder vertrieben worden. Doch sobald sie verabschiedet worden waren, sickerten Streitkräfte aus dem entfernten Osten, von der anderen Seite des Pazifiks, in Vietnam ein. Deren Anzahl stieg schließlich auf eine halbe Million kämpfende Truppen, gestützt auf Panzer, Artillerie und Flugzeuge, die die dort Ansässigen »zurück in die Steinzeit« bomben wollten. Das vietnamesische Volk sollte zwanzig harte Jahre brauchen, um sie zu verjagen.

Gerade als ich ziemlich tief am Boden lag, kam Tante Paula auf einer ihrer Geschäfts- und Shoppingreisen nach Wien. Sie brauchte nicht lange, um zu erkennen, in welcher Lage ich mich befand, und am dritten

Tag sagte sie ohne weitere Vorrede zu mir: »Pack deine Sachen, du kommst mit nach Vöcklabruck!« Das war Rettung in höchster Not. Wieder mal ermöglichte mir das, vor dem wegzulaufen, vor dem ich ewig weglief, was immer es auch war.

Meine glücklichsten Kindheitserinnerungen sind mit meiner Zeit in Vöcklabruck verbunden, dieser zauberhaften Stadt mit ihren Flüssen und Bächen, der Wassermühle, den dampfenden Kuhställen, dem Marktplatz mit seinen ihn überragenden mittelalterlichen Wachtürmen, seiner Nähe zu Seen, Bergen und dichten Wäldern, seiner Fülle von Kapuzinerkresse, Heidelbeeren und wilden Erdbeeren wie auch von »Eierschwammerln« und anderen eßbaren Pilzen.

Tante Paula, die Schwester meiner Mutter, war von der Familie verstoßen worden, weil sie nicht in unserem Glauben geheiratet hatte. Beim Skiurlaub hatte sie sich in einen gut aussehenden *gojische* Burschen aus Vöcklabruck verknallt, das 250 Kilometer von Wien entfernt liegt. Joseph Weiss, der stattliche *goj*, besaß ein Geschäft am Marktplatz, das sich auf Wintersportsachen, Lederhosen und orthopädische Artikel spezialisiert hatte. Er kam ums Leben, als er 1932 mit dem Motorrad an einem unbewachten Bahnübergang in einen rasenden Zug krachte. Ohne jegliche Erfahrung mußte Tante Paula das Geschäft führen und ihre Teenager-Tochter großziehen. Sie hatte niemanden, der ihr half oder ihr Trost zusprach. Aber es stellte sich raus, daß sie einen bis dahin unbemerkten Geschäftssinn besaß, und der brachte ihr Erfolg. Sie ist nie eine gute Köchin oder eine blitzsaubere Hausfrau gewesen, aber wenn sie die Registrierkasse bediente, konnte man eine flinke Füchsin beobachten.

1939 nahmen ihr die Nazis alles weg und vertrieben sie aus der Stadt. Mittellos kehrte sie nach Wien zurück und zog zu ihrer Schwester, Tante Margarete, Felix' Mutter; deren Ehemann Tino war nach der

»Reichskristallnacht« nach Dachau verschleppt worden. Paula überstand die schwere Zeit, ging nach Vöcklabruck zurück, erlangte ihr Eigentum zurück und blühte wieder auf. Sie besorgte das Geschäft tagaus, tagein bis zu ihrem Tode im Alter von neunzig Jahren. Onkel Tino kam 1939 auf Grund seines bolivianischen Visums aus Dachau raus. In Südamerika verbrachte er die Kriegsjahre. Tante Margarete wurde 1942 abtransportiert und kam in dem großen Feuer um.

Im nahe gelegenen Attang-Puchheim kriegte ich einen Job in einer Schlosserei, und da ich nach Arbeitsschluß nicht viel zu tun hatte, folgte ich der Einladung eines Aushangs am Bahnhof. Der ermahnte die Uneingeweihten und Unaufgeklärten, der Esperanto-Gesellschaft beizutreten, um die internationale Sprache zu erlernen. Diese Sprache sollte der Welt den Frieden bringen. Die Sprache der Hoffnung.

Eine ältere Dame und ihr fetter Mops öffneten die Tür in dem Haus, dessen Adresse ich mir notiert hatte.

»Ja bitte?« fragte sie.

»Esperanto«, erwiderte ich.

»Es-pe-ranto!« rief sie aus. »Ah, Esperanto. Ja! Vi paroli Esperanto?« Nein, ich parolte das nicht. Ich hatte nur den Aushang am Bahnhof gelesen.

»Jeder sollte Esperanto lernen. Die Sprache ist ja so wichtig. Hören Sie, kommen Sie zu unserem Treffen ... wir haben da einen Klub in Vöcklabruck ... wir treffen uns regelmäßig.«

»Wann?«

»Warten Sie mal ... wie wär's denn mit morgen abend?«

»Wo?«

»Hier.«

»Hier?«

»Ja hier, in meiner Wohnung.«

»Ich komme.«

»Um acht. Bringen Sie Papier und Bleistift mit.«

Mit einer Viertelstunde Verspätung tauchte ich auf. Alle waren da: die Gastgeberin Leonora Unterhofer, Fräulein Fritzi, eine Dame mittleren Alters, und der Mops. Eigentlich konnte man ihn kaum als Mops bezeichnen, denn er sah nichts ähnlich. Alles, was man mit Sicherheit sagen konnte, war, daß es sich um ein kugelrundes Wirbeltier handelte, das auf der Matte lag und furzte, wenn es nicht schnarchte oder röchelte.

Fritzi war absolut begeistert und ging ganz in Esperanto auf. Mit ihrer Überschwenglichkeit machte sie mich ziemlich verlegen. Den Ausruf: »Was ist denn mit den anderen los?« hörte man einige Male an dem Abend. Manchmal wurde er ersetzt durch: »Was ist denn mit Hedwig los?« Die beiden Damen bepflasterten mich mit Fragen in Esperanto und übersetzten sie dann. Danach übersetzten sie meine Antworten, die ich wiederum wiederholen mußte. Innerhalb kurzer Zeit wußten sie von mir alles, was es Wissenswertes gab.

»Wieso ist denn Hedwig heute abend nicht gekommen?« fragte Fritzi zum fünfzehnten Mal.

»Mir hat sie noch versichert, daß sie kommt«, erwiderte Leonora. »Ich hab heute früh noch mit ihr im Geschäft parolt ... ich hab sie im Geschäft getroffen.«

»Hedwig arbeitet im Geschäft ihres Vaters, wissen Sie«, erläuterte Fritzi. »Die verkaufen Küchengeräte«, fügte sie mit ihrer schrillen Stimme hinzu, »... in dem Geschäft neben der Bücherei in der Passage.« Jedesmal, wenn Hedwigs Name fiel, wurden bedeutungsvolle Blicke gewechselt.

Der Abend schloß mit dem Absingen der Esperanto Himnia. Man drückte mir ein Blatt in die Hand, und unter Vorsagen und Ermunterungen mußte ich in den Refrain einfallen.

»Unser nächster Abend findet am Donnerstag statt«, wurde mir gesagt. Das war in drei Tagen. Da kann ich

nicht, log ich. »Dann machen wir's eben am Freitag. Kein Problem.«

Die hatten was vor.

Hedwig war eine hübsche junge Dame, schön ausgestattet. Hätte sie sich gleichgültig gezeigt oder gezögert, hätte mir das Qualen und schlaflose Nächte bereitet. Sie erwiderte jedoch meine schüchternen Annäherungsversuche mit Zuneigung und Wärme. Aber ein Mädchen, daß sich zu einem Kerl wie mir dermaßen hingezogen fühlt, war nicht mein Typ. Wir gingen sehr oft aus und setzten uns in den Park. Und als sie vorschlug, ich soll doch mal zu ihr rumkommen und ihre Eltern kennenlernen, da knallte ich meine Sachen in den Koffer und nahm den ersten Zug nach Lugano.

In Lugano hatte sich mein Cousin Felix niedergelassen, und von dort stieg ich vierzehn Tage später in den Nachtzug, der mich rechtzeitig zum Frühstück zum Londoner Bahnhof Victoria brachte.

Gut für Hedwig. Sie hatte was Besseres verdient.

GB

Wohin mit dem besoffenen Matrosen ...?

Ungelöstes britisches Problem, am frühen Morgen

Es war Januar geworden, als ich in England eintraf.
Januar 1955.

Es war das Jahr, in dem die Ära Churchill zu Ende ging. Winston Spencer Churchill war mittlerweile einundachtzig und klammerte sich an seinen Job. Er schlief einmal zu oft ein, und als er im April aufwachte, kriegte er mit, daß man ihn um seine Ministerpräsidentenposition erleichtert und auf eine Hinterbank gesetzt hatte.

1955 war das Jahr, in dem Churchills Nachfolger Anthony Eden wegen Großbritanniens drängendstem Problem Alarm schlug: wegen der Inflation. Sie stand bei schwindelerregenden 1,5 Prozent, und es mußte was geschehen. Prompt wurde der Diskontsatz von 3 auf 4,5 Prozent raufgesetzt.

Es half nicht, aber es half.

Eden setzte Parlamentswahlen an. Seine Partei erhielt 38 Prozent der Stimmen aller Wahlberechtigten, was ihm im Parlament 55 Prozent der Sitze einbrachte. Vergleichbare Anteile sind in England die Regel. Diese Technik sollte in späteren Jahren zu kunstvoller Meisterschaft geführt werden, als eine Partei mal ohne mit der Wimper zu zucken eine erdrutschartige Mehrheit von 60 Prozent der Sitze im Unterhaus bei 30 Prozent der Stimmen aller Wahlberechtigten erhielt. Unter den 630 Abgeordneten befanden sich – Sie können's glauben oder nicht – nicht weniger als sechs Frauen.

In Algerien mußte das Volk noch sieben weitere tragische Jahre durchstehen, bevor es seine Freiheit wiedererlangte. Hier wurde zum erstenmal der mit einer Handkurbel zu bedienende Stromgenerator verwendet, um Verdächtige zum Reden zu bringen, damit sie den französischen Greifern alles erzählten, was die hören wollten. Ein Jahr davor waren die Franzosen vom vietnamesischen Volk besiegt und aus dem Lande getrieben worden.

In Großbritannien ließen die Teddy-Boys die Edwardische Kultur wiederauferstehen, Boštik war das Allheilmittel für Eheprobleme, Mondrian wurde abgestaubt und von der Architektenoberschicht zum Heiligen erhoben, und Zivilfahnder machten in öffentlichen Bedürfnisanstalten Überstunden, mit dem Ziel, eigenartige sexuelle Abweichungen zu unterbinden. Die Euphorie des großen Britischen Festivals war abgeklungen und vergessen, bis auf den zurückbleibenden unzerstörbaren Betonmüll am südlichen Themseufer.

Die Leute tanzten zu der Melodie:

How much is that doggy in the window?
Window!
The one with the waggly tail.
*Bum, bum ...**

In Ermangelung wichtiger Nachrichten nisteten sich fliegende Untertassen fest im Kopf der Männer und Frauen ein, die genügend Platz drin übrig hatten.

»He, hast du gestern abend die fliegende Untertassse gesehn?«

»Nein. Hab nicht gewußt, daß Untertassen fliegen können.«

* Was kostet das Hündchen im Fenster, das mit dem wedelnden Schwanz (d. Üb.).

»Nein, UFOs, UFOs. Ich meine UFOs.«

»Was für Uhfohs?«

»Ein unidentifizierbares fliegendes Objekt.«

»Hab keine Uhfohs gesehn.«

»Ich hab's gesehn. Sag ich dir, ich hab's gesehn. Es hatte die Form einer Zigarre. – Du glaubst mir nicht.«

»Ich glaub's.«

»Du glaubst mir nicht, das seh ich dir an der Nasenspitze an.«

»Was soll ich denn nicht glauben?«

»Daß ich eine fliegende Untertasse gesehn hab.«

»Ich glaub ja, daß du eine fliegende Untertasse gesehn hast ... oder eine Zigarre.«

»Hast du denn je eine fliegende Untertasse gesehn?«

»Nö, hab noch nie eine fliegende Untertasse gesehn.«

»Da haben wir's. Was hat das für 'n Zweck, dir was zu erzählen. Du bist 'n Skeptiker!«

In den Charts der ereignisreichen Jahre findet man 1955 nicht unter den Top Ten. Doch das eine rausragende Ereignis, das 1955 überhaupt bekannt machte, war eins, das den Anfang vom Ende einer Ära markierte. Zugegeben, alle Ereignisse, die »eine neue Ära markieren«, sind nur Bestandteile eines soeben verlaufenden Prozesses; jedes Geschehnis bildet ein erkennbares Entwicklungsknötchen, eingebettet in die endlose Wurst der Geschichte.

Dieses bestimmte Ereignis, von dem ich rede, hatte eine so schwerwiegende Bedeutung, daß es zu den Spitzenereignissen des Jahrzehnts gehört.

An einem frostigen Dezembertag weigerte sich eine Dame mit zornigem Trotz in einem in die Stadt fahrenden Bus, ihren Sitzplatz einem Mann zu überlassen.

»Na und? Wer hat schon je von so einem absurden Verlangen gehört?« kann ich den auf die Folter gespannten Leser dieser langweiligen Geschichte murmeln hören. Und ganz zu recht.

»Nicht so schnell«, würde ich ihn oder sie bitten, »haben Sie Geduld mit mir, denn die Lösung wird sogleich geliefert.«

Das ist sie.

Die Dame war schwarz, der Mann war bleich, und die Stadt war Montgomery, Alabama.

Und es führte kein Weg zurück!

In seiner ursprünglichen Einfachheit war dieses Ereignis bedeutungsvoll und geradezu klassisch. Rosa Parks hieß die Heldin. Ihre Weigerung, weiterhin die rosahäutige Herrschaft still hinzunehmen, löste den schwarzen Busboykott aus und läutete den Anfang vom Ende der Rassentrennung in den USA ein. Bevor sich das Jahr 1955 neigte, hatten die albinoide Vorherrschaft und Überheblichkeit eine ziemliche Delle abgekriegt.

Meine Ankunft am Bahnhof Victoria an dem stürmischen Tag markierte für mich einen neuen Anfang, wie ihn noch keine Ankunft zuvor bedeutet hatte. Ob Klischee oder nicht, so war mir damals, und so sehe ich das auch noch heute. Es war, als sei ich endlich an meinem Ruheplatz angekommen. Ich war wieder da, wo ich in meiner Kindheit meinen Weg abgebrochen hatte. Ich befand mich wieder bei den Leuten, die ich – ob richtig oder nicht – wegen ihres Pragmatismus bewunderte, wegen ihrer Abgeklärtheit, ihrer Bescheidenheit und vor allem wegen ihres Vertrauens. Solange du nicht der Lüge überführt warst, solange du sie nicht im Stich gelassen oder ihr Vertrauen mißbraucht hattest, glaubten sie dir und an dich. Ich brauchte nur kurze Zeit, um die Wendung zu schätzen: »Im Zweifelsfalle für den Angeklagten.«

SO EINE GROBE VERALLGEMEINERUNG, DIE VON DIR KOMMT, FREDERICO, BLANKE IRONIE! UNS STOCKT DER ATEM.

Ja, ich weiß. Aber wir haben 1955.

Einen Taxifahrer, der aus der Toilette kam, bat ich um Feuer – ich suchte nur einen Kontakt, wollte ein Gefühl für den Ort kriegen -; er hielt mürrisch seine glimmende Zigarette an meine. Dabei zeigte er mir höflich, wo ich mir Streichhölzer besorgen konnte. Ich ging stracks in den Tabakladen und kaufte mir die laufende Nummer des *New Statesman and Nation* sowie einen Beutel Pfefferminzbonbons. Die Londoner Luft machte mich leichtsinnig.

Seit ich Jerusalem verlassen hatte, hungerte ich nach dem *New Statesman and Nation*. Mit seiner nüchternen und fairen Einschätzung der aktuellen Geschehnisse und seinem gemäßigten, aufgeschlossenen Standpunkt hatte mich das Blatt von meiner hart-linken Position abgebracht. Der Herausgeber Kingsley Martin verkörperte den Geist der Nachkriegsjahre, den Geist der Toleranz und des Bestrebens, mit dem Unerträglichen fertig zu werden, den Geist der Selbstbeobachtung und Selbstkritik. Es wirkte sich günstig auf die Bildung meiner Nachkriegsverfassung aus. Es hat mich empfänglich gemacht für eine menschenfreundliche liberale Anschauung und meine Sinne für Argumentationen aus allen Richtungen geschärft. Die Leitartikel eröffneten mir eine ganz neue Welt. Ich schloß mich existierenden Gruppen an und nahm an Versammlungen teil, die von politischen und sozialen Kreisen wie auch von Randbewegungen organisiert wurden.

ENGLISCHES UNDERSTATEMENT

Die Residenz des Ministerpräsidenten von Großbritannien, von wo aus das mächtigste Weltreich der Menschheitsgeschichte regiert wurde, befindet sich nicht in irgendeinem riesigen, extravaganten Herrensitz an einer Hauptstraße, die dazu passend Excelsior Avenue oder Boulevard der Seeherrschaft heißt, oder an irgend-

einem großspurigen Platz des Neuen Empires, sondern in einem nüchternen Reihenhaus in einer Sackgasse namens Downing Street, verdeckt auf Teufel komm raus vom Außenministerium, das keinerlei Sonnenlicht durchläßt.

Sir George Downing, nach dem die Sackgasse benannt ist, war einer von Cromwells Kumpeln, ein opportunistischer Diplomat, hoch bewundert und verehrt wegen seiner geschickten Doppelzüngigkeit und Treulosigkeit.

Seit meiner Rückkehr an diese Gestade wendete sich das Glück zu meinen Gunsten. Fortuna lächelte mir zu.

Mir persönlich!

Während meiner zweiten Woche auf der Insel wurde ich von einem schwarzen Humber überfahren, dessen Fahrschüler auf dem Bürgersteig gelandet war. Ich kam ins Hackney Hospital, wo mein Bein gegipst wurde. Die Versicherung entschädigte mich ohne Gerichtsverhandlung, und ich war um 250 Pfund reicher. Ich fand Arbeit bei der Baufirma Terson's, deren Betonmischer und Hebezeuge ich wartete und überholte.

Fünfunddreißig, jung an Reife, winkten mir goldige Zeiten. Die englische Sprache beherrschte ich in bescheidenem Maße, aber es gab keine Verständigungsprobleme. Doch bis auf den heutigen Tag kann ich meine ausländische Herkunft nur verbergen, solange ich den Mund fest zuhalte. Mein fremder Akzent hat mich stets treu begleitet.

Mit Genuß und Begeisterung versenkte ich mich in die Sprache. Die Sprache von Vladimir Nabokov, William Saroyan, Joseph Conrad, Arthur Koestler und die der Autorisierten Bibelübersetzung. Mit Fleiß tauchte ich in das englische Idiom. Nun dachte ich englisch, atmetete englisch und träumte englisch. Ich *aß* auch englisch. Ich gewöhnte mir an, die Gabel verkehrt rum zu drehen, und balancierte die Bissen auf der falschen Seite. Ich erzog mich sogar, Schinken-Sandwiches aus pappigem Fabrikbrot runterzuschlingen. Die ganze Zeit über benutzte ich ein Wörterbuch ins Englische, aber die Bedeutung der englischen Wörter wurde nicht nachgeschlagen. Ich kann nicht behaupten, daß das die brillanteste Idee war, die meinem ränkevollen Geist entsprang. Sie behinderte jegliches vergleichende Verständnis und entfremdete mich traurigerweise meiner Muttersprache; auf die Art wurde jede Weiterentwicklung darin blockiert, so daß ich jetzt ständig nach Wörtern suche, wenn ich mal deutsch sprechen muß, und immer wieder in die englische Ausdrucksweise verfalle.

Von den Europäern sind die Engländer diejenigen, die einem Ausländer am ehesten verzeihen. So habe ich in den nächsten paar Monaten mehr Freundschaften geschlossen als in meinem Heimatland während ganzer Jahre. John gehörte zu den neuen Freunden. Ich hatte auf seine Annonce hin geschrieben, die Leute einlud, die sich so nebenbei ein bißchen in Prosa und Dichtung versuchten; sie sollten zu dem Zirkel stoßen, den er kürzlich ins Leben gerufen hatte. Wir trafen uns in der Wohnung von Mrs. Webb in Highgate. Mrs. Webb selbst schrieb unter dem Pseudonym Stella Gibbons. Ihre Tochter war Johns zukünftige Ex-Frau. Und Johns Schwester war die im ersten Kapitel erwähnte junge Dame.

Da rede einer von Zufall.

Irgendwann im Juli dieses Jahres schickte mir John eine Einladung zu einer Party. »Die fängt ungefähr um acht an«, stand drauf, »und endet noch viel ungefährer.«

»Komm, ich mache dich mit meiner Schwester bekannt«, sagte John und schenkte mir nach.

Ich hatte mich an meinem ersten Drink festgehalten und rumgeschaut. Während alle anderen den alkoholischen Gifttrunk süffelten, nippte sie an sprudelnder Limonade. Sie saß still für sich da und kam mir vor, als besäße sie außer ihrem guten Aussehen eine innere Schönheit und ein Glücksgefühl, ganz anders als die übrigen. Ich hatte schon mehrfach in ihre Richtung geguckt, aber sie hatte kein Interesse verraten. Zehn Monate später waren wir verheiratet.

Mutter: Wohin gehst du?
Sohn: Ich gehe los heiraten, liebe Mutter.
Mutter: Doch nicht eine von denen, hoffe ich. Doch nicht die, mit der du deinen Spaß hast. Nicht, solange ich lebe. Nicht ... und die ist keine Jungfrau mehr ...
Sohn: Bin ich auch nicht, Mama. Allerdings ...
Mutter: Das ist was anderes, du bist ein Mann.
Sohn: ... backt sie ausgezeichnete Eierkuchen, und sie ist schwanger.
Mutter: Da hätte sie besser aufpassen müssen, nicht wahr? Aber das machen die ja nie. Oder? Niemand von unserer Familie hat je eine von denen geheiratet. Niemand! Warum nimmst du nicht ein Mädchen wie Karolla Weintraub aus Nummer neunundzwanzig? Ihr Vater ist ein erfolgreicher Unternehmer, und sie hat es gar nicht nötig, Eierkuchen zu backen.

Das Haus in Tollington Park – wieder so eine irreführende Bezeichnung – war ein unverhoffter Glücksfall. Es war das Resultat einer Glückssträhne, zu der auch der Zwei-Liter-Humber gehörte.

An dem Tag, an dem ich meinen Job bei Terson's verlor, leistete ich eine Anzahlung auf das Grundstück. Ich verlor den Job bei Terson's, weil die Benzinpreise gestiegen waren. Die Benzinpreise gingen hoch, weil Gamal Abdel Nasser den Sueskanal blokkierte. Er blockierte den Sueskanal, weil Ägypten von den vereinten Streitkräften Israels, Frankreichs und Großbritanniens angegriffen worden war. Sie hatten angegriffen ... egal, das ist Geschichte. Und während die Schlagzeilen SUES schrien, kehrten die gerade aus Ungarn abgezogenen Sowjets wieder dorthin zurück und unterdrückten grausam das Verlangen des Volks, ihre Angelegenheiten in die eigenen Hände zu nehmen.

Zu jener Zeit, in der schlechten alten Zeit, konnte man ein bescheidenes Haus für eine Summe kaufen, die der durchschnittliche Facharbeiter in zweieinhalb Jahren aufbringen konnte. Heute, im letzten Jahrzehnt des 20. Jahrhunderts, würde ein vergleichbares Grundstück den Gegenwert von zehn bis zwölf Jahren Schinderei durch den Facharbeiterenkel des besagten Facharbeiters kosten. Bei Terson's verdiente ich 600 Pfund im Jahr, und das Eigentumsrecht an dem Haus in Tollington Park wurde für 1 200 Pfund angeboten. Jean und ich kratzten die Anzahlung von 500 Pfund zusammen, und wir liehen uns 700 Pfund von der Baugesellschaft als zehn Jahre laufende Hypothek zu 4,5 Prozent Zinsen.

Tollington Park ist kein Park. Regent's Park ist ein Park. Finsbury Park ist ein Park. Aber nicht Tollington Park. Tollington Park ist eine Straße. Und das ist auch Cranley Gardens, nebenbei gesagt. Nämlich eine Straße.

An dem Tag, als die Nachricht kam, daß der erste künstliche Erdsatellit gestartet war und russische Signale zurück auf unseren Planeten piepste, scharrte ich im Vorgarten rum, ohne zu wissen, was ich machte und was ich noch machen würde. Ich ärgerte mich, weil mein Essen nicht fertig war, obwohl ich beim Nachhausekommen nach einem harten Arbeitstag damit gerechnet hatte. Jean, seit sechs Monaten meine Frau, hatte sich als ein aufmüpfiges Wesen entpuppt und war in keiner Weise bereit, mich als Haushaltsvorstand zu akzeptieren. Sie glaubte an die Gleichberechtigung der Geschlechter, halten Sie das für möglich?

Ich stand im Vorgarten und versuchte mir über das Wuchern unerwünschter Pflanzen klarzuwerden, die diejenigen verdrängten, die ich gepflanzt hatte, um dem Ganzen etwas mehr Ansehen zu verleihen. Da erschrak ich bei einem Laut, den ich noch nie gehört hatte. Eine Art unterdrückter Schrei kam von der Straße. Jemand krächzte sich nur die Kehle frei. Haachuk.

Irgendeine Kehle.

Es war eine füllige Frau, die aufs mittlere Alter zuging; was von ihrem guten Aussehen übrig war, reifte zu matronenhaftem Charme. Wirklich, sie wurde am selben Tag zur selben Stunde im selben Jahr wie ich geboren. Woher ich das weiß? Weiß ich nicht. Ich weiß es eben. Ohne den Kopf zu drehen, warf sie mir einen Blick zu und grinste triumphierend, weil sie es fertiggebracht hatte, daß ich nach ihr schaute.

Was ich sagen will, klingt vielleicht melodramatisch. Aber sei's drum.

Sie war geschickt worden, mir weh zu tun.

Sie sah nicht so aus, wie man sich eine Hexe vorstellt. Natürlich wissen wir alle, daß richtige Hexen nicht wie richtige Hexen aussehen. Das ist schließlich das Wesen der Hexerei.

Drei Wochen später stand ich auf einem Sims und strich die Fenster im ersten Stock von außen. Ich konzentrierte mich ganz auf meine Arbeit und balancierte gefährlich auf dem schmalen Vorsprung über der Haustür. Plötzlich kam dieses Geräusch wieder, dieses hohe Krächzen. Haa-chuck, das Abhusten der Kehle. Das erwischte mich unvermutet, und ich verlor beinahe meinen Halt, als ich mich zwanghaft rumdrehte. Statt dessen machte der Farbtopf einen Kopfsprung, und dort auf der Vordertreppe liegt der Beweis: eine ständige

Mahnung und Warnung. Die verschüttete Farbe, die ein Muster gebildet hat, hat sie seither in Schach gehalten. Sie hatte Mist gebaut. Ohne Zweifel würde sie von ihren Vorgesetzten über glühende Kohlen gezogen werden. Ich habe sie nie mehr gesehen.

Bloß fürs Protokoll: bei beiden Gelegenheiten blickte ich nach Norden, während sie nach Westen weiterging.

Mann auf Luna

»Ich glaube, diese Nation sollte sich für das Ziel einsetzen, daß noch von Ablauf dieses Jahrzehnts …«

Für welches Ziel? Die soziale Gerechtigkeit? Nein …? Ah, die Beendigung der Korruption in höheren Regionen.

Nein!

Den Kampf gegen das organisierte Verbrechen? Eine Gesundheitsfürsorge für alle? Demokratie …? Menschenrechte auf der ganzen Hemisphäre …? Nein?

Nein!

Ich weiß! Diese Nation sollte sich für das Ziel einsetzen, daß noch vor Ablauf dieses Jahrzehnts die Unterernährung überall auf der …

Nein, nein, nein! Doch nicht so was Banales. Denk doch mal historisch.

Ich gebe auf.

Also halte den Mund, und laß den Mann ausreden.

»… daß noch vor Ablauf dieses Jahrzehnts ein Mann auf den Mond geschickt und er wieder sicher zur Erde zurückgebracht wird.«

Du willst mich wohl veralbern, bestimmt …

Würde ich mir mit so einer Sache einen Spaß erlauben? Das ist aktenkundig. J. F. Kennedy vor dem Kongreß, am 25. Mai 1961.

Wofür sich unser Mann Kennedy außer dem eben Genannten neben zahlreichen Theaterleuten weichen Profils eingesetzt hat, war die intensivierte Einmischung in die Angelegenheiten kleinerer Nationen, was zur Invasion und letztlichen Zerstörung von Vietnam, Laos und Kambodscha führte.

Lesen, schreiben, rechnen

> Es ist Aufgabe des Lehrers, jungen Menschen dabei zu helfen, daß sie die Fähigkeit selbständigen Denkens erwerben, in Übereinstimmung mit den geltenden Normen.
>
> *A. Barbés-Rochechouart*

Soweit ich zurückdenken kann, habe ich den Beruf des Lehrers wegen seiner gediegenen täglichen Arbeitszeit und seiner großzügigen Ferien bewundert. Ende der fünfziger Jahre begannen junge Australier in wachsender Anzahl auf den Straßen Londons aufzutauchen; sie befanden sich auf ihrer großen Bildungsreise. Zwischen ihren Ausflügen auf das geheimnisvolle europäische Festland nächtigten sie in der Londoner Gegend Earls Court. Einige arbeiteten an Tanksäulen, andere interessierten sich dafür, »ein bißchen zu unterrichten«.

Seit der Sueskrise, bei der ich von Terson's rausgeworfen wurde, hatte ich eine stete Unruhe in mir, und während der folgenden anderthalb Jahre habe ich fünfmal den Job gewechselt. Das ging so lange, bis ich eines Tages im Januar 1959 den Hörer in der Telefonzelle vor dem Geffrye Museum in Shoreditch abnahm und die Nummer vom Bildungsamt des LCC wählte – des London County Council.

»Bildung«, meldete sich die Stimme am anderen Ende.

Ich drückte den Knopf und die Münze fiel unwiderruflich.

»Ähem ... äh ... äh ... ich möchte gern wissen ... äh ... könnte ich mit jemandem sprechen, der ... der mir Informationen über das Unterrichten in Metallverarbeitung geben kann?«

»Mit dem sprechen Sie gerade«, kam die bengalische Stimme aus dem Großlondoner Rathaus.

»Ich ... ich ... ähem, ein Freund von mir sagte ... er unterrichtet Englisch, und er sagte mir, Sie hätten einen Mangel an Lehrern für Metallverarbeitung.«

Mein Freund Peter Bowering, der am Birkbeck College der Londoner Universität sein Examen gemacht hatte, hatte seinen Job als Industriechemiker an den Nagel gehängt und war dazu übergegangen, »ein bißchen zu unterrichten«, im Londoner Osten.

»Da müssen Sie mit dem Inspektor reden. Können Sie morgen früh um zehn herkommen?« Natürlich ging das, und ich brauchte zwei Stunden zur Überwindung des Schocks, daß ich nicht sofort abgelehnt worden war.

Pünktlich am nächsten Vormittag stand ich im Büro des Inspektors für Arbeitskunde. Ich trug einen schäbigen Mantel, und ein schmuddliger Schal verbarg mein dreckiges Hemd.

Der Inspektor, ein ernster, aber freudlicher Mann, wirkte beruhigend auf mich. Er legte ein großes liniertes Blatt auf seinen makellosen Schreibtisch, und nachdem er seinen Bleistift gespitzt hatte, ging er daran, meinen Namen und meine Adresse in sauberen Buchstaben aufzuschreiben.

»Nationalität?« fragte er.

»Österreichisch.«

»Alter?«

»Neununddreißig.«

»Pfffffhhh ...«

Mr. Moore, der Handwerksinspektor, blickte mich vorwurfsvoll an. Mehrere Male ließ er den Bleistift fallen und fing ihn beim Hochkommen wieder. Ich spürte, daß er Verständnis hatte und mir helfen wollte. Gleichzeitig wollte er verzweifelt sich selbst helfen, denn, wie ich später rausfand, gab es im Norden Londons achtunddreißig Schulen mit voll ausgestatteten Werkstätten und überhaupt keine Lehrer dafür.

»Was haben Sie für eine Ausbildung?«

»Ich habe eine Lehre in Österreich abgeschlossen.«

»Sie haben noch nie in diesem Land hier unterrichtet?« Hatte ich nicht.

Der Bleistift, den er in der Hand hielt, um meine akademische und pädagogische Bildung festzuhalten, fiel runter auf den Schreibtisch und blieb ganz schief liegen. Der Inspektor lehnte sich zurück, breitete die Arme aus und schaute mich an.

»Sie haben nichts zu bieten«, erklärte er mit letzter Entschiedenheit.

»Mr. Foulmere! Woher zum Teufel erwarten Sie denn Respekt von den Kindern, wenn Sie mir gegenüber nicht die geringste Achtung und Rücksicht an den Tag legen? Wäre es nicht nett ...«

Der junge Foulmere, der neue Musiklehrer, hatte den Spielplatz überquert und wurde vom Direktor Mr. Spoondekker, der gern »Hüter« genannt werden wollte, gegen das Landwirtschaftsgebäude festgenagelt. Das verblüffte Foulmere.

»... ich meine, wäre es nicht nett«, fuhr Spoondekker fort und brachte ihn mit einem Blick zum Schweigen, »würde es sich nicht vielmehr gehören, wenn Sie die Hände aus den Taschen nehmen würden, mein lieber Junge? Würde das nicht ein gutes Beispiel abgeben? Und kann die Krawatte nicht in Ordnung gebracht werden?« Spoondekker lächelte wütend. »Sie wollen sich vielleicht ein Exemplar unserer Verhaltensregeln von Mr. Gantry holen und studieren.«

Nach ein paar gezielten Fragen war das eine grenzenlose Anregung.

Bevor Foulmere Luft holen konnte, war Spoondekker in seinem schwarzen Mantel, der sich in der frischen Herbstbrise blähte und flatterte, schon entschwebt. Wie-

der mal hatte er einen seiner regelmäßigen Vorstöße auf den Spielplatz unternommen, zu denen er aufbrach, um ein paar Kopfnüsse zu verteilen, junge Angehörige des Lehrkörpers zurechtzuweisen und wieder zu verschwinden. Zuschlagen und weg!

Zu Beginn des Ostersemesters trat ich ins Bildungswesen ein, stundenweise, unter der Bedingung, daß ich innerhalb von drei Jahren das Abschlußzeugnis für Technologie vorlegte. Nach zwanzig Monaten bestand ich das Examen, und mein Gehalt verdoppelte sich über Nacht.

Im Gegensatz zur weitverbreiteten Meinung sind Lehrer nicht unfehlbar. Aber sie kommen dem ziemlich nahe. Und sie sind die ersten, die Lücken innerhalb der unbegrenzten Sphäre ihrer Gelehrsamkeit zugeben. Und ich lasse mir von niemandem einreden, daß es ihnen an der Fähigkeit zur Selbstkritik mangelt. Bloß weil man noch nicht erlebt hat, daß sie welche üben, besagt das noch lange nicht, daß sie die Fähigkeit dazu nicht besitzen. Guter Gott, wenn sie im Lehrerzimmer sitzen und imstande sind, am Direktor und allen anderen, die zufällig außer Hörweite sind, kein gutes Haar zu lassen, dann kann man mir doch nicht erzählen, daß sie nicht in der Lage wären, sich selbst analytisch zu betrachten. Wo bleibt Ihre Logik?

Wenn man aufmerksam zuhört, kann man vernehmen, wie sich eine Lehrerin – oder auch ein Lehrer – geirrt hat und mit atemberaubender Offenheit die Grenzen ihrer Weisheit eingesteht. Erst kürzlich sagte mir die Leiterin des naturwissenschaftlichen Fachbereichs: »Fred«, und sie schüttelte ihren hübschen Kopf, »Fred, ich weiß nicht, was aus dieser Welt geworden ist. Ich weiß es wirklich nicht.« Sie weinte beinahe.

Da haben wir's, sie gab ihre Unwissenheit zu. Also, viel ehrlicher und selbstanalytischer kann man wohl doch nicht sein, oder?

Ihre Bestürzung rührte von ihrer Entdeckung her, daß die Flugpreise ohne Vorankündigung raufgesetzt worden waren, bevor sie Gelegenheit hatte, ihre Ferienreise zu buchen.

Immer auf die armen Lehrer, das ist alles, was Sie können.

Wir sind ein hart arbeitender Haufen, schinden uns gnadenlos von früh halb zehn bis viertel eins, mit nur einer Viertelstunde Pause dazwischen, die meiste Zeit stehend. Und weiter geht's von zwei bis vier am Nachmittag. Wir verteilen Bücher, wischen die Tafel ab, klatschen in die Hände. In einem Augenblick erklären wir komplizierte Kohlenstoffketten oder führen das Industriepotential der Republik Mali vor Augen, und im nächsten müssen wir zum x-ten Male die Namen der Frauen Heinrichs VIII. runterschnurren oder unsere Schützlinge mit dem Leben und der Zeit von Barbés-Rochechouart bekannt machen.

Die ganze Zeit über tun wir unser Bestes, um diesen unaufmerksamen und undankbaren Gören unter höchst erbitternden und ermüdenden Bedingungen eine Erziehung angedeihen zu lassen. Vormittags und nachmittags. Tagaus, tagein. Fünf aufreibende Stunden jeden Tag, fünf unaufhörliche Tage jede Woche, mit ganzen sechs bis acht Freistunden, dreiviertel jeden Jahres unseres Arbeitslebens.

Und all das bei verdammt geringer Anerkennung von der Gesellschaft allgemein. Kein Wunder, daß das nur die Starken aushalten. Zahlreich sind diejenigen, die einem Nervenzusammenbruch erliegen oder ganze Jahre frei nehmen müssen.

Das sollten Sie mal versuchen. Werden ja sehen, wie es Ihnen da geht.

Die Tatsache, daß die Erziehung eine Sache der

Konfrontation ist, liegt gänzlich an der Weigerung der Kinder zu kooperieren. Sie benehmen sich Lehrern gegenüber ungewöhnlich mißtrauisch und verachten, was diese sich abmühen für sie zu tun. Bestenfalls sind sie dickfellig und faul. Es ist ein Zeichen der Zeit, daß Kinder in ihrer häuslichen Umgebung wie V.I.P.s behandelt werden und erwarten, daß ihnen alles zufliegt.

Das Sprichwort sagt: »Du kannst den Esel zum Wasser führen, aber du kannst nicht machen, daß er trinkt.« Wenn man vernünftiger rangehen würde, mit einer realistischen Garnitur von Entscheidungsmöglichkeiten und deren Folgen, dann könnte man das zum Beispiel so ausdrücken: »Friß, Vogel, oder stirb!« Damit würde man sich aber die Justiz auf den Hals ziehen, die die Schüler weit mehr schützt als uns. Jetzt werden ja sogar Watschen und Rohrstock in Frage gestellt. Und das im Namen der Menschenrechte durch ein ausländisches Gericht, dessen Verhandlungen irgendwo in Mitteleuropa in einer Fremdsprache geführt werden.

Nun haben wir aber auch in unserem Lande Menschenfreunde, die Lippenbekenntnisse zugunsten solcher fremdartigen Ideen wie Leisetreten und Kinderpsychologie ablegen. Wären sie je in ihre heutigen Positionen gelangt, wenn sie das Erzeugnis derjenigen liberalen Methoden wären, die sie jetzt andauernd vertreten? Beantworten Sie mir das mal! Haben Sie gewußt, daß mehr als 85 Prozent aller Schulabgänger lesen können? Und schreiben auch! Haben Sie gewußt, daß Großbritannien den höchsten Prozentsatz von Zeitungslesern auf der ganzen Welt hat? Das haben Sie nicht gewußt. Jawohl, da können Sie höhnisch grinsen. Ich habe gehört, daß nur 8 Prozent der Leser die »guten Zeitungen« lesen. Aber wer entscheidet schon, was »gut« bedeutet? Beantworten Sie mir das mal!

Trotz alledem bringen wir eine anständige Menge

gottesfürchtiger, aufrechter Staatsbürger hervor, die fähig sind, sich ganz anzupassen und in abgestimmter Weise zu denken – besser noch, die das Denken denen überlassen, die dazu auserwählt wurden. Wir erzeugen treue Untertanen, die bereit sind, zu folgen und gegen alle zu kämpfen, die uns unsere Fahne und unsere Art, die Dinge zu erledigen, wegnehmen wollen; anständige, schwer arbeitende Bürger, die die ihnen gewährte Freiheit schätzen, sie verantwortungsbewußt wahrnehmen und jene respektieren, denen die Aufgabe zuteil wurde, diese Freiheiten und Rechte zu erteilen.

Nur sehr verschwommen ist den Kindern bewußt, daß ihre Aussichten später um so größer sind, je mehr sie aufnehmen. Ihnen ist nicht klar, daß eine anscheinend nutzlose Information irgendwann in der Zukunft mal sehr wertvoll sein kann. Eine Tatsache wie, sagen wir, die Bedeutung von Landengen. Wo würde zum Beispiel die malaiische Halbinsel sein, wenn es die Landenge von Kra nicht gäbe? Na sagen Sie schon! Eine von Wasser umflossene Insel wäre sie, abgeschnitten vom asiatischen Festland wäre sie. Jawohl, das sollten Sie wissen.

Oder nehmen wir die Wiederkäuer. Sie besitzen fünf Mägen – oder sechs –, und der Mensch hat nur einen. Wie kommt das? Und die Kakerlaken haben zwei. Damit stehen die Wiederkäuer ganz oben in der Tabelle. Das haben Sie nicht gewußt, nicht wahr?

Wiederkäuer? Alle, die wiederkauen natürlich. Das ist die Wahrheit.

Dann wären da noch die Kohlenstoffketten zu verdauen und drinzubehalten. Was für Ketten? Kohlenstoffketten. Der Buchstabe C, in Sechsergruppen über die ganze Wandtafel geschrieben, bildet er ein bedeutungsvolles Muster.

Dann muß da noch das Pythagoreische Theorem geschluckt werden.

Und haben Sie gewußt, daß $ax^2 + bx + c$ nichts ergeben, null, um genau zu sein. Ist das nicht interessant?

»Wir wolln keine ANNA LÜH SEE*«, sagt eine Gruppe Jungen der zweiten Klasse unserer Oberschule zu mir, als sie mir von ihrer Tätigkeit im Fach Kunst erzählten. Nun, ihnen mag vielleicht die Künstlichkeit dieser Anforderung nicht geschmeckt haben, aber bestimmt haben sie wenigstens ein neues Wort gelernt.*

»Wir habn VIEL LOLLO GIE *heut nachmittag«, sagen sie resigniert. Zu dem Zeitpunkt hatten sie die Schule und ihre Art samt ihren schrulligen Eigenschaften und bestürzenden Besonderheiten mit dem Gleichmut der Zwölf- und Dreizehnjährigen schon akzeptiert.*

Was ist denn VIELOLOGIE*?« frage ich.*

»Das is über Städte und Orte ...«

»Ja und die Küsten und so was ...«

»Das is GEH O GRIFFIE ... *wie ... wie Länder und so.«*

»Und GESCHICHTE ... *König Alfred ... und so.«*

Noch mehr Wörter verdaut.

»Wieso müssen wir denn was mit Metall machen?« fragen sie mich.

»Vielleicht braucht ihr das mal. Da lernt ihr, wie man viele nützliche Dinge mit der Hand macht.« Ich antworte mit Klarheit.

Wie ein guter, kluger Gärtner oder wie eine Gärtnerin, die – in dem Falle der – sich um seine Pflanzen kümmert, sie stützt, hier ein Blatt wegnimmt, dort einen Zweig stutzt und einer Knospe sich zu entfalten hilft, so geben wir beim Unterricht Unterstützung und lenken das Wachstum in eine neue Richtung, wenn es uns nötig erscheint.

Wie für die Entwicklung einer Pflanze ist es erforderlich, zu beschneiden, zu veredeln, zu verpflanzen, kreuzweise zu befruchten und immer unerwünschte Tendenzen im Keime zu ersticken. Den Lehrern dieser Welt ist es aufgetragen, den *status quo ante* zu erhalten.

Mit starker Betonung des *ante*.

Originalität und ein Gefühl für Neuerungen haben schon ihre Berechtigung, aber wir würden nicht weit kommen, wenn wir ihnen freien Lauf ließen. Wir dürfen unser Erbe, unsere Traditionen und unsere überkommenen Werte nicht aus dem Auge verlieren. Und wir müssen zu jeder Zeit danach trachten, was darzustellen und eine gute Erscheinung abzugeben.

Der Direktor der Brooksmill Oberschule war Pragmatiker. »Wenn's gut aussieht, warum sich dann aufregen?« formulierte er. »Wenn nicht, dann weg damit ans hintere Ende des Korridors oder in den Geräteschuppen.«

»Was das Auge nicht sieht«, pflegte sein Stellvertreter das in seinem bodenständigen Yorkshire-Dialekt zu bekräftigen, »das kümmert den Geist nicht.«

Genau wie Pflanzen miteinander wetteifern und die Schwachen auf der Strecke bleiben, so fördert der gute Lehrer den Wettstreit und den Willen und Antrieb, den anderen zu übertreffen. Kooperation hat seine Berechtigung, gewiß, aber damit baut man keine Autobahnen und Kanaltunnel.

Von früh an müssen wir unseren Schützlingen beibringen, daß man mit solchen vereinfachenden Vorstellungen wie »Im Leben geht's darum, wie man eben lebt« nichts anfangen kann. Im Leben geht es darum, sich den Anforderungen und Herausforderungen des Lebens zu stellen, sich den Aufgaben gewachsen zu erweisen, die uns die Gesellschaft überträgt, zu dienen, stolz auf die Traditionen zu sein und, jawohl, sein Leben für das Vaterland oder den König oder *la patrie* herzugeben, je nachdem, was für einen Paß man zufällig hat.

»Wir packen ihre zarten Köpfe in Zement«, begeisterte sich der Direktor. »Es gibt keinen anderen Weg.

Sonst würden sie überhaupt nicht mehr wissen, wo's langgeht, und die Industrie würde sich dafür bedanken, oder etwa nicht? Der Geist eines Kindes kommt gelegentlich von der Bahn ab, er muß gelenkt werden. Darum geht's, um nichts weiter.« Er nickte und zwinkerte.

»Kindern muß der richtige Weg gewiesen werden. Sonst wüßten sie ja nicht, welchen sie einschlagen sollen. Das ist unser Job, auf den Punkt gebracht: ihnen beizubringen, worum's geht ... ihnen die Werte einzubleuen, die wir ihnen einflößen wollen, darum geht's. Es geht darum, sie in die erforderliche Form zu prägen – runde Pflöcke in runde Löcher –, damit sie in die Gesellschaft passen und vollgültige Mitglieder dieser großen Gesellschaft werden, in Übereinstimmung mit deren Zielen. Darum geht's, um weiter nichts.«

Er nickte heftig und verstummte, lehnte sich stolz zurück, zufrieden mit seiner Leistung; fast wartete er auf Beifall, rechnete aber nicht damit, weil der bei Lehrerkonferenzen nicht üblich ist.

Endspiel

> Im Gegensatz zu Richard Nixon kann ich nicht behaupten: »Ich bin kein Schwindler!« Was ich dagegen sagen kann, ist: »Ich bin ein Lügner«, und das ist die Wahrheit.
>
> *F. P. in einer seiner positiven Launen*

> Oh, Herr! Sei uns gnädig. Mildere unser Mitleid, auf daß wir mit höchster Wonne dieses Frühstück und die Freigebigkeit genießen können, die du uns schenkst.
>
> *Tischgebet der neunziger Jahre, gesprochen vor der Einnahme des Morgenmahls*

Der Fasan hinten im Garten verspottet mich wieder. »Homo schmalzig«, lästert er zu der Melodie »Du dummes Luder«. Ich darf bis auf zehn Schritte rankommen, und er tut so, als bemerke er den sich heimlich nähernden *Homo ineptus* nicht. Dann läßt er was fallen und zieht sich träge zurück. Sollte ich losrennen, würde er sich verärgert über die Hecke erheben und im Fluge fluchen. In dem Augenblick triumphiere ich, denn ich habe die Kreatur gezwungen, den Grund zu verlassen. Seine Sorte ist faul; von Natur aus geht sie zu Fuß und gebraucht die Flügel nur als letzten Ausweg. Er weiß, daß dieses Stück Land mein verbrieftes Eigentum ist. Das wissen auch die Spatzen und die Krähen, der Hagedorn, das Moos, die Kiesel und all die kriechenden Krabbler. Keiner von ihnen zeigt auch nur den leisesten Respekt. Die Brennesseln erweisen mir ihre Achtung, indem sie mich sanft streicheln, wenn ich vorbeikomme. Es gibt sogar Stellen mit Zutritt verboten. O ja! Verboten von wilden Bienen, peitschenden Zweigen und stachligem, schädlichem Unkraut; auf meinem eigenen Grund und Boden, nicht zu glauben!

Die wirklich einzige freundliche Stimme kommt von der jungen Drossel auf meiner Fernsehantenne. Die ruft immer: »Trrritt drrr librrral librrral Parrrtii beiii tiuu tiuuu trrrrrrr.« Sie will einen bloß aufhetzen und für Instabilität im Lande sorgen.

Im Jahre 1965 entdeckten wir Highfield.

Das Anwesen Highfield in der Gemeinde Harlton. Hoffentlich die letzte Station. Schluß mit dem Rumziehen, dem Reisen, den Zügen und Flügen und Möbelwagen. Von dem Moment an, wo wir das Haus sahen, konnten Jean und ich uns nicht mehr losreißen, obwohl an ihm nichts weiter dran ist. Es war nämlich im nichtssagenden Stil der freudlosen mittdreißiger Jahre gebaut worden, in den tristen Tagen meiner Lehrzeit.

Highfield steht auf einem knappen halben Hektar Land und ließ Gedanken an Selbstversorgung und großartige Projekte sprießen. Es liegt am Rande des Dorfes, und auf dem Feld daneben sieht man Rinder. An der Rückseite des Anwesens erhebt sich ein namenloser Hügel, unbedeutend, doch in dem flachen Land fällt er ins Auge. Leider gurgelt kein Bach durch unser herrschaftliches Grundstück oder am Rande vorbei. Die grünen Weiden ...

OKAY, KLAUSNER,
SELBSTERNANNTER BILDERSTÜRMER,
LIEFERANT VON PARADOXA UND SCHERZRÄTSELN,
KOMM ZUR SACHE
SAG JETZT, WAS DU ZU SAGEN HAST,
UND DANN LASS UNS IN RUHE.
DIESE TIRADE MUSS NUN EIN ENDE HABEN,
DENN ES HERRSCHT PAPIERKNAPPHEIT.
DEIN BUCH TRÄGT ZUR SCHNELLEREN BESEITIGUNG
DER WÄLDER DER WELT BEI.
JEDE SEITE VOLLER FRIVOLITÄT,

IST ES FÜR EINEN BAUM ZU SPÄT.
EINE WEITERE PAPAYA,
DIE SINNLOS DEN ORINOKO
RUNTERSCHWIMMT.

Wie die Dörfer rund um Cambridge erhält Harlton seinen Charakter durch eine malerische Mischung von geschäftsführenden Direktoren, Colonels im Ruhestand, Handelsvertretern der Region und dem unvermeidlichen Akademiker, dazu ein paar Einheimische, die es fertiggebracht haben dazubleiben. Das sind die Überbleibsel der Familien, die hier seit Generationen gelebt haben und nun zur Miete wohnen und sich was dazuverdienen, indem sie das Unkraut jäten und den Boden in den Gärten der ständig wechselnden zugereisten Schuldirektoren, Bankfilialleiter und Stadtmenschen umgraben. Sie machen den mit Kaufkraft Gesegneten die Betten und die Beete mit den Ringelblumen.

Die Nachkommen derjenigen, die im 13. und 14. Jahrhundert die Kirchen errichteten, gehen nun zu den Neureichen die Toiletten putzen, Polstermöbel und Teppiche saugen und den zweitklassigen Geschmack ihrer Wohltäter bewundern. Sie erledigen alle Wege und nehmen im allgemeinen den überarbeiteten Gelehrten und unermüdlichen Beamten die Arbeit im Haushalt ab, für die diese schöpferischen Leute in den gehobenen Berufen einfach keine Zeit finden. Sie ergänzen sich gegenseitig, und alle sind glücklich. Hier ist das alte Yin und Yang am Werk. Die Zugezogenen haben sich die ausgesuchtesten Parzellen unter den Nagel gerissen und versorgen Leute mit Freizeitarbeit; auf die Weise besitzen sie genügend Einfluß, um den von den jungen Leuten benötigten Wohnungsbau zu verhindern. Damit bewahren sie das bißchen übriggebliebene Ländlichkeit, an der man sich noch erfreuen kann.

Diese arkadische Vorstadtatmosphäre lebt völlig in sich eingesponnen und weg von dem unharmonischen Regime der »Kräfte des Markts« und der brutalen wirtschaftlichen und sozialen Wirklichkeit der neunziger Jahre.

Im Brennpunkt dieser unvollständigen Abgeschlossenheit stehen die Kirche und die Kneipe. Jeden Sonntagmorgen versammelt sich die Gemeinde in dem gotischen Gotteshaus, das für das Fortbestehen errichtet wurde, und singt Kirchenlieder auf alles Gute und Schöne und zum Ruhm des von ihr selbst Vollbrachten. Sie verläßt sich drauf, daß der Pfarrer das Christentum den Unbilden der Gegenwart anpaßt und die Gemeinde von den Lehren desjenigen befreit, der ein Beispiel für Opferbereitschaft gab. Seelisch gestärkt, kehren die Gläubigen in ihre Häuser mit von dreifachen Sicherheitschlössern verrammelten Türen und der Einbruchsalarmanlage zurück und sind zuversichtlich, daß ihr Bekenntnis zu diesem strengen Glauben zumindest eine himmlische Versicherungspolice ist.

Gott hilft denen, die sich selbst helfen!

Den Bedarf an weiteren Zusammenkünften dekken die Brauer und Schnapsbrenner in anspruchslosen, zweckdienlichen Häusern, die zur Erzeugung von Frohsinn und Geselligkeit eingerichtet wurden. Der gesellige Umgang miteinander ist deshalb eng mit der Einnahme gegorener Flüssigkeiten und dem Einatmen von teerbefrachteten Rauchschwaden eines glimmenden Krauts verbunden, untermalt von den wohligen Klängen leiser Musik und dem dumpfen Aufprall von Darts, die neben die Scheibe gingen. Den Geist vernebelnde Alkoholoide und Nikotinate liefern Leuten aus allen Lebenskreisen Entspannung und versetzen sie in die Lage, sich nach einem geisttötenden Tag im Büro, am Fließband oder in der Arbeitslosenschlange mal gehenzulassen. Wie sollte man ohne die besänftigende Wirkung dieser Narkotika den Härten, dem Streß und der Langeweile der vor einem liegenden Tage, Wochen und Jahre entgegensehen? Das erklär mir mal einer!

Im großen Plan der Dinge haben die Brauunternehmen und die Gewaltigen der Schnapsbrennereien ganz diskret die Führung übernommen, die das Land in einer Zeit ständiger Wechsel und Instabilität so dringend braucht. Sie sind es, die so besonnen gegen Unanständigkeit, linke Machenschaften und die ausländische Drogenkultur zu Felde ziehen. Unaufdringlich untermauern sie die Dinge, die wir hochhalten, unsere Tradition, unser Erbe und unsere fest eingefahrenen Praktiken.

Den Status quo, wie die Römer sagen.

Auf einer intimeren Ebene werden Dinner-Parties unter Gleichgesinnten abgehalten. Bei diesen wird das kulturelle Niveau des formellen epikureischen Ereignisses von einer strikten Einhaltung der Etikette bestimmt, die sich auf das Protokoll des französischen Hofes aus dem 18. Jahrhundert gründet. Eine Vielfalt von Trinkgefäßen muß dastehen, um die verschiedenen servierten Getränke aufzunehmen. Die richtige Sorte Geschirr und Besteck muß sich zur rechten Zeit am rechten Platz befinden, und mit dem Scampi à la Reggiana müssen besondere Geräte gebracht und wieder abgeräumt werden. Auch hier gehören wiederum mannigfaltige gebraute und gebrannte Getränke und gegorene Säfte der Weintrauben dazu. Kerzen werden angezündet. Leise, nichtssagende Musik weht von unauffälligen Hi-Fi-Anlagen her. Ehrbarkeit, behaglicher Witz und beschauliche Wärme erfüllen den Raum und strahlen die Gewißheit aus, daß alles zum besten steht in der besten aller möglichen Welten.

Und während die halbe Menschheit dieser Erde dem ungeschminkten, chronischen Hunger ausgesetzt ist, leidet diese Hälfte hier an den schrecklichen Folgen der Fettleibigkeit.

Wir tragen alle unsere Last.

Hier also auf diesem Stück Boden Anglias, das mein Eigentum ist, weil ich dafür bezahlt habe, kommt mir von beiden Welten das Beste zu: urbane Ländlichkeit und ländliche Urbanität. Die Schönheit, der Charme und die Romantik der ländlichen Gegend und die Bequemlichkeiten, Annehmlichkeiten und die Solidität der Stadt; Kuhmist und Komputer könnte man sagen; sogar geselliger Umgang.

Hier kann ich meine Sellerie, Scorzonera, Kresse und Winterkirschen, Stangenbohnen und Petersilie ziehen und es mir selbst einrichten, wann ich das Gras mähe, falls überhaupt.

Hier kann ich auf grüner Aue liegen und mich an dem Sommertag entzücken, wenn der Wind frisch in den Wipfeln der Eschen und Platanen raschelt, mich daran erfreuen, wie die Kinder gedeihen, und das Verschwinden der englischen Ulme beklagen.

Hier, wenn sich die Blätter rostrot färben und zu Boden flattern, kann ich mich trauen, meine Erinnerungen aufzuschreiben, Metaphern zu vermischen, mich mit dem Idiom rumzuquälen und mit der Syntax zu ringen.

Hier kann ich mich in eines der Autowracks setzen, die sich im hinteren Teil des Gartens zusammendrängen, und zusehen, wie die Schneeflocken wirbeln, sich langsam niederlassen und alles bedecken. Und kann hämisch an die dunklen Mächte zurückdenken, die sich umsonst bemüht haben, als sie mich durch das finstere Tal verfolgten. Und mit Nostalgie zurückblicken und höhnisch über die aufgeblasenen, eingebildeten Bastarde lachen, die die ganze Zeit versucht haben, mich in meiner Bewegungsfreiheit zu behindern und meinen Willen zu brechen.

Hier Komma kahlköpfig, schamlos und zahnlos, mit hängenden Zügen, langsamer werdendem Gang und aus Ohren und Nüstern sprießenden Haaren kann ich meditieren, nachdenken und überlegen, sinnen und brüten und meinem Glücksstern danken oder den waltenden Mächten oder wem auch immer, der mir heute mein täglich Brot gibt, mir meine Vergehen verzeiht und jeden Morgen die Milch vor die Haustür stellt.

Hier sind die Leute großzügig und tolerant und nehmen dem kauzigen Kauz in ihrer Mitte nichts übel. Mit Radikalen und Außenseitern üben sie Nachsicht.

Da dieser komische Kauz keine Aussicht hat, *sie* zu besiegen, wäre es dann nicht an der Zeit, daß er sich *ihnen* anschließt?

Warum nicht?

FRED KLAUSNER,
INTROVERTIERTER EXHIBITIONIST,
DER DIE HAND BEISST, DIE IHN FÜTTERT,
KEHRE ZURÜCK ZUR HERDE.
TAUCHE EIN IN DIE SANFTEN FLÜSSIGKEITEN
DES GROSSEN SCHOSSES.
PASSE DICH VERDAMMT NOCH MAL AN!
GIB DEINE SELBSTACHTUNG AUF UND WERDE ACHTBAR:
ES TUT NICHT WEH.

Also im Grunde, was kann man da sagen? Ich meine, persönlich gesprochen, wieviel Zeit bleibt mir noch, den Einzelgänger zu spielen? Sollen andere die Fakkel weitertragen, ich bin, offen gesagt, zu alt, um mit dem Kopf durch die Wand zu wollen. Ich meine, hören Sie zu, in zwei Jahren werde ich dreiundsiebzigeinhalb, falls Sie das vergessen haben.

Um ganz ehrlich zu Ihnen zu sein, was hat mir der Individualismus schon je eingetragen? Beantworten Sie mir das mal! Ich meine, im Grunde … letzten Endes, was hat mir meine Selbstachtung je gebracht?

Beantworten Sie mir das mal! Wieviel haben meine Prinzipien *per se* ... ich meine, am Ende meiner Tage, wieviel haben sie zu meinem Reichtum beigesteuert? Das erklären Sie mir mal, wenn Sie können.

DAS IST ES, FREDDO!
JETZT REDEST DU POSITIV.
DIE WELT GEHÖRT DEN OPPORTUNISTEN.
PACK DEN STIER BEI DEN HÖRNERN,
SOLANGE DAS EISEN HEISS IST.
DAS IST DEINE LETZTE CHANCE,
VERMASSLE SIE JA NICHT, FREDDI,
VERMASSLE SIE JETZT NICHT.

Nein, mache ich nicht. Diesmal nicht. Wie könnte ich noch widerstehen. Ich komme rein ... jawohl, ich komme rein. Lassen Sie mır bloß noch Zeit, mir meinen gepunkteten Schlips umzubinden, meine Ethik herzurichten und das Licht auszuknipsen ... Augenblick, ich komme.

Ich fühle mich schon besser.

Vielen Dank allen für den Empfang! Danke, danke, danke, *mercie mille fois*, *muchas gracias*, *katal cherak*, *thank you*, *todah rhaba, bolschoje spassiba* und all das. ES WAR GROSSARTIG!

Lebt wohl, lebt wohl, lebt wohl. Hurra, lebt wohl und danke. Ich komme ... ich komme.

Ich komme ...